BARRAGE SUR LE NIL

CHRISTIAN JACQ

BARRAGE SUR LE NIL

ROBERT LAFFONT

© Éditions Robert Laffont, S.A., Paris, 1994
ISBN 2-266-06935-7

Le fléau n'est pas à la mesure de l'homme, on se dit donc que le fléau est irréel, c'est un mauvais rêve qui va passer. Mais il ne passe pas toujours et de mauvais rêve en mauvais rêve, ce sont les hommes qui passent.

ALBERT CAMUS, *La Peste*

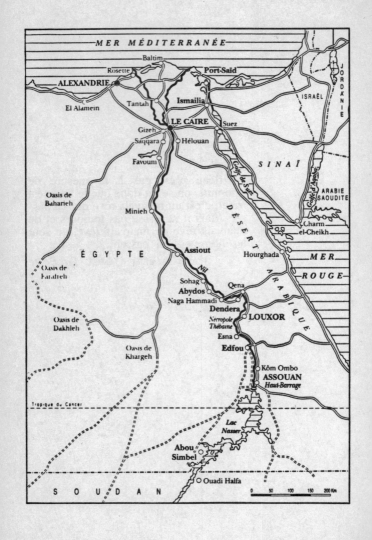

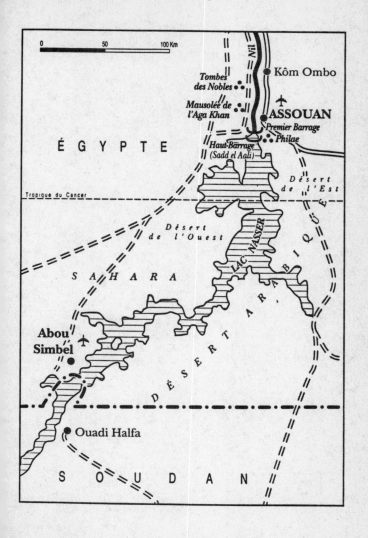

1.

Lancé à pleine vitesse, l'autocar climatisé évita de justesse un âne qui tirait une charrette chargée de bidons rouillés. En face, le taxi collectif où avaient pris place une quinzaine d'ouvriers n'avait pas ralenti. Question de fierté, code d'honneur remplaçant celui de la route entre Le Caire et Assouan, l'unique voie terrestre reliant la capitale de l'Égypte à la grande cité du Sud. Perpétuellement encombrée de camions en surcharge aux freins incertains, de voitures dont la plupart n'étaient plus en état de rouler, de vélos, de piétons, de troupeaux de chèvres, de chameaux et d'ânes exploités comme des machines, la longue artère prenait tantôt des allures d'autoroute, tantôt de chaussée fissurée, tantôt de piste dépourvue de macadam. En dépit de rares panneaux de signalisation, voués à une rapide disparition, une seule loi : doubler.

Le front appuyé contre la vitre, Hélène Doltin ne se préoccupait pas de la conduite du chauffeur. L'Égypte de juin l'enchantait ; elle s'enivrait de la puissance du soleil d'été, de la tendresse des champs en bordure du Nil, de la noblesse du désert parfois si proche. Afin de bien profiter du paysage, la jeune Française avait préféré, comme une vingtaine d'autres touristes, le car à l'avion.

Le véhicule ralentit en traversant un village, au sud de Louxor ; des fillettes, aux robes rose et jaune vif, agitèrent les mains en souriant. Assis sur le seuil de leur maison, des hommes fumaient, le regard vide ; engoncées dans de longues robes noires, des femmes portaient sur la tête des paniers en plastique contenant fruits et légumes.

Hélène était heureuse. À trente-deux ans, elle connaissait enfin le bonheur, un bonheur fou comme un premier amour, un bonheur qu'elle allait vivre sur cette terre solaire et mystérieuse ; elle voulait garder en mémoire la moindre seconde de ce voyage, afin de l'offrir à l'homme qui l'attendait à Assouan.

Le car longea un champ de canne à sucre que les autorités avaient ordonné d'éclaircir ; les « terroristes », comme les appelait la presse, s'y dissimulaient après avoir tiré sur les touristes. La veille, après le limogeage du ministre de l'Intérieur, jugé trop conciliant avec les musulmans fanatiques, une vaste opération anti-intégriste avait été organisée au Caire, dans le quartier populaire d'Imbaba, en révolte ouverte contre le pouvoir depuis plusieurs mois. Ce dernier refusait tout dialogue avec des criminels qui tuaient des innocents et tentaient de détruire la nation. Plus de douze mille soldats, épaulés par une centaine de voitures blindées, avaient arrêté des leaders de moins de trente ans et dynamité leurs demeures.

Alors que les vieux bagnes nassériens se remplissaient d'intégristes brandissant le Coran comme arme suprême, le président promettait d'améliorer l'habitat, de diminuer le chômage et de supprimer la corruption ; mais les jeunes diplômés de la célèbre université coranique d'al-Azhar, au cœur du Caire, ne l'écoutaient plus. Transformés en prédicateurs, quinze mille d'entre eux avaient essaimé dans le pays afin de répandre un mot d'ordre dans chaque mosquée : faire de l'Égypte une « république islamique », à l'image de l'Iran et du Soudan, y appliquer la *charia*, la loi musulmane.

Le chauffeur regarda Hélène dans son rétroviseur intérieur ; la beauté de la jeune femme le fascinait. Admirer les Européennes était l'un des privilèges de son métier que son frère et son cousin, Frères musulmans, lui recommandaient d'abandonner. Comme le

Coran interdisait de représenter la divinité et de façonner des idoles, emmener des touristes sur des sites archéologiques peuplés de démons païens prenait l'allure d'un péché. Mais le chauffeur, le seul membre de la famille au travail pendant cet été où les étrangers se faisaient rares, rapportait une bonne paye et nourrissait une dizaine de personnes, dont son frère et son cousin. Aussi l'un et l'autre fermeraient-ils les yeux encore quelque temps, jusqu'au règne des fidèles d'Allah.

La plupart des voyageurs s'étaient assoupis ; seule Hélène gardait les yeux grands ouverts, fixés sur la campagne d'un vert étincelant. Le chauffeur avait ralenti, pour mieux jouir du spectacle : un visage arrondi, presque enfantin, des cheveux auburn mi-longs, des yeux noirs pétillants, un nez délicat, des lèvres fines ornées de rouge. Voiler les femmes, même si la coutume l'exigeait, ne lui plaisait guère.

Au sortir d'un virage en dévers, cause de nombreuses sorties de route, il écrasa la pédale de frein. Le véhicule de Misr Travel, la compagnie nationale de transport, s'arrêta net.

Hélène fut projetée en avant, un homme d'une cinquantaine d'années tomba dans l'allée centrale, la tête d'un autre voyageur heurta une vitre. Des protestations fusèrent.

– Désolé, s'excusa le chauffeur en se retournant. Un barrage de l'armée.

Le car s'était immobilisé à moins de cinq mètres d'une rangée de barbelés placée en travers de la chaussée. Une dizaine de militaires, l'arme à la hanche, sortirent de leur torpeur.

Un officier et deux soldats, équipés de fusils-mitrailleurs, se dirigèrent vers le car. Leurs uniformes marron étaient neufs et propres ; ils ne ressemblaient pas aux hommes de troupe miséreux qui croupissaient dans des casernes surchauffées et insalubres et devaient se contenter d'une maigre solde, de vestes déchirées et de chaussures trouées. Parmi eux, beaucoup d'intégristes prêts à appuyer une révolution ;

aussi le pouvoir s'en méfiait-il. Depuis l'assassinat de Sadate par des fanatiques, l'état de siège demeurait en vigueur.

L'officier demanda au chauffeur sa destination et la liste de ses passagers. Les attentats ayant fait baisser de manière dramatique le nombre de touristes et réduit au chômage plusieurs millions d'Égyptiens, le gouvernement veillait sur la sécurité des étrangers. Armée et police multipliaient les contrôles ; bateaux de croisière et cars bénéficiaient d'une protection plus ou moins rapprochée.

L'officier plia la liste en quatre et glissa le papier dans sa poche.

– Mais... j'en ai besoin ! protesta le chauffeur.

Le premier soldat leva le canon de son fusil-mitrailleur, appuya sur la détente et abattit son compatriote. Le second, avec lenteur, progressa dans l'allée centrale, tirant une rafale sur chaque passager.

Quand Hélène croisa son regard, elle le supplia de l'épargner.

2.

Mark Walker n'en croyait pas ses yeux.

Les bas-reliefs du petit tombeau qu'il venait de fouiller, non loin de la première cataracte du Nil, étaient dans un état lamentable. Pourtant, grâce au climat de la haute Égypte, ils auraient dû se conserver pendant plusieurs millénaires... Mais le haut barrage d'Assouan continuait son œuvre de destruction.

L'Américain en aurait pleuré.

Âgé de trente-neuf ans, un corps d'athlète modelé par les compétitions de demi-fond, un visage allongé aux rides pleines de charme éclairé par des yeux vert sombre, le front large et la voix grave, Mark Walker était né au Caire, d'un industriel texan féru de chasse et d'une milliardaire de New York, passionnée d'égyptologie. Fils unique, il avait refusé de quitter l'Égypte dont il s'était épris ; étudiant brillant, il avait appris à déchiffrer les hiéroglyphes et appartenu, dès son adolescence, à des équipes de fouilleurs.

Alors qu'il s'apprêtait à fêter ses dix-sept ans, le malheur avait frappé.

Le jet privé de ses parents, partis chasser au Canada, s'était écrasé dans une forêt enneigée.

À la tête d'une immense fortune, dont il avait confié la gestion à des spécialistes, Mark Walker s'était étourdi dans le travail, créant sa propre fondation archéologique dont le but était la sauvegarde des monuments pharaoniques, menacés par de redoutables agresseurs. Mais sans l'amitié de son ami Naguib Ghali, devenu médecin, il aurait sombré dans la dépression.

Le sens du combat, nourri par un sentiment d'indignation, avait pris le dessus sur le chagrin; Mark n'avait pas le droit de laisser mourir temples, tombeaux, peintures et bas-reliefs. Il devait vaincre « la haute digue » d'Assouan, ce monstrueux barrage qui condamnait la mère des civilisations à disparaître.

Il remarqua un petit coffre en bois d'ébène, enfoncé dans le sable, s'agenouilla et le dégagea lentement. De l'index, il souleva le couvercle.

À l'intérieur, une feuille de papyrus déroulée ; les lignes de hiéroglyphes avaient été tracées d'une main très sûre.

Le contenu du texte le bouleversa.

Ainsi parle le prophète Ipou-Our.
Le crime sera partout,
La violence envahira le pays,
Le Nil sera comme du sang,
La faim empêchera la fraternité,
Les lois seront piétinées,
Beaucoup de morts seront enterrés dans le fleuve,
Le flot sera leur sépulcre,
Car il y aura un feu mauvais dans le cœur des hommes [1].

Soudain, la tombe gémit, le plafond bas se craquela.
– Sortez vite ! cria l'un des ouvriers.
L'Américain serra le coffre en ébène contre sa poitrine et jaillit hors du caveau au moment où les blocs s'effondraient les uns sur les autres, minés par les eaux d'infiltration.
– C'en est trop, rugit Mark Walker ; cette fois, il va m'entendre pour de bon.

Mark frappa du poing sur le bureau de Gamal Sha-

---

[1]. Texte authentique, écrit par un prophète de l'Égypte ancienne, Ipou-Our, pour annoncer les malheurs qui s'abattraient sur son pays.

fir, le superviseur du haut barrage d'Assouan, un personnage massif, carré et bedonnant d'une soixantaine d'années, vêtu d'une chemisette blanche à manches courtes et d'un pantalon gris d'excellente coupe.

— Ça ne peut plus durer, Gamal ! Vous êtes ingénieur et vous savez, comme moi, que ce fichu barrage est pire que la peste !

Le fonctionnaire soupira, considérant son interlocuteur avec bienveillance, bien qu'il fût l'adversaire le plus acharné du gigantesque barrage-poids qui étouffait à jamais la crue du Nil.

— Ne vous énervez pas, recommanda Gamal Shafir, débonnaire ; grâce au barrage, n'avons-nous pas augmenté la surface des terres cultivables et permis à la population de mieux vivre ?

— Inexact ! Où se trouve le million d'hectares nouveau annoncé par les « scientifiques » ? Votre surface utile stagne et je crains même qu'elle ne diminue.

— N'exagérez pas.

— Moi, j'exagère ? À cause de l'irrigation permanente et d'une mauvaise utilisation des engrais et des pesticides, dont l'Europe commence à découvrir la nocivité, les fellahs appauvrissent les cultures et ne comprennent pas pourquoi leurs champs se dessèchent. Depuis la construction du haut barrage, certaines provinces, comme le Fayoum, ont perdu quinze pour cent de terres cultivables, la nappe phréatique remonte, la salinisation stérilise les sols que l'inondation ne lave plus... Et vous osez dire que j'exagère !

Gamal Shafir s'épongea le front avec un mouchoir en coton et régla le ventilateur qui remuait l'air chaud dans son bureau où trônait le portrait du président. Dehors, il faisait quarante-cinq degrés à l'ombre.

— Asseyez-vous, monsieur Walker, je vous prie ; la colère ne mène nulle part.

— J'ai déposé un rapport détaillé au siège de l'Organisation mondiale de la santé ; il démontre que, depuis la disparition de la crue, les maladies parasitaires se développent de manière foudroyante. Autrefois, le grand flot noyait rats, scorpions et serpents ; à présent, ils sont en augmentation constante. De plus, vers et parasites prolifèrent dans les canaux d'irrigation que le soleil purifiait pendant la période de sécheresse, indispensable à l'équilibre naturel.

Le superviseur leva les mains en signe d'impuissance.

— Voici un autre rapport à votre intention, poursuivit Mark en déposant un épais dossier sur le bureau du fonctionnaire. L'absence de crue prive la vallée du Nil et le Delta de cent dix millions de mètres cubes d'alluvions ; le lit du fleuve se creuse d'au moins deux centimètres par an et ses rives se délitent. L'érosion latérale fait perdre des terres cultivables et attaque les ponts.

— La crue était irrégulière ; les mauvaises années, elle nous condamnait à la famine.

— Ce sont la surpopulation et la démographie galopante qui entraînent la misère, pas la crue ! Il aurait suffi, à l'exemple des anciens, de construire plusieurs petits barrages tout au long du Nil, et non d'offrir le pays en pâture à un monstre. Mon rapport démontre aussi que le Delta s'enfonce dans la Méditerranée ; vers 2030, selon les calculs les moins pessimistes, il sera en partie submergé. Imaginez-vous l'ampleur du désastre ?

— Nous sommes conscients du danger et ne négligeons pas vos avertissements ; soyez certain que nous prendrons les mesures nécessaires.

— J'ai ajouté à mon dossier les plaintes des pêcheurs du Delta qui seront bientôt réduits à l'inactivité et grossiront les rangs des chômeurs ; à cause du barrage, le Nil ne charrie plus qu'une eau pauvre en substances nutritives, le poisson disparaît.

— Il pullule dans le lac Nasser ! protesta Gamal Shafir.

— Parlons-en, de votre lac ! On devait y voir fleurir des pêcheries et des centres touristiques, mais ce n'est qu'un désert aquatique dont l'évaporation atteint dix milliards de mètres cubes par an au lieu des six prévus par les spécialistes. Un cinquième du débit du Nil disparaît, les eaux du lac s'infiltrent par le bas et forment une nappe d'eau souterraine qui remonte à belle vitesse ; elle ne se trouve plus qu'à deux mètres sous Karnak et à quatre mètres sous le sphinx.

Irrité, le superviseur appuya sur une sonnette.

Apparut un colosse nubien d'une rare noblesse, vêtu d'une *galabieh* [1] bleue. Il posa un regard glacial sur le fonctionnaire.

– Apporte-nous du thé, Soleb.
– Le voici.
– Il est encore tiède, je parie ! Tu sais pourtant que je l'aime brûlant.

Gamal Shafir goûta le breuvage.

– Pas assez chaud ! Fiche le camp, Soleb, je te congédie. Voilà dix fois que je te préviens.

Le Nubien s'éclipsa sans un mot.

– Quel paresseux... Plus moyen d'être servi correctement, bougonna l'Égyptien.

Mark repartit à l'assaut.

– Je finance un programme de l'UNESCO pour la sauvegarde des monuments égyptiens en danger ; la salinisation et le salpêtre rongent le grès des temples. Si vous n'agissez pas, Karnak s'écroulera. Quant aux tombes de la Vallée des Rois, elles perdront leurs couleurs. Votre appui m'est nécessaire.

– C'est bien difficile... Ma position ne m'interdit-elle pas de critiquer le barrage ? La vôtre, cher ami, pourrait devenir délicate ; votre autorité, le poids de vos déclarations, vos interventions dans les médias internationaux commencent à froisser certaines susceptibilités.

– Et la prophétie ?
– Quelle prophétie ?
– Celle que je viens de découvrir dans un tombeau, près d'ici ; voici ma traduction, lisez.

Gamal Shafir consulta le document avec attention ; l'Américain passait pour un égyptologue compétent.

Le haut fonctionnaire dissimula son trouble.

---

1. Le costume traditionnel des hommes, à savoir une longue robe en coton, sans col ni ceinture, à manches longues, qui tombe jusqu'aux chevilles ; bleu, gris, marron, blanc cassé sont les couleurs les plus répandues.

— Ce n'est pas sérieux... Un vieux texte sans intérêt.
— En êtes-vous si sûr ? En Égypte, on ne prend pas les paroles des Anciens à la légère.
— Les pharaons sont morts et bien morts.
— Le haut barrage est la plus terrible des menaces qui pèsent sur ce pays ; il faut trouver des solutions.
— Rien ne presse.
— Et le limon ? insista Mark. Les experts estimaient que le lac Nasser ne serait comblé que dans cinq siècles, alors que l'envasement menace déjà !
— Cela ne vous réjouit-il pas ?
— Au lieu d'utiliser le limon, les fabricants de briques puisent leur matière première dans les terres arables, si précieuses. À cause de ce maudit barrage, l'Égypte s'appauvrit et sa population souffre. Et cela me désespère.

Le superviseur ouvrit une chemise qui contenait plusieurs feuillets portant de nombreuses signatures.

— Comme vous, je redoute un envasement beaucoup plus rapide que prévu. Avec l'accord de mes supérieurs, j'ai mis à l'étude un projet. Nous lançons un appel d'offres pour que des spécialistes sondent le fond du lac Nasser et nous proposent les techniques de dragage les moins coûteuses.

D'ici à la réalisation, il s'écoulerait sans doute plusieurs années ; mais c'était un premier pas.

— Offrirez-vous le limon aux fabricants de briques ?
— Possible.
— Quand envisagerez-vous la création d'un canal de dérivation, afin de rétablir la crue, au moins en partie ?
— N'en demandez pas trop.
— Nous en rediscuterons.

La pendule marquait quatorze heures ; la journée de travail du fonctionnaire s'achevait. Mark se leva, songeant à sa fiancée qui arriverait à Assouan vers dix-huit heures. À ce bonheur s'ajoutait une première victoire sur l'inertie de l'administration ; l'été s'annonçait radieux.

3.

Mark s'engagea dans la zone désertique qui séparait le nouveau barrage de l'ancien ; au soleil, la température était de soixante-six degrés. Des blocs érodés, parfois en équilibre les uns sur les autres, un sable ocre, des pylônes électriques, des barbelés et des bidons rouillés composaient un paysage angoissant.

Il stoppa sa Range Rover et en descendit : le sol brûlait. Mark, une fois de plus, contempla le monstre.

Son regard effleura le carrefour précédant le haut barrage, orné d'une fontaine où ne coulait jamais d'eau, et se posa sur l'affreuse fleur de lotus en béton qui commémorait la coopération égypto-soviétique, décisive pour la construction du Sadd el-Aali, « la haute digue ». Il serra les poings, contrôla mal sa colère en songeant que le XXe siècle, sa politique mercantile et la volonté de puissance de Nasser et de Khrouchtchev, ce sinistre pantin, avaient marqué le point de départ de la mort programmée de l'Égypte.

Le 9 janvier 1960, Nasser avait provoqué l'explosion de la première charge de dynamite, en vue du creusement du canal de dérivation ; le 14 mai 1964, en compagnie de Khrouchtchev, il fêtait la fin de la première tranche des travaux, faisant sauter la dernière roche qui obstruait ce canal où le Nil, détourné de son cours, avait été contraint de pénétrer.

« Une bonne idée, un bon exemple et un bon barrage », avaient titré certains journaux, les français, en tête, rejetant toute critique qui visait, d'après eux, à dénigrer la merveilleuse technologie soviétique et la superbe avancée d'un leader du tiers-monde sur la scène internationale. Pourtant, le Soviétique se moquait bien de l'avenir de l'Égypte et Nasser ne songeait qu'à surpasser les bâtisseurs de la grande pyramide. Le volume de sa digue, quarante-deux millions sept cent mille mètres cubes, ne serait-il pas dix-sept fois celui du monument de Khéops ? « Nous autres révolutionnaires, affirmait Nasser, nous ferons mieux que les pharaons. » Qu'importaient la destruction de la Nubie, le déplacement de deux cent mille personnes et les terrifiantes conséquences écologiques ? L'Égypte révolutionnaire avait besoin d'armes, l'empire soviétique exportait sa doctrine et ses ingénieurs. Nasser, l'ennemi juré du communisme, Nasser que Khrouchtchev comparait à Hitler, était tombé dans les bras du Soviétique afin d'obtenir « le moyen concret de se libérer de l'impérialisme : le grand barrage d'Assouan ».

La colère empourpra les joues de Mark. Comment le monde avait-il été assez stupide, comment les gouvernements avaient-ils été assez lâches, les intellectuels assez aveugles pour se prosterner aux pieds de Nasser et de son œuvre monstrueuse ?

En 1961, le Nil s'était révolté une dernière fois. La crue la plus forte du siècle avait dévasté le chantier et laissé derrière elle des lacs de boue, retardant les travaux plusieurs mois. Le géant venu des profondeurs de l'Afrique délivrait à l'humanité son ultime message : ne barrez pas mon cours, n'obstruez pas l'artère vitale de l'Égypte, ne tarissez pas une source de fécondité millénaire. Mais les techniciens se moquaient de la voix du fleuve et les politiques plus encore ; le 15 janvier 1971, alors que Nasser et Khrouchtchev n'étaient plus, Sadate l'Égyptien et Podgorny le Soviétique inauguraient le haut barrage d'Assouan, « au nom de l'avenir ».

De loin, le dragon paraissait assoupi. Une simple montagne artificielle formée de granit, de sable, de gravier, d'argile, de limon et de boue, compressés et tassés. Au milieu des enrochements, un rideau d'étanchéité s'enfonçait dans le lit du fleuve à travers deux cents mètres de dépôts alluvionnaires. Haut de cent onze mètres, épais de neuf cent quatre-vingts mètres à la base et de quarante mètres au sommet, long de trois mille six cents mètres, le barrage résistait par son seul poids à la poussée des cent cinquante-sept milliards de mètres cubes du lac Nasser, lorsque ce dernier atteignait son maximum de remplissage.

La bête accroupie, grise, sûre de sa force, reposait sur un socle cristallin ; au-dessus, la plate-forme de sable bétonnée et l'amoncellement des blocs de granit formaient un ensemble indestructible. La mort prenait parfois des aspects étranges.

Vers le sud, le lac Nasser, long de cinq cents kilomètres, dont cent cinquante au Soudan, et large de dix à trente kilomètres, profond de quatre-vingt-dix mètres à certains endroits, se présentait comme une masse d'eau inquiétante, dévoreuse de paysages, capable de modifier le climat. De plus en plus de nuages dans les ciels d'Assouan et de Louxor dont le bleu éternel avait émerveillé tant de voyageurs ; parfois, des averses tropicales. La chaleur sèche devenait humide, de moins en moins supportable. Les pluies ruineraient les anciens temples, déjà attaqués par la remontée de la nappe phréatique. Les chefs-d'œuvre des pharaons disparaîtraient par le haut et par le bas. Pour désaliniser les terres, il aurait fallu les inonder de nouveau et leur apporter le limon fertilisateur ; aussi Mark se battait-il pour le creusement de canaux de dérivation qui contourneraient le haut barrage et réduiraient sa nocivité. Bien que les autorités fissent la sourde oreille, il continuait à monter des dossiers, à fournir des preuves et à alerter l'opinion internationale. « Utopiste », disaient les uns ; « dangereux agitateur », les autres ; « prophète », disait un petit groupe de savants dont le poids politique était celui d'une plume.

Mark regardait souvent de vieilles photos où l'on

voyait la crue recouvrir la vallée du Nil. Seuls surnageaient les villages, perchés sur des buttes; les paysans se rendaient en barque de l'une à l'autre. C'était la saison des visites; pendant que la terre se mariait au précieux limon, les humains prenaient le temps de se parler, le corps du fellah se reposait. Mer paisible, le pays reflétait le ciel. Quand l'eau se retirait, les paysans semaient, confiants en la richesse de la terre noire qui les nourrissait depuis des milliers d'années.

Fallait-il être fou et démoniaque pour rompre cette harmonie, étouffer à jamais le flot et anéantir un phénomène de fertilisation unique au monde!

La vie de Mark serait trop courte pour triompher du barrage; mais il avait lancé un mouvement d'idées qui ne s'interromprait pas. Même en Égypte, quelques voix s'élevaient contre la haute digue et dénonçaient ses effets désastreux.

Six tunnels principaux, vingt-quatre tunnels secondaires, douze turbines géantes, une masse inamovible, le monstre possédait les armes nécessaires pour défier ses détracteurs. Face à lui, aucune chance de succès. Mais Mark n'avait-il pas survécu à un cataclysme, lors de la mort de ses parents? L'épreuve et le temps l'avaient façonné comme un granit. Dans son combat il ne s'userait pas; et sa stratégie finirait bien par amoindrir les forces du barrage.

La morsure du soleil l'arracha à sa méditation; il regarda sa montre. Bientôt, l'arrivée d'Hélène; autrement dit, le mariage.

Il sourit: lui, marié! Lui, dont la passion pour l'Égypte était si dévorante qu'elle n'avait accordé aux femmes qu'une place très restreinte. Une seule maîtresse l'avait marqué, Safinaz, une superbe Égyptienne dont il n'arrivait pas à oublier la fougue.

Pourquoi cédait-il aux exigences d'une jolie Française, spécialiste de l'environnement? L'amour fou l'avait pris par surprise; Hélène désirait vivre en Égypte et partager le combat de son futur mari. En raison de ses compétences techniques, elle lui serait d'une aide précieuse.

Tant d'années après la disparition de ses parents, Mark recommençait à croire au bonheur.

L'esprit agité par l'étrange prophétie, dont les termes s'étaient gravés dans sa mémoire, il prit le volant et roula en direction de la ville.

4.

Mark aimait Assouan, dont le charme résistait mal au barrage, à l'industrialisation et aux constructions modernes, calquées sur les HLM de l'Occident. La porte du Grand Sud gardait pourtant une certaine sauvagerie, souvenir des explorateurs qui s'élançaient sur les pistes de la Nubie, en quête de l'or destiné à l'embellissement des temples.

Ici, le Nil et le désert se mariaient sous le bleu d'un ciel autrefois très pur, de plus en plus souvent défiguré par des orages. La cataracte, qui avait tant effrayé les voyageurs, n'était plus qu'un chaos de roches étranglées entre l'ancien et le nouveau barrage. Si l'on se contentait de promenades sur l'île d'Éléphantine, ornée des ruines du temple du dieu bélier Khnoum, d'errance dans les jardins de l'île aux Fleurs, ou de méditation près des tombes de la rive ouest, d'où les seigneurs antiques contemplaient leur ville, on préservait l'illusion d'une Égypte intemporelle et lumineuse, vouée à la douceur de vivre.

Mais en vingt ans, la paisible cité d'Assouan, passée de cinquante mille à cent mille habitants, était devenue un centre industriel, soumis à la tyrannie de la haute digue. Comme ailleurs en Égypte, l'explosion démographique ruinait tout espoir d'une existence meilleure. La centrale hydroélectrique du haut barrage, l'usine de produits chimiques et l'affreux building de béton pour touristes appelé « New Cataract » s'affichaient avec superbe, défigurant un paysage naguère envoûtant dont le Nil, les falaises ocre et les îles avaient été les seuls maîtres.

Souvent, à la fin du jour, Mark prenait une felouque et, du milieu du fleuve, admirait le coucher du soleil.

D'un coup de volant, il évita un gamin ; poursuivi par une meute de footballeurs en herbe, le chapardeur courait après le ballon qu'il venait d'expédier de l'autre côté de la chaussée. Mieux valait ne pas rêver, lorsqu'on conduisait en Égypte. À faible allure, l'Américain s'engagea dans le quartier commerçant ; là, le principal danger venait des jeunes motocyclistes dont les figures de style se terminaient souvent à l'hôpital.

Mark préparait deux surprises pour sa fiancée : la première, un trousseau oriental composé d'une vingtaine de galabiehs en coton, aux couleurs variées, si agréables à porter ; la seconde, une cérémonie très privée dans une église copte, avec la seule présence du prêtre et de ses assistants. Ni Hélène ni lui n'étaient chrétiens ; mais il avait déniché, chez un antiquaire, un vieux rituel aux résonances magiques. Le père Boutros, un ami de longue date, avait accepté de le célébrer, désespérant de convertir un païen invétéré, mais si amoureux de l'Égypte que Dieu lui accorderait son pardon. Malgré les tensions de plus en plus fortes, les communautés musulmanes et coptes, les chrétiens d'Égypte, continuaient à cohabiter, comme elles le faisaient depuis des siècles ; la presse occidentale avait beaucoup grossi des incidents mineurs.

Mark roula au pas dans la rue Sharq el-Bandar où des touristes japonais achetaient des épices et une fausse patte de crocodile. Courant à côté du véhicule, un gamin proposa un verre de thé que le conducteur troqua contre une livre égyptienne [1] ; cette royale rétribution provoqua l'hilarité du vendeur.

Mark s'arrêta devant une boutique dont le rideau de fer rouillé était baissé, descendit, et frappa trois coups légers, de peur de provoquer l'effondrement du fonds de commerce. En grinçant, le rideau se souleva d'une

---

[1]. Un peu moins de deux francs.

cinquantaine de centimètres. Deux mains tendirent un lourd paquet, en échange duquel Mark offrit une enveloppe. Les galabiehs étaient payées avec largesse. Les formules de politesse échangées, la boutique ferma de nouveau ; seul Mark pouvait troubler ainsi la longue sieste nécessaire à la bonne pratique du métier.

Il ne restait plus au futur marié qu'à se rendre sur la corniche où il attendrait le car de Misr Travel. Lui, marié ! Il s'habituait à cette idée, se demandant comment Hélène modifierait ses habitudes de célibataire. Sans être maniaque, il tenait au silence de l'aube, face au soleil levant, à ses discussions au café avec les gens simples d'Assouan, de Louxor ou du Caire, trois villes où il possédait une villa, à ses interminables promenades dans le désert ; elle connaissait ses exigences, il savait qu'Hélène combattrait contre le barrage avec intelligence et lucidité. Former un vrai couple vivant le même idéal, n'était-ce pas le comble du bonheur ?

À une centaine de mètres de la mosquée al-Rahma, il les aperçut.

Les hommes des brigades spéciales de la sécurité, vêtus de noir, coiffés d'un casque muni d'une visière, armés de kalachnikov et de boucliers en plastique. Impossible de reculer ; en quelques minutes, les policiers d'élite avaient bouclé le quartier.

Mark vit cinq jeunes, habillés à l'occidentale, surgir dans le dos d'un policier et lui fracasser la nuque à coups de chaîne de vélo. La riposte fut immédiate ; deux agresseurs s'écroulèrent la tête en sang. Une balle perdue transperça le pare-brise de la Range Rover et frôla la joue droite de Mark ; tirant de courtes rafales à droite et à gauche, plusieurs policiers avancèrent vers lui.

Protester de son innocence eût été suicidaire ; les forces de l'ordre le considéraient comme un terroriste. Du côté de la mosquée, un tir nourri et des hurlements. Mark abandonna son véhicule et courut droit devant lui, en direction d'une ruelle déserte ; des frelons sifflaient à ses oreilles.

Un adolescent brandit le Coran et tenta de lui barrer

le chemin ; fonçant comme un taureau, il l'écarta et s'enfonça dans une traverse obscure. Tendues entre les toits, des cotonnades poussiéreuses empêchaient la lumière d'atteindre des maisons à deux étages.

Un policier acharné le poursuivait et tirait au hasard ; au fond de la venelle, un mur de boue séchée.

Une impasse.

Mark n'avait aucune chance de calmer l'homme en noir ; il allait mourir bêtement, dans un coin sordide d'Assouan, victime d'une bavure policière.

Il se retourna pour voir sa mort. Les bottes martelaient le sol.

Une main puissante l'agrippa par la ceinture et le tira à l'intérieur d'une maison dont la porte claqua. Dehors, une rafale se perdit dans le mur de terre battue.

La main lâcha Mark.

— Soleb ! Mais comment...

Le Nubien s'exprima d'une voix calme.

— Dépêchons-nous ; en passant par les cours intérieures et les toits, nous sortirons du quartier. Je vous emmène chez moi.

L'ancien domestique du superviseur du haut barrage habitait dans un bloc de béton, à la sortie sud de la ville. Lui et Mark s'étaient échappés sur sa moto, dont le moteur menaçait de rendre l'âme à chaque accélération.

Avec majesté, Soleb versa du thé dans la tasse de son hôte.

— Depuis que vous êtes sorti du bureau de Gamal Shafir, je ne vous ai pas lâché.

— Pourquoi ?

— Parce que votre principal ennemi est le haut barrage ; il est aussi le mien.

Le minuscule deux-pièces aux murs nus était rempli de souvenirs de là-bas, d'une Nubie disparue sous les eaux : tapis colorés, bijoux en argent, vases en terre cuite, fers à cheval, mains protectrices en ivoire, ornées de perles bleues.

— Lisez, ordonna Soleb en remettant à Mark un article de journal jauni, presque en lambeaux.

> *Une entreprise comme la construction du haut barrage comporte des avantages et des inconvénients. Par exemple, la formation du lac Nasser a provoqué le déplacement de la population nubienne, ce qui est toujours douloureux. Toutefois, les personnes touchées ont été installées dans des agglomérations modernes et plus confortables que les villages traditionnels où elles vivaient.*

— Voilà les mensonges que les Occidentaux ont osé répandre, alors que les Nubiens sont parqués dans des maisons mortes. L'électricité, les terrains de sport, l'hôpital, le château d'eau, les rues qui se croisent stupidement à angle droit... Nous ne voulions pas de ce faux progrès. Nous savions nous nourrir, nous soigner, éduquer nos enfants avec nos méthodes, nous vivions sur une terre ancienne que nous aimions et qui nous aimait. Mes parents sont morts de chagrin avant d'être expulsés de leur village ; moi, j'ai choisi de rester ici, à la porte de la Nubie, pour contempler chaque jour mon pays disparu. Alors, on m'a logé dans cette prison et on m'a rendu esclave d'un fonctionnaire paresseux, imbu de sa puissance. Jamais je ne reverrai la façade de ma demeure, ornée de dessins de fleurs et d'oiseaux, jamais je ne retournerai chez moi.

— Vous m'avez sauvé la vie, Soleb.

— Parce que vous luttez contre le barrage, vous êtes en danger. J'ai senti qu'il vous menaçait, j'ai décidé de vous protéger.

Encore choqué, Mark regarda sa montre.

— Qu'est-ce qui s'est passé, en ville ? Je dois aller chercher ma fiancée.

— Ce matin, deux islamistes ont tué le père Boutros, dans son église. La réaction de la police fut brutale ; elle a pris d'assaut la mosquée al-Rahma où se réunissent les intégristes. Comme ils ont tenté de résister, les forces de l'ordre ont tiré dans le tas.

— Des morts ?

— Une bonne cinquantaine, et beaucoup de blessés.

— Acceptez-vous de me ramener à Assouan ?

– Si ma moto y consent. Auparavant, promettez-moi de détruire le barrage.

– C'est impossible. Mais je vous jure de lutter jusqu'à mon dernier souffle pour réduire ses effets ; ma fiancée m'aidera.

La réponse parut satisfaire le Nubien.

La moto accepta de démarrer.

5.

Les forces de l'ordre quittaient le quartier commerçant ; autour de la mosquée intégriste, un cordon de police en interdisait l'accès. Un cortège d'ambulances aux sirènes hurlantes achevait l'évacuation des morts et des blessés.

La Range Rover était intacte ; nombre d'habitants du quartier connaissaient bien la voiture de Mark, aucun n'aurait songé à la voler. En démarrant, il pensa au père Boutros ; comment pouvait-on être assez lâche pour abattre un vieillard inoffensif qui avait passé sa vie à s'occuper des pauvres ? Le prêtre se faisait une joie de célébrer un rite tombé dans l'oubli ; ce bonheur-là, Mark ne l'offrirait pas à Hélène.

Sur la corniche, tout semblait calme ; Soleb suivait, à bonne distance. Çà et là, des attroupements ; on commentait la tuerie.

Le soleil de fin d'après-midi devint caressant ; le vent du nord se leva, apportant un peu de fraîcheur. Assouan sortit peu à peu de sa torpeur, comme chaque jour à cette heure-là. Les sirènes des ambulances s'étaient tues.

Pour la première fois, un incident de cette gravité ensanglantait la cité du Sud ; conscient de la montée en puissance du fanatisme musulman, Mark faisait confiance à la tolérance naturelle des Égyptiens pour éviter une guerre de religion entre islamistes et chrétiens, et barrer la route du pouvoir aux fous d'Allah.

Mais la peste s'étendait, et la violente réaction de la police risquait d'engendrer d'autres violences. Troublé, il pressa l'allure ; il avait déjà un quart d'heure de retard.

À dix-huit heures vingt, il stoppa à l'endroit où le car de Misr Travel devait libérer ses passagers.

Personne, sinon un employé de la compagnie, assis sur le rebord du trottoir.

– Le car en provenance de Louxor ?
– Ah, monsieur Walker ! Du retard.
– Important ?
– Vous savez, avec les encombrements...
– Rien de plus précis ?
– Si le chauffeur est tombé en panne, il téléphonera.
– À moins que le téléphone ne soit en panne, lui aussi.
– *Maalech*, « c'est comme ça ». Il ne vous reste qu'à attendre.

Mark acheta deux Coca-Cola à un vendeur ambulant, en offrit un à l'employé de Misr Travel. Soleb avait disparu ; il devait observer, sans être vu. En matière de magie, les Nubiens passaient pour des maîtres depuis l'Antiquité ; même les experts de Pharaon les redoutaient. Mark était peut-être tombé sur un vrai sorcier. Dans sa guerre contre le barrage, son aide ne serait pas superflue.

Une heure s'écoula. Mark suggéra à l'employé d'aller se renseigner au bureau central ; d'un pas lent, il s'éloigna. Il revint une vingtaine de minutes plus tard, l'air embarrassé.

– Il y aurait eu un accident.
– Grave ?
– Non, un ennui mécanique.
– La réparation sera-t-elle effectuée ce soir ?
– Moi, je n'en sais pas plus.

Mark se rendit au bureau de Misr Travel, dont le responsable était absent ; ses subordonnés conseillèrent de s'adresser au commissariat principal. La police, qui surveillait les déplacements des véhicules de tourisme, détenait sans doute d'autres renseignements.

Le haut lieu de la police d'Assouan était en émoi ; on y interrogeait des jeunes soupçonnés d'intégrisme. Aussi Mark fut-il fort mal reçu par un officier de la brigade spéciale. Haussant le ton, il exigea des explications sur l'accident dont aurait été victime le car Louxor-Assouan. Son interlocuteur lui demanda d'attendre dans un petit bureau dont la peinture verte s'écaillait. Une table bancale, deux chaises en bois datant de l'occupation anglaise, une armoire métallique composaient un mobilier sinistre.

La nuit était tombée lorsqu'un petit homme nerveux pénétra dans le bureau, un dossier à la main.

— Que désirez-vous, monsieur Walker ?
— Avoir des nouvelles précises du car Louxor-Assouan.
— Pour quelle raison ?
— Parce que ma fiancée s'y trouve.

L'homme s'assit, posa son dossier sur le bureau et tritura un trombone.

— Je suis le commissaire chargé de cette affaire. Comment s'appelle votre fiancée ?
— Hélène Doltin. Pourquoi prononcez-vous le mot « affaire » ?
— Eh bien... À la suite d'un regrettable accident, le car a été retardé.
— Puisque vous vous occupez de l'« affaire », quand les passagers arriveront-ils à Assouan ?

Le commissaire jeta le trombone tordu sur le sol et en martyrisa un autre.

— Il y a des complications.
— Lesquelles ?
— Pour être franc avec vous, il ne s'agit pas d'un accident habituel.
— Expliquez-vous.
— Des terroristes ont attaqué le car.

Mark avala sa salive.

— Des... des victimes ?
— Ces islamistes sont enragés ; ils n'hésitent pas à tirer sur des personnes innocentes et désarmées. Le chauffeur a été tué.

— Les passagers ?
— Le guet-apens a été bien préparé.
Mark se leva, les jambes en coton.
— Ma fiancée...
— Rassurez-vous, les forces de l'ordre sont intervenues sans délai.
— Où est-elle ?
— Pour les besoins de l'enquête, nous...
— Je veux la voir.
— Un peu de patience.
— Ne me faites pas perdre une seconde de plus, commissaire.
— Comme vous voudrez.
Il frappa dans ses mains et appela un policier en uniforme.
— Cet homme va vous conduire à l'annexe de l'hôpital ; à cause des incidents de cet après-midi, les salles sont encombrées.

Sol souillé, murs pelés, peinture verdâtre écaillée, lumière blafarde, odeur âcre, l'annexe de l'hôpital d'Assouan donnait envie de s'enfuir.
Mark s'adressa à un médecin barbu qui remplissait des documents administratifs.
— Je veux voir Hélène Doltin.
— Quelle maladie ?
— Vous vous fichez de moi ?
Le médecin leva la tête.
— On ne me parle pas sur ce ton.
— Dépêchez-vous, docteur, ou je ne réponds plus de moi-même.
La fureur que le praticien découvrit dans le regard de Mark l'incita à la conciliation. Il ouvrit le tiroir central de son bureau, d'où il sortit un listing. Son index droit parcourut une colonne de noms.
— Hélène Doltin... Je l'ai. Elle n'est pas visible.
— Pourquoi ?
— En examen.
— Ici, dans cette porcherie ?
— Je ne vous permets pas !

— Vous n'avez pas le droit de la retenir. Je veux la voir sur-le-champ.

Le médecin claqua des doigts ; un infirmier, à la blouse maculée de taches marron, guida Mark jusqu'à une pièce surchauffée, pourvue d'une petite fenêtre munie de barreaux. Le long du mur, un lit à roulettes sur lequel avait été jetée une couverture crasseuse.

— Où est-elle ?

D'une main molle, l'infirmier désigna le lit.

Tétanisé, Mark s'approcha et tira doucement la couverture.

Hélène avait le visage et la poitrine ensanglantés ; percée de balles, elle était presque méconnaissable. De sa beauté et de sa jeunesse, il ne restait qu'un cadavre déchiqueté.

Mark hurla à se déchirer le cœur.

6.

À la place du petit commissaire nerveux trônait une caricature de poussah oriental. L'homme ne devait pas peser moins de cent vingt kilos ; son ventre était calé contre le rebord du bureau, son triple menton supportait un visage gras aux joues pendantes, ses doigts boudinés jouaient avec un élastique.

Lorsqu'il s'était rué dans le commissariat, Mark avait été ceinturé par deux policiers et conduit aussitôt devant l'obèse.

– Que la paix soit sur vous, ainsi que la miséricorde de Dieu et ses bienfaits, monsieur Walker. Je suis le substitut d'Assouan, chargé de l'affaire du car ; un terrible drame, en vérité. Mais l'été n'est-il pas la saison où les crimes augmentent ? Les insectes se multiplient, les locaux administratifs sont surchauffés, les fonctionnaires espèrent de nouvelles nominations... Et ces islamistes qui nous rendent la vie impossible ! Avez-vous vu l'épaisseur de ce dossier ?

Le substitut pivota, agrippa un classeur perché au sommet de l'armoire métallique, et le posa devant Mark.

– Ce sont les procès-verbaux des délits commis dans la région pendant les quinze derniers jours. Quelle misère ! Comment la combattre ? Nos moyens sont trop limités, mais nous agissons de manière déterminée, avec la force de la loi.

– Ma fiancée est morte. Morte assassinée.

Le poussah baissa les yeux.

— Une tragédie... Aucun passager n'a échappé aux balles des islamistes. Ces gens sont plus féroces que des bêtes sauvages ; ils seront arrêtés, condamnés et pendus, soyez-en sûr.

Mark avait trop mal pour pleurer ; chaque parcelle de son corps était douloureuse, comme si on l'avait battu pendant des heures.

— Avez-vous identifié les assassins ?

— L'enquête progresse. Je peux vous assurer que le procès-verbal de ce terrible drame est parfaitement en ordre ; je l'ai rédigé moi-même.

Les doigts boudinés froissèrent, avec un contentement certain, quelques feuillets de mauvais papier.

— Où est-ce arrivé ?

— Après la traversée d'un petit village, à mi-chemin entre Louxor et Assouan.

— Des témoins ?

— Non.

— En ce cas, comment votre enquête avancera-t-elle ?

La question surprit le substitut.

— Comptez sur l'efficacité de mes services.

— Vous êtes imbattable dans la rédaction de rapports interminables qui s'entassent sur des piles d'autres rapports, mais qui recherche les coupables ?

— La douleur vous égare, monsieur Walker. Si un procès-verbal d'assassinat doit comporter plusieurs dizaines de pages, c'est pour rendre hommage à une existence humaine ; la justice lui témoigne ainsi son respect.

— Autrement dit, vous n'identifierez jamais les assassins d'Hélène.

— L'une des forces des terroristes n'est-elle pas de se rendre insaisissables ?

— Je ne me contenterai pas de cette réponse.

— Je comprends votre chagrin, mais je vous recommande de demeurer sur le sentier de la légalité et de refréner toute initiative qui empiéterait sur mon domaine. Vous êtes un personnage bien remuant, mon-

sieur Walker. Critiquer le haut barrage avec tant d'excès n'est-il pas condamnable ? Les autorités finiront par prendre ombrage de votre attitude négative.
— Me donnerez-vous les affaires de ma fiancée ?
— C'est malheureusement impossible. Si vous aviez été mariés... Lorsque l'enquête sera terminée, nous enverrons objets et effets personnels à sa famille, en France. Pourtant, je consens à faire un geste, par compassion. La victime serrait des documents sur sa poitrine, lorsque le terroriste l'a abattue. Étrange réflexe, non ? À moins qu'elle ne les ait considérés comme un bien précieux. Les originaux figurent dans les pièces du dossier ; j'ai supposé que des photocopies vous intéresseraient.

Le substitut tendit trois feuillets à Mark.

Des dessins abstraits, avec des courbes et des lignes en tous sens. Une sorte de délire géométrique.

— Qu'est-ce que cela représente, à votre avis ?
— Je n'en ai pas la moindre idée.
— J'espère que vous ne dissimulez rien ; ce serait inexcusable. Votre fiancée n'avait-elle jamais évoqué ses talents de dessinatrice ?
— Pas devant moi.
— Réfléchissez bien.

Mark se concentra, mais l'énigm demeurait totale.

— Si la mémoire vous revient, contactez-moi ; en attendant, laissez agir la police et la justice. Leur travail sera bien fait, croyez-moi. Et acceptez mes sincères condoléances.

Mark plia les photocopies, s'accrochant à ces pauvres papiers, ultime souvenir d'Hélène.

Il se leva, très raide, marcha vers la porte du bureau, l'ouvrit, se retourna.

— Je retrouverai les assassins de ma fiancée, quels qu'ils soient, et je les tuerai.

La porte claqua avec une violence inouïe, faisant tressauter le substitut. Son dossier sous le bras, il passa dans la pièce d'à côté où un homme d'une cinquantaine d'années, très élégant dans son costume bleu croisé, fumait une Dunhill mentholée fichée dans un fume-cigarette en or.

— Avez-vous bien entendu ? s'inquiéta le substitut.
— Je n'ai pas perdu un mot de cet intéressant entretien.
— Êtes-vous satisfait ?
— Monsieur le substitut, vous pouvez être assuré de votre avancement.

À cause du haut barrage, le Nil mourait. Bientôt, il ne serait plus qu'un immense égout où croupirait la mémoire des siècles glorieux et d'un passé détruit au cours duquel l'homme avait su s'allier avec le fleuve-dieu. Assis sur la berge, Mark ne goûtait pas la douceur d'une nuit d'été qu'illuminait la pleine lune. Des projecteurs éclairaient les tombes de la rive ouest, les drapant dans une lumière dorée.

Se suicider en se noyant dans le Nil, ne serait-ce pas une belle fin pour un adversaire de la haute digue ? Les Anciens prétendaient que les êtres purs, qui périssaient noyés dans le Nil, se rendaient directement au paradis. Mark n'avait pas le sentiment d'avoir répandu le mal autour de lui ; ne serait-ce pas le meilleur chemin pour rejoindre Hélène, sans laquelle sa vie n'avait plus de sens ?

Une main se posa sur son épaule et l'empêcha de se lever.

— Pas de folie, dit Soleb en s'asseyant à côté de Mark.
— Est-ce folie de mourir quand on a tout perdu ?
— Moi aussi, j'ai tout perdu. Mais vous comme moi avons un combat à mener.
— Je n'en ai plus la force.
— Parce que vous ne savez pas tout sur la mort de votre fiancée.

Intrigué, Mark se tourna vers le Nubien.
— Que veux-tu dire ?
— Qui avez-vous vu, dans les locaux de la police ?
— Un commissaire et le substitut d'Assouan.
— Que vous ont-ils appris ?
— Que des fanatiques musulmans ont attaqué le car et tué les passagers, sans oublier le chauffeur. Ils pré-

tendent mener une enquête, mais ce ne sera qu'un monceau de paperasses inutiles.

— Et s'ils mentaient ?

Comme s'il perdait pied, Mark s'agrippa à un rocher.

— En ville circule une rumeur, poursuivit Soleb. L'attentat n'a pas eu de témoin direct, mais les villageois ont vu repartir les agresseurs vers le nord. D'ordinaire, leur forfait accompli, les terroristes se cachent dans un champ de canne à sucre ou se dispersent dans les faubourgs d'une ville. Ceux-là sont montés dans un camion flambant neuf et ont pris la route sans être inquiétés. Ce n'étaient pas des fanatiques, mais des militaires appartenant à un corps d'élite stationné au Caire.

Mark crut que le Nubien délirait. Il lui fit répéter sa version des faits, encaissa chaque mot comme un coup de poing.

— C'est insensé, Soleb, complètement insensé !

— Moi, je suis persuadé qu'on vous a menti.

La tête en feu, Mark garda le silence pendant de longues minutes ; le Nubien respecta sa méditation.

— Je pars pour Le Caire ; si cette rumeur est fondée, je ne le saurai que là-bas. Que ce soient des intégristes, des imams, des soldats ou des généraux qui ont assassiné Hélène, j'aurai leur peau. J'en fais le serment au Nil.

— Le barrage et moi vous attendrons.

7.

Il pleuvait sur Aix-la-Chapelle.

Frigorifiés, les touristes se réfugiaient dans les cafés de la vieille ville pour y boire du café et de la bière ; le printemps avait été pourri, l'été débutait mal, mais l'Allemagne, en dépit de la crise économique, se préparait à devenir la patronne de l'Europe. Le futur Saint Empire romain germanique reprenait forme, bien qu'un banquier remplaçât l'empereur.

Mohamed Bokar aimait bien les banquiers allemands. La majorité des financiers était persuadée que la plupart des pays arabes deviendraient, tôt ou tard, des républiques islamistes, et qu'il fallait encourager des leaders de sa trempe à renverser les régimes corrompus.

Surnommé « l'émir afghan », Mohamed Bokar était le chef occulte des islamistes égyptiens. Âgé de cinquante-cinq ans, grand, un peu voûté, le nez proéminent, le front bas, les lèvres minces, les mains fines, la voix rauque, il avait mené des études de sociologie à Londres, à Paris et à New York. Marxiste convaincu, il s'était battu en Afghanistan contre les Russes ; c'était là qu'il avait découvert les vertus du fondamentalisme musulman et appris le maniement des explosifs.

Le sous-sol de la mosquée Bilal abritait un centre d'études islamiques que toléraient les autorités allemandes ; Mohamed Bokar s'apprêtait à y vivre son heure de gloire. Enfin, après tant d'années de lutte, il allait disposer des moyens d'action qui lui avaient toujours fait défaut. Restait pourtant un délicat obstacle à franchir : une réunion secrète avec ses frères, au cours de laquelle il devrait imposer son point de vue de manière définitive. Nerveux, il arpentait la salle climatisée, dont les seuls ornements étaient des versets du Coran appelant à la guerre sainte et un portrait de l'ayatollah Khomeyni.

Près de la porte, Kaboul, lui aussi un « Afghan », le fidèle compagnon de Mohamed Bokar. Petit, gros, barbu, une tête d'œuf, né dans un faubourg misérable du Caire, il obéissait au doigt et à l'œil aux ordres de son maître qu'il considérait comme un grand imam, un vrai chef spirituel dont aucun ordre ne devait être discuté. Tout inculte qu'il fût, Kaboul ne manquait pas de dons pour la finance ; aussi tenait-il les comptes de la cellule révolutionnaire qu'animait Bokar. De plus, Kaboul aimait tuer ; le déchaînement de la violence exerçait sur lui une fascination dont il ne se rassasiait pas. Bokar n'avait eu aucune peine à le convaincre que le bonheur du peuple passait par la destruction physique de ses adversaires.

Bokar et Kaboul avaient été à l'origine de la plupart des attentats commis en Égypte contre l'armée, la police, les Coptes et les touristes, soit en y participant de manière directe, soit en les commandantitant. Bokar se tenait dans l'ombre, Kaboul frappait. Autant le premier était froid et distant, autant le second passionné et braillard ; ils formaient un couple parfait, se protégeant l'un l'autre.

Mohamed Bokar regarda sa montre ; les frères étaient en retard. Viendraient-ils ou annuleraient-ils le rendez-vous au dernier moment, en raison d'ordres venus de Damas ou de Téhéran ? Bokar fut soulagé quand le représentant des Gamaat Islamiyya, les « associations islamiques » d'Égypte, franchit la porte. Les deux hommes s'étreignirent longuement. Les Gamaat, rassemblant un grand nombre d'étudiants, étaient nées vers les années 70 pour lutter contre le marxisme et les nassériens ; mais la paix conclue en

1978 avec Israël avait modifié l'orientation du mouvement, désormais engagé sur le chemin de l'islamisation radicale de la société égyptienne.

Au représentant des Gamaat succéda celui d'El Djihad, « la guerre sainte », ami et confident du célèbre cheikh aveugle Omar Abder Rahman, exilé à New York depuis 1990 ; le saint homme avait ordonné l'assassinat de Sadate et était considéré par certains enquêteurs américains comme le « cerveau » de l'attentat meurtrier contre le World Trade Center. Adversaire déclaré du tourisme en Égypte, qu'il considérait comme « un péché indiscutable et une grave offense », le cheikh avait obtenu un visa pour les États-Unis lors de son séjour chez les intégristes soudanais. « Erreur administrative », selon l'ambassade américaine. Devenu le tendre époux d'une Noire islamiste américaine, il expédiait de New York des cassettes appelant à la destruction du régime impie du Caire. Mis quelque temps en prison, il protestait de son innocence et passait pour un martyr. Comme l'expliquait son confident, « cheikh Omar ne s'est pas réfugié dans un pays arabe, car ils sont capables de toutes les lâchetés. Chez les chrétiens, on est sûr qu'il n'y aura pas de problème ».

Les Gamaat Islamiyya et El Djihad luttaient main dans la main, en parfaite harmonie. Ils avaient depuis longtemps débordé la vieille association des Frères musulmans, dont le délégué leur tomba néanmoins dans les bras, après avoir juré que son mouvement, tout en prétendant le contraire, était prêt à s'engager dans la lutte armée. À l'heure de la grande réconciliation et de l'unité révolutionnaire, chacun devait montrer sa bonne volonté.

Les représentants de l'Iran et du Soudan arrivèrent ensemble et congratulèrent Mohamed Bokar ; quant à l'émissaire de la milice du Hezbollah, qui s'entraînait au Liban en compagnie des Palestiniens extrémistes, il vanta le courage et la compétence du chef occulte de la révolution égyptienne.

Ce dernier ne pouvait rêver meilleure atmosphère et encouragements plus cordiaux ; mais il manquait le principal invité, le véritable décisionnaire.

On prit néanmoins place autour de la table ; furent servies des boissons, dont du whisky et du cognac. Il faisait froid, et la règle de la loi islamique, interdisant la consommation d'alcool, s'appliquait surtout au peuple ignorant.

Alors que les discussions allaient bon train, apparut enfin le négociateur venu d'Arabie saoudite, vêtu d'une djellaba blanche, la tête couverte d'un turban à l'ancienne. Kaboul, avec déférence, fouilla comme les autres l'homme qui détenait la clé du financement de l'action terroriste. Grande alliée des États-Unis, l'Arabie saoudite ne condamnait pas les attentats au nom de l'islam et avait refusé de signer, en compagnie du Maroc, de la Tunisie et de l'Algérie, un projet de sanction morale à l'égard des États qui soutenaient le terrorisme. Les Saoudiens, dont le pays était l'un des plus sectaires et des plus intolérants de la planète, réussissaient à prendre l'allure de modérés inoffensifs aux yeux des Occidentaux, dont la naïveté les faisait sourire.

Le diplomate s'assit avec lenteur et demanda un « jus d'orange », nom de code pour un bourbon bien tassé.

— Je suis heureux de retrouver tant de frères attachés à la grandeur de l'islam ; ensemble, par la grâce d'Allah tout-puissant et miséricordieux, nous bâtirons un monde meilleur.

L'Arabie saoudite, dont le renom s'était quelque peu terni à cause du soutien accordé aux infidèles pendant la guerre du Golfe, tenait à redorer son blason auprès des fondamentalistes.

En Afghanistan, Mohamed Bokar avait perdu le goût des bavardages diplomatiques et des discours alambiqués ; il entra dans le vif du sujet.

— Dans la deuxième sourate du Coran, il est écrit : *Combattez dans le chemin d'Allah ceux qui vous combattent, tuez-les. Telle est la « récompense » des infidèles* [1].

---

1. Traduction Régis Blachère, Paris, Maisonneuve et Larose, 1966, page 56.

Les participants à la réunion secrète opinèrent du chef.

— Soyez bien conscients que le monde est partagé en deux : *Dar al-Islam*, la maison de l'islam d'un côté ; *Dar al-Harb*, la maison de la guerre de l'autre, c'est-à-dire les territoires infidèles qu'il faut convertir, de gré ou de force. La guerre sainte doit s'étendre à l'humanité entière : telle est la volonté du Prophète, telle est notre mission.

— Nous nous y employons, observa l'Iranien. Considérez l'Europe : aujourd'hui, elle devient terre d'islam. Où sommes-nous réunis, sinon en Allemagne ? Chaque jour, en France, en Angleterre, et dans d'autres pays, les conversions sont de plus en plus nombreuses. Ce continent-là, nous le gagnerons par la persuasion, l'infiltration et le jeu même de la démocratie. Les intellectuels nous seront d'un précieux secours ; grâce à une bonne utilisation des droits de l'homme et des médias, nous gagnerons à la longue, sans combattre. Nous transformerons les églises en mosquées.

— Ce n'est pas le cas partout, objecta Mohamed Bokar ; au temps de ses plus belles conquêtes, l'islam ne s'est pas contenté de la patience et a toujours attaqué le premier. Nos pères ont exterminé les chrétiens, les zoroastriens et les mazdéens, nous nous sommes emparés de quantité de terres pour y répandre la vraie foi. Partout, il faut imposer la loi coranique et rassembler l'*umma*, la communauté des croyants.

— Sans oublier l'Égypte, précisa l'Iranien.

— Le président et ses ministres sont des impies ; le peuple les hait. L'Égypte est prête à devenir une république islamique dont nous serons fiers. Mes amis et moi sommes l'avant-garde de la conquête !

— Que vous manque-t-il pour réussir ? interrogea le diplomate saoudien.

— De l'argent. Je dois financer notre action, acheter des armes et apaiser quelques militaires trop inquiets.

La voix rauque de Mohamed Bokar s'était exprimée dans un parfait silence ; les regards convergèrent vers le Saoudien.

Ce dernier but une gorgée de « jus d'orange » et posa son verre avec délicatesse.

— Le domaine international est un labyrinthe où beaucoup s'égarent ; c'est pourquoi il est nécessaire d'y progresser à pas prudents. En ce qui concerne la transformation de l'Égypte, nous devons obtenir l'accord, au moins tacite, de nos amis américains. La partie n'est pas tout à fait gagnée, mais j'ai bon espoir. Du point de vue de l'islam, en revanche, la situation est plus claire. Les projets de notre bien-aimé frère Mohamed nous satisfont ; aussi nous montrerons-nous généreux et lui accorderons-nous notre confiance.

Alors que Mohamed Bokar demeurait impassible, un fin sourire sur les lèvres, Kaboul frappa dans ses mains et cria : « Allah est le plus grand ! »

— Nous mènerons notre action à partir du Soudan, annonça le chef terroriste.

— La frontière avec l'Égypte n'est-elle pas surveillée en permanence ? s'inquiéta l'Iranien.

— Ce n'est pas un problème.

Le Soudanais était aux anges. De son pays ruiné, en proie à la famine et à la misère, partirait la croisade islamique qui ramènerait l'Égypte, ce voisin haï, dans le giron du dieu exterminateur.

8.

L'avion en provenance de Louxor se posa au Caire avec une heure dix de retard. Mark, épuisé, avait sommeillé pendant le trajet. À la sortie de l'aéroport, un incroyable spectacle : des milliers de fidèles avaient envahi la chaussée, recouverte de tapis plus ou moins usagés, et faisaient leur prière, tournés vers La Mecque. Les bustes se cassaient en cadence, le front touchait le sol, et une marée de postérieurs, couverts de pantalons ou de galabiehs, s'offraient aux rayons du soleil brûlant de onze heures du matin.

Vendredi, le jour où chaque musulman devait honorer Allah de manière ostensible... Enfermé dans son chagrin et dans ses interrogations, Mark l'avait oublié. Bien que l'argent saoudien eût permis de construire quarante mille mosquées en Égypte depuis dix ans, la population manquait encore de lieux saints et devait occuper la rue. À l'heure de la prière, impossible de circuler ; ceux qui n'avaient pas réussi à entrer dans une mosquée s'agglutinaient autour.

De plus en plus de femmes voilées arpentaient Le Caire ; combien de temps accepteraient-elles la présence de jeunes filles indécentes, visage et jambes nus, osant se pavaner en jupes courtes ? Les étudiantes étaient les plus fanatiques ; bientôt, aucune de leurs condisciples ne serait autorisée à pénétrer dans un local universitaire sans le costume imposé par la loi coranique. Qui se souvenait de l'avertissement de l'avocat

Kasim Amin, mort en 1908 : « Pour la femme, le voile est la forme la plus vile de l'esclavage » ?

Mark contourna un amas de fidèles et chercha le taxi qu'il avait commandé par téléphone ; jamais Naguib Ghali ne lui faisait défaut lorsqu'il séjournait au Caire. Mais avec cette foule... Alors que la prière s'achevait, un homme leva la main et l'agita. Naguib !

Mark se fraya un passage jusqu'au break Peugeot à six places, entretenu avec grand soin. Autour du volant, du feutre rouge ; sur les sièges, de la moleskine ; accroché au rétroviseur, un presse-papiers en or provenant du pillage du palais de Koubbèh, appartenant à Farouk.

L'Américain monta à l'avant ; les deux hommes se congratulèrent.

– Comment vas-tu, Naguib ?

– Mon cinquième fils a la rougeole et l'hôpital a refusé de m'augmenter. À part ça, tout va bien.

Âgé de quarante-cinq ans, robuste et trapu, Naguib Ghali avait déjà des cheveux blancs. En tant que médecin, il ne gagnait qu'une soixantaine de livres par mois et ne pouvait subvenir aux besoins de sa famille ; aussi travaillait-il à mi-temps comme chauffeur de taxi. La nuit, il gagnait trois fois plus qu'à l'hôpital. De petites lunettes rondes donnaient à Naguib un air sérieux ; comme il connaissait bien Le Caire, les clients aisés ne manquaient pas.

– Tu as les traits creusés, Mark.

– As-tu entendu parler de l'attentat contre un car de touristes, entre Louxor et Assouan ?

– Encore un sale coup des intégristes.

– Parmi les victimes, il y a ma fiancée.

Naguib Ghali se gara le long d'un trottoir défoncé. Incrédule, il contempla son ami d'enfance.

– Toi, tu voulais te marier !

– Hélène était une femme extraordinaire.

– Pour te séduire, il ne fallait pas être n'importe qui. Alors, tu l'aimais !

– Nous aurions été heureux.

– Comment te dire...

– Je veux la venger, Naguib.
– Ce ne sera pas facile, mais je te comprends. À ta place, j'agirais de même.
– Acceptes-tu de m'aider ?
– Si j'apprends le moindre détail, tu seras aussitôt averti. Où veux-tu aller ?
– Sur la corniche ; un ami influent à voir.
– Je peux passer chez moi d'abord ? Un paquet à déposer.
– Bien sûr.
– Sais-tu à quoi j'ai échappé quand j'étais jeune ? Trois ans de service militaire ! Une erreur administrative... Le temps de la démontrer, je croupissais dans une caserne. Par bonheur, on exempte ceux qui connaissent le Coran par cœur, parce qu'ils sont considérés comme détenteurs de titres universitaires. J'ai fait jouer mon titre de médecin et j'ai réussi à réciter une bonne partie de la première sourate. L'examinateur m'a libéré ; Allah m'a protégé.

Le taxi s'enfonça dans une circulation démente aux règles connues des seuls Cairotes : feux rouges décoratifs, sens uniques facultatifs, policiers aux sifflets inopérants, joutes permanentes entre véhicules et piétons. *Autoponts* et périphériques suspendus ne parvenaient pas à désengorger la capitale qui, chaque année, comptait quinze pour cent d'automobiles en plus, dont les klaxons fonctionnaient jour et nuit. Personne ne se plaignait, car il n'y avait de survie possible qu'au Caire pour qui voulait creuser son trou ; des administrations aux grandes entreprises en passant par les distractions, tout se trouvait au Caire et presque rien ailleurs. La cité géante, d'au moins douze millions d'habitants, attirait les provinciaux comme un aimant. Insatiable, le grand Caire s'étendait sans cesse, dévorant chaque jour de précieuses terres cultivables pour les transformer en banlieues sinistres.

Le taxi s'engagea dans une ruelle où les piétons, les ânes, un troupeau d'oies et un chameau disputaient l'espace aux voitures serrées les unes contre les autres ; un kiosque à journaux, des vendeurs de cigarettes et de transistors, des marchands de légumes et de galettes occupaient les trottoirs. De puissantes odeurs, où se mélangeaient poussière, essence, épices, friture, urine, eau de rose et jasmin, agressaient les narines ; le fuel à haute teneur en soufre, utilisé par des millions d'automobiles, contribuait à placer Le Caire au rang des cités les plus polluées du monde. Neuf véhicules sur dix produisaient un taux considérable de monoxyde de carbone auquel s'ajoutaient des émissions d'acides sulfurique et nitrique, et les fumées non filtrées des usines de produits chimiques. Un nuage nocif stagnait en permanence sur la ville ; chaque mois, une centaine de tonnes de plomb, de silice et de soufre polluait chaque kilomètre carré de l'immense agglomération, en proie aux maladies respiratoires et aux allergies.

Que restait-il du rêve anglais, de ses hôtels particuliers, de ses gazons bien arrosés, de ses calèches et de ses ânes numérotés, de ses agents en uniforme plus élégants qu'en Europe, de sa tentative d'apprivoiser l'Orient et d'y instaurer le plus exquis des arts de vivre ? Le Caire moderne avait définitivement pris le dessus, rouillé les balcons de fer forgé et rongé les plus belles demeures jusqu'à les réduire à l'état de taudis.

Naguib Ghali s'arrêta dans une rue pouilleuse du quartier de Bassatine, où la plupart des maisons n'avaient ni eau ni électricité ; dans deux pièces, il logeait sa femme et ses sept enfants. L'appartement tombait en lambeaux. À cause des lois promulguées par Nasser, il était interdit aux propriétaires d'augmenter les loyers, fixés à jamais ; aussi refusaient-ils d'entretenir des biens stériles, les locataires eux-mêmes ne procédant à aucune réparation.

À chaque nouveau séjour, Mark s'apercevait que Le Caire s'effondrait. Comment « la triomphante », comme l'avaient appelée les conquérants arabes, aurait-elle résisté à une population qui avait doublé en vingt ans et ne cessait de s'accroître à un rythme dément ? Chaque année, quatre fois plus de naissances, quatre cent mille environ, que de décès, sans parler de l'afflux continu de paysans, venus chercher dans la capitale une existence plus facile. À la fin du siècle, vingt millions de Cairotes et soixante-quinze millions d'Égyptiens s'entasseraient sur un territoire comparable à celui des Pays-Bas, occupé par quinze millions d'habitants. Dans le quartier de Bab el-Sharia, on comptait déjà cent vingt-sept mille habitants au kilomètre carré.

Délabrées, « les maisons de la mort certaine » s'écroulaient, le réseau d'égouts agonisait, les fils électriques pourrissaient et même des immeubles modernes s'effondraient car leurs fondations, prévues pour quatre étages, supportaient mal une surélévation de cinq étages réalisée sans permis.

Mark fut victime d'un vertige ; Naguib s'en aperçut.
— Ça ne va pas ?
— Ce n'est rien.
— Depuis combien de temps n'as-tu rien mangé ?
— Je l'ignore.
— Ne bouge pas d'ici ; je dépose mon paquet et je reviens.

Le chauffeur de taxi offrit à son passager une galette contenant des fèves chaudes et de l'oignon cuit.
— Si tu nourris tes clients, le prix de la course va doubler.
— Mange et tais-toi.

À la suite du récent tremblement de terre, certaines rues avaient été barrées et le resteraient jusqu'à ce qu'un décret administratif, dûment signé par des responsables introuvables, les rouvrît à la circulation. L'une des barrières, gardée par un policier, ne gêna pas Naguib ; il serra la main de la sentinelle, lui demanda de lever la barrière, et emprunta l'un de ses raccourcis favoris.

— Tu vois ce tas de gravats, Mark ? Il date d'une trentaine d'années, mais il a rapporté pas mal d'argent à mes collègues. Ils expliquaient aux touristes que le tremblement de terre avait débuté là, et qu'on pouvait entendre les appels au secours de personnes ensevelies ; contre une belle somme, les gogos n'avaient droit qu'à quelques minutes de spectacle, car la police interdisait toute présence à cet endroit, en raison des risques d'éboulement.

De cinquante mille haut-parleurs jaillit soudain une voix tonitruante et agressive ; surpris, Naguib lâcha son volant, évita de peu une femme voilée portant un panier de dattes sur la tête.

— Ce n'est pas l'heure de la prière, s'étonna-t-il.

Cinq fois par jour, une abominable cacophonie envahissait Le Caire, couvrant les bruits des moteurs et des klaxons. La modernité avait relégué aux oubliettes la voix mélodieuse des muezzins, remplacée par des enregistrements poussés au maximum. Quel dictateur aurait pu rêver d'un meilleur endoctrinement quotidien des masses ? Il existait même une station de radio diffusant sans interruption la lecture du Coran.

Mark tendit l'oreille ; l'orateur était surexcité.

— Nous n'avons pas besoin d'hôpitaux, hurlait-il, nous n'avons pas besoin de médecins, nous n'avons pas besoin de médicaments, car nous sommes dans la morgue, parmi les morts, parce qu'un régime impie nous empêche d'appliquer la loi coranique ! Révoltons-nous !

Naguib Ghali s'assura qu'un exemplaire du Coran se trouvait bien en évidence, sur la plage arrière du taxi.

— Qui est ce type ? demanda Mark.

— Un ancien d'Afghanistan, un nommé Kaboul. Depuis une semaine, il délivre ce genre de message à n'importe quel moment de la journée. Comme les mosquées le tolèrent, la police n'intervient pas.

La voix de Kaboul s'enflamma.

— Que l'islam combatte les idoles ! Quand le véritable islam sera au pouvoir, par la volonté d'Allah tout-puissant et miséricordieux, nous détruirons la plus horrible d'entre elles, le grand sphinx de Gizeh, cette créature du diable qui attire les infidèles !

Puis ce fut le silence, brutal et pesant.

— Le peuple n'est pas d'accord avec ces gens-là, déclara Naguib, mais il en a peur. Ils sont capables du pire. Regarde, ta fiancée... Ne t'attaque pas à eux, ils sont trop puissants.

— J'ai prêté serment de la venger. Si tu me refuses ton aide, je le comprendrai sans peine ; tu n'as pas les mêmes raisons que moi de courir des risques.

— Je te conduirai là où tu voudras ; comme mes oreilles traînent partout, elles te seront utiles.

— N'oublie pas que tu es père de sept enfants.

À une vingtaine de mètres devant eux, une vitrine vola en éclats. Armés de barres de fer, des intégristes punissaient les commerçants qui avaient oublié de fermer boutique pendant le bref discours de Kaboul.

Naguib passa la marche arrière et accéléra à fond ; il heurta une charrette, renversa un gamin trop lent à s'écarter, mais ne ralentit pas. Le commando s'attaquait à un fripier, coupable d'exposer des jupes indécentes, volées à des touristes.

À la manière d'un chauffeur de rallye, Naguib fit demi-tour et fonça droit devant lui sans se soucier des obstacles. Pendant cinq minutes, il ne desserra pas les dents. Dès qu'il vit des gens marcher de manière normale et lécher les vitrines, il se détendit.

— Nous avons eu de la chance ; ces types sont drogués. Ils nous auraient tabassés. Tu es presque arrivé ; appelle-moi chez moi, à l'hôpital ou dans un des cafés où je me repose. On me joindra aisément.

Avant de descendre, Mark tapa dans la main ouverte de Naguib. La corniche, quartier élégant du Caire, affichait une belle tranquillité.

9.

Qui n'aurait connu du Caire que la corniche de la rive droite, son aspect moderne et occidental, aurait pu croire que la ville s'était résolument ancrée dans le XXIe siècle avec ses buildings, ses hôtels de luxe, ses axes de circulation à plusieurs voies dans les deux sens, bordées d'arbres. Là se trouvaient les sièges de plusieurs ministères, après l'expropriation d'anciennes demeures qui avaient abrité l'existence dorée de riches étrangers.

Devant la villa blanche de Farag Moustakbel, un tamaris en fleur et deux policiers en faction. Industriel et journaliste, musulman convaincu, il luttait avec la dernière énergie contre les intégristes et les fanatiques qu'il accusait de dénaturer l'islam. Pour Farag Moustakbel, sa religion devait prôner la tolérance : « la guerre sainte » ne pouvait être qu'une réaction normale de défense d'un pays ou d'un groupe menacé de disparition, et non une doctrine guerrière applicable à la planète entière. Éditorial après éditorial, il fustigeait les fondamentalistes et refusait l'instauration d'une république islamique qui ferait régner la terreur comme en Iran et au Soudan.

Son dernier article avait fait grand bruit dans les mosquées ; il évoquait l'un des épisodes de la conquête arabe de l'Égypte, lorsque Omar s'était emparé de la bibliothèque d'Alexandrie. Que faire de ces milliers de volumes ? « Les brûler », avait répondu Omar. Soit ils disaient la même chose que le Coran, et ils étaient inutiles ; soit ils disaient le contraire, et ils étaient nuisibles.

Cet islam-là, Moustakbel le condamnait ; il aimait une Égypte bariolée, où se mêlaient musulmans et Coptes, où les touristes venus du monde entier circulaient librement, où une femme voilée et une jeune fille vêtue à l'occidentale se côtoyaient sans animosité.

L'Américain montra ses papiers aux policiers. L'un d'eux alla prévenir le domestique de Farag Moustakbel qui introduisit le visiteur dans un salon meublé Louis XV, avec des imitations fabriquées au Caire, aux dorures surabondantes.

– Mark... Quelle joie de te revoir !

Moustakbel était de taille moyenne, corpulent, presque chauve et très rieur ; à quarante-sept ans, il manifestait une formidable énergie, mangeait beaucoup et dormait peu. Célibataire, il se consacrait à son entreprise de travaux publics et à ses articles. Des lunettes aux verres épais lui mangeaient une bonne partie du visage.

Farag connaissait Mark depuis sa naissance ; il lui avait fait découvrir l'Égypte.

– Farag...
– Qu'y a-t-il ? Tu sembles bouleversé.
– Hélène est morte.
– Ce n'est pas vrai...
– Des terroristes l'ont massacrée, défigurée au fusil-mitrailleur.

Mark tomba dans les bras de Farag, et ils pleurèrent. Lorsque la crise de larmes s'apaisa, l'Égyptien remplit deux verres d'une eau-de-vie de framboise que lui avait offerte un client français. Ils burent en silence, le regard rivé sur leurs chaussures.

– La police te protège, Farag ?
– Ça dépend des jours ; autrement dit, c'est inutile. Notre gouvernement a tort de composer avec les intégristes ; son attitude est suicidaire. Pour le moment, ma vie lui paraît précieuse... Mais pourquoi t'importuner avec ces détails, dans un pareil moment ?

– Toi seul peux m'aider.
– De quelle manière ?
– Je veux identifier les assassins.
– Ce ne sera pas facile, mais je rassemblerai le maximum de renseignements.
– Ce ne sont peut-être pas des islamistes qui ont attaqué le car où se trouvait Hélène.
Farag fronça les sourcils.
– Qui, alors ?
– Des soldats d'élite.
– D'où tiens-tu cette hypothèse ?
– La rumeur.
– Invraisemblable, mais il n'y a pas de fumée sans feu.
– Ton idée ?
– Les commandos égyptiens qui ont combattu les Russes en Afghanistan y ont appris la ruse ; ils ont probablement dérobé des uniformes. Quoi de plus rassurant, pour des touristes, que des militaires chargés de leur protection ?
– La presse est restée muette.
– Elle a parlé d'une agression intégriste et de quelques touristes gravement blessés, sans donner de noms. C'est pourquoi j'ignorais, pour Hélène... Mais aucun journaliste n'osera écrire que les terroristes ont pris l'apparence de forces de sécurité ! Imagines-tu la panique que sèmerait une telle information ?
– Il me faut une confirmation.
Farag réfléchit.
– Tu l'auras ; demain matin, tu iras voir l'un de mes amis, capable de te renseigner. Si mon hypothèse est la bonne, tu disposeras d'un début de piste. Je rédige une lettre d'introduction.
– J'irai jusqu'au bout.
– Je te connais ; et si je te demandais de m'aider ?
– Tu connais d'avance ma réponse.
L'industriel se leva et regarda par la fenêtre.
– Les islamistes tentent de s'emparer de l'édition et de la presse ; ils pratiquent déjà une censure rampante en interdisant les publications qui les gênent, mais ils

espèrent bien davantage. Et dire que notre prix Nobel de littérature, Naguib Mahfouz, qui a échappé, à quatre-vingt-deux ans, à un ignoble attentat intégriste, ose écrire que « le courant islamiste est le seul à avoir des principes et des idées applicables » ! À cause des intellectuels et des théoriciens, nous courons vers l'abîme. Aveugle, incompétent et corrompu, l'État a laissé les intégristes s'occuper de la vie quotidienne des gens et les convaincre que l'application de la loi coranique soulagerait leur misère. Ingénieurs, physiciens, dentistes, pharmaciens et avocats sont à présent contrôlés par les Frères musulmans et leurs alliés. Ils répètent sans cesse la même formule : « L'islam est la solution. » Quelle folie ! Mais les extrémistes ont infiltré les partis politiques, les associations éducatives, les organismes de santé et les mouvements caritatifs. Aux jeunes, ils offrent des vêtements et des livres de propagande ; tout en prônant la séparation absolue des sexes, ils refusent la contraception, un poison venu d'Occident pour affaiblir l'islam. Une naissance toutes les vingt-cinq secondes, voilà pourtant l'épidémie qui tuera l'Égypte ! À cause de l'inflation démographique, aucune politique économique ne saurait mettre fin à la misère et au chômage. Et le salaire des fonctionnaires qui ponctionne, à lui seul, le cinquième du budget de la nation, alors que l'administration est inefficace ! J'ai peur, Mark ; j'ai peur pour mon pays.

– Tu oublies le barrage.

Farag Moustakbel sourit.

– Sa menace est plus lointaine, ne crois-tu pas ?

– Mais tout aussi inquiétante.

– Sois tranquille, j'ai transmis tes dossiers aux ministères concernés, et je m'assure qu'ils ne sont pas enterrés. Avant d'obtenir le creusement d'un chenal de dérivation, le chemin sera très long.

– L'aide d'Hélène aurait été déterminante.

– Pour elle, continue à te battre.

– N'avais-tu pas évoqué un service à te rendre ?

– La situation est plus grave que la plupart des Égyptiens et des observateurs étrangers ne l'imaginent.

Le levier du pouvoir, bien sûr, c'est l'argent ; bien qu'ils se présentent comme les grands pourfendeurs de la corruption, les islamistes contrôlent de nombreuses banques et des caisses d'épargne clandestines où s'entassent des capitaux considérables. Si je parviens à démontrer que les extrémistes sont à la fois corrompus et corrupteurs, leur influence diminuera, le peuple se réveillera. Un technicien peut m'appuyer, un spécialiste de la finance qui vient des États-Unis ; j'aimerais que tu ailles le chercher à l'aéroport. Mon visage est un peu trop connu.

— Entendu.

Mark éprouvait la plus grande difficulté à se concentrer ; le visage d'Hélène dansait devant ses yeux. La même souffrance qu'après la mort de ses parents, mais plus intense et plus déchirante, à cause du sentiment de révolte contre des lâches qui n'avaient pas hésité à abattre une femme désarmée, la femme qu'il aimait. Chaque seconde fortifiait son désir de vengeance ; le temps, loin de l'atténuer, le renforcerait.

— Tu devrais prendre un calmant et dormir ici.

— Je préfère marcher au hasard, essayer de m'étourdir. Les rues du Caire seront la meilleure des drogues.

10.

Mark avait marché jusqu'au soir, laissant ses jambes le guider. Dans une ruelle, il s'était rassasié de boulettes de fèves et d'herbes frites, et avait bu un thé brûlant. Indifférent à la chaleur qui anesthésiait bon nombre de Cairotes, il s'était acharné, en longeant le Nil, à poursuivre l'image fugace d'Hélène, se persuadant qu'elle vivait encore. Il crut, un instant, que le cauchemar se dissipait, qu'elle se cachait derrière le soleil, cheminait à ses côtés, si proche, si amoureuse. Mais ne subsistaient que les klaxons, la poussière, l'odeur à la fois douce et pestilentielle de l'énorme cité qui dévorait le pays et ses habitants.

Le désespoir le brûlait comme de la glace ; il lui rongeait l'âme, mais nourrissait une volonté farouche de connaître la vérité et d'étrangler ceux qui avaient tué Hélène. Grâce à Farag, il remonterait la filière.

Avant la tombée de la nuit, les haut-parleurs hurlèrent l'appel à la prière ; puis les couleurs du couchant gommèrent la laideur de la ville et firent ressortir la beauté du fleuve. Mark songea au texte d'El Kadi el-Fadel, le premier auteur arabe qu'il avait lu : « Le Nil fait luire sur terre une lumière ondoyante ; son courant va dans les plaines répandre l'abondance, semant sur ses rives des plaines verdoyantes et couvrant les rives de l'Égypte de ses bienfaits. En s'étendant à travers le pays, il crée un firmament dont les étoiles sont les villages. »

Par la faute du haut barrage, ce firmament se fracasserait sur une terre brûlée d'engrais que le fleuve ne fécondait plus. Désemparés, les vieillards attendaient en vain la montée des eaux ; les citadins regrettaient les fêtes de la crue, alliance entre le peuple d'Égypte et son fleuve.

Sans Hélène, aurait-il la force nécessaire pour lutter contre le monstre gigantesque, dont la forme évoquait le rictus d'un démon, satisfait d'étrangler le Nil ? Impossible, disait-on, de contempler le fleuve-dieu sans percevoir un parfum d'éternité ; mais ses eaux, de moins en moins vivantes, ne témoignaient-elles pas de la mort inéluctable du pays des pharaons ?

La circulation s'intensifia ; sur les ponts et sur les berges, les badauds s'amassaient pour grignoter, discuter et prendre le frais. Mark était revenu dans le quartier de Dokki, peuplé de buildings et de tours érigés sur l'un des terrains les plus chers de la capitale : illuminée, la tour du Caire, haute de cent quatre-vingt-cinq mètres, voulait ressembler à une fleur de lotus, mais les Cairotes la considéraient plutôt comme un phallus bizarre, dont l'ascenseur était souvent en panne.

Une gamine vêtue d'une robe orange proposa un collier de fleurs de jasmin. Hélène adorait ce parfum ; il l'acheta, et s'aperçut qu'il se trouvait au pied d'un immeuble qu'il connaissait bien.

Après ces heures d'errance et de silence, il eut envie de parler. Sans doute se heurterait-il à une porte close, mais il tenta sa chance.

L'immeuble, datant d'une dizaine d'années, commençait à se dégrader ; au Caire, entretien et réparation tenaient du miracle. Mark monta au troisième étage par l'escalier et sonna.

Elle ouvrit.

– Mark !

– Tu es toujours aussi belle, Safinaz. Permets-moi de t'offrir ce collier de fleurs.

– Je croyais que nous avions définitivement rompu.

– C'est vrai, mais...

– Entre vite.

Une femme seule accueillant chez elle un homme qui n'était pas de la famille, et qui plus est un infidèle, pouvait s'attirer de graves ennuis. Safinaz referma la porte sans bruit.

Mark la contempla ; elle avait accepté le jasmin.

Les cheveux noirs mi-longs caressant ses épaules, le visage ovale, des yeux de biche d'un noir sublime, le nez fin et droit, des lèvres sensuelles, elle était magnifique, aussi charmeuse que peut l'être une jeune Égyptienne prenant soin de son corps. Le rouge à lèvres rose et les boucles d'oreilles argentées, en forme de papyrus, ajoutaient une note de douceur à un visage fier.

Safinaz avait étudié l'économie en Angleterre et aux États-Unis, où elle avait de la famille, puis avait été nommée professeur à l'université du Caire. Elle était la plus jeune enseignante de haut niveau et tenait farouchement à son indépendance ; ne pas être mariée, à vingt-six ans, risquait de lui faire perdre son poste.

Mark l'avait rencontrée lors d'un concert à l'opéra du Caire ; entre eux, l'attirance avait été immédiate. Le soir même, ils devenaient amants, conscients que l'aventure serait sans lendemain. Dès que Mark avait décidé de se marier, il s'était expliqué sans détour ; Safinaz avait apprécié sa franchise.

– Pourquoi cette visite inopinée ? J'espérais ne plus te revoir.

– Ma fiancée est morte.

Safinaz demeura impassible.

– Un accident ?

– Un assassinat.

– Ici, au Caire ?

– Des terroristes, sur la route entre Louxor et Assouan.

– Tu l'aimais vraiment ?

– Je l'aimais.

Elle se détourna, élégante et farouche.

– Si je t'importune, je m'en vais.

– Personne ne peut partager ta douleur.

— Je désire seulement parler. D'elle, de toi, du barrage.
— Poursuis-tu ton combat insensé?
— Les ministères lisent mes rapports.
Elle haussa les épaules.
— Espères-tu que l'Égypte détruira le haut barrage?
— Je compte bien obtenir la construction d'un canal de contournement afin de rétablir la crue, au moins en partie.
— Tu n'es qu'un homme du passé.
— Qu'importe, si c'est pour le bonheur du pays?
— Tu désires boire, je suppose?
— Naguère, tu servais un excellent porto.
Elle lui offrit un *vintage* qu'aurait apprécié le plus exigeant des Britanniques.
— Qu'espérais-tu, en venant ici?
— Te voir.
Elle disparut.
La fatigue s'abattit sur Mark; les jambes molles, les muscles douloureux, il s'affala sur un canapé en cuir et ferma les yeux. Dans ce salon douillet, meublé avec goût, il appréciait son premier moment de détente depuis le drame. Son esprit vogua dans un paradis impossible où Hélène, debout à l'avant d'une felouque, laissait ses cheveux flotter dans le vent. Il la prenait par la taille et l'embrassait dans le cou, s'enivrant de soleil.

Un froissement l'arracha à son rêve; il ouvrit les yeux.

À deux mètres de lui, Safinaz venait d'ôter sa robe. Nue, elle étala sur son pubis de jais une pâte obtenue en mélangeant, à feu doux, du sucre et du jus de citron. D'une main sûre, elle s'épila avec une grâce souveraine.

Jamais il n'avait assisté à un spectacle aussi érotique, où le moindre geste attisait le désir. Safinaz dénudait sa nudité, offrait son intimité secrète en ôtant ses voiles ultimes.

Mark se leva.
— Attends, ordonna-t-elle.

La jeune femme se teignit les pieds avec du henné, le troène d'Égypte, dont on réduisait les feuilles en poudre pour obtenir un rouge orangé, et se maquilla les cils et les sourcils avec un bâtonnet enduit de khôl, de l'antimoine mélangé à des plantes carbonisées, qui procurait un noir profond.

– Maintenant, je suis douce et belle.

Hélène dansait devant ses yeux, mais Safinaz l'ensorcelait ; les visages des deux femmes se superposaient. Mark, ivre, avança. Elle le prit par la main et l'attira vers elle. Ce n'était pas le parfum d'Hélène ; au moment où il se dégageait, elle lui cracha au visage et le repoussa en arrière.

– Espèce de porc ! Tu es en deuil et tu voulais me baiser... Une Arabe, ça t'excite encore ? Regarde-moi bien, car tu n'en verras plus jamais une seule nue, devant toi, comme une esclave docile.

Mark se crut en proie à une hallucination.

– Qu'est-ce qui t'arrive, Safinaz ?
– Tu n'as pas compris ?

Elle passa une robe longue, descendant jusqu'aux chevilles, se couvrit la tête et le visage du *neqab*, un voile lourd ne laissant subsister que deux fentes pour les yeux, et ganta ses mains de noir, afin de n'avoir aucun contact direct avec un homme.

– Moi, affirma-t-elle, j'ai enfin compris que l'islam est la solution. Depuis que j'ai effectué mon premier pèlerinage à La Mecque, j'ai découvert ma vraie identité, celle d'une musulmane. La loi coranique est parfaite, puisqu'elle est un don d'Allah. Vouloir la réformer est l'œuvre de démons que nous abattrons les uns après les autres, qu'ils soient politiciens, soldats ou policiers ! Nous possédons le livre de Dieu, pourquoi chercher ailleurs et s'embarrasser de démocratie, de communisme ou de libéralisme ? Il n'existe qu'un seul pouvoir : celui d'Allah. Nous, les musulmans fidèles, imposerons sa loi à l'Égypte et au monde.

– Serais-tu devenue folle ?

– Ai-je le langage d'une folle ? L'islam est la solution, voilà la vérité absolue et définitive.

— Tu utilises des mots que je n'aime pas ; te souviens-tu que la « solution finale » était le but du nazisme ?

— Tes discours sont périmés, mon pauvre Mark ; demain régnera la *charia*, la loi coranique. Nous chasserons les touristes et les étrangers, exterminerons les Coptes, fermerons les banques impies, interdirons l'alcool, rétablirons les châtiments corporels et maintiendrons l'ordre établi par le Prophète. Si tu veux survivre, rends-toi à la mosquée al-Azhar avec deux témoins, et proclame cinq fois : « Je déclare qu'il n'est qu'un Dieu et que Mahomet est son prophète. » Ton nom sera inscrit sur un registre, tu seras musulman et entreras sur la voie de la rédemption.

— Accepteras-tu, en bonne musulmane intégriste, d'être privée de métier et recluse dans une maison pour t'occuper d'une kyrielle d'enfants ? N'oublie pas que la loi coranique exige la lapidation de la femme infidèle.

Elle sourit, triomphante.

— Je me marie après-demain, à la nuit tombée, dans la cité des morts ; viens m'admirer, si tu l'oses !

11.

Mark avait passé la nuit dans un café éclairé au néon. À côté de lui, un vieux Cairote fumant avec obstination un narguilé branlant. Vers cinq heures du matin, la ville s'éveilla ; merciers, ébénistes et tailleurs se mirent au travail, déjà fatigués. Les boutiques s'ouvrirent, les discussions commencèrent. Un cireur édenté redonna de l'éclat aux chaussures de Mark, un barbier rendit son visage présentable. Dans la rue passaient des ânes pelés tirant des charrettes surchargées d'oignons, des femmes portant des galettes sur la tête, des fonctionnaires en saharienne, exhibant leurs portedocuments, des jeunes en jeans, des intégristes barbus en galabieh blanche. En buvant un café très fort au goût infect, Mark lut un quotidien dont la une vantait la fermeté du gouvernement face au terrorisme islamique. L'Égypte ne demeurait-elle pas le pays le plus sûr du Moyen-Orient ?

Au fil des minutes, la foule devint de plus en plus dense, comme si la monstrueuse cité s'amusait à voir ses proies courir en tous sens. Sur la place el-Tahrir, la « place de la Libération », la gare routière était, comme d'habitude, le théâtre d'un embouteillage de cars de tourisme et d'autobus bondés, auxquels s'accrochaient des grappes humaines. Seul un Cairote très averti connaissait leur destination. Dans un concert ininterrompu de klaxons et de crissements de pneus, des taxis blanc et noir, des voitures pourries et des Mercedes se frayaient un passage, fonçant sur les piétons qui risquaient leur vie en traversant. Le métro construit par les Français, en dépit de son succès et de sa propreté due à une impressionnante présence policière, n'avait pas diminué l'intensité du trafic.

La place de la Libération, où essayaient de survivre un jardin et un espace vert, devait son nom à la destruction des casernes anglaises qui occupaient l'endroit avant la révolution de Nasser. Le musée égyptien, le plus riche du monde en chefs-d'œuvre de l'époque pharaonique, lui avait survécu, attendant d'être déplacé et agrandi. Mais le corps d'immeubles de style soviétique vers lequel se dirigeaient chaque jour des milliers d'Égyptiens était le *mogamah*, la cité administrative où travaillait une armée de fonctionnaires, détenteurs des tampons sans lesquels un document n'avait aucune valeur.

Les files d'attente étaient interminables, les fonctionnaires compétents absents, les pièces indispensables manquantes. La simple découverte du bon bureau exigeait une patience infinie, d'autant plus que nombre de dossiers se perdaient ou demeuraient à l'étude pendant des mois, voire des années.

L'Américain entra dans l'immeuble du mogamah à six heures. Malgré les équipes de nettoyage, l'endroit restait gris et poussiéreux. Devant chaque porte, à chaque angle de mur, un fonctionnaire chargé de renseigner les arrivants. La plupart fournissaient des indications erronées.

Les ascenseurs étant en panne, Mark s'engagea dans un escalier aux marches usées ; une marée humaine montait, une autre descendait. Grâce au plan fourni par Farag, il découvrit, en moins de vingt minutes, le réduit où le secrétaire d'un haut fonctionnaire disparaissait entre plusieurs piles de paperasses écrites à la main. Le visage fripé, les yeux endormis, il écrivait un rapport sur les lenteurs de son service dont ses subordonnés étaient les seuls coupables.

L'Américain le salua avec déférence et lui remit un message à l'attention de son supérieur, accompagné de vingt livres égyptiennes. Étant donné la faiblesse des salaires, aucun dossier n'avançait sans une contribution financière. Jugeant correcte celle du demandeur, le fonctionnaire abandonna son rapport et promit de faire le maximum.

Le mogamah était l'endroit du Caire où l'on comptait le plus de suicides; pris aux pièges de l'administration, englués dans des retards s'ajoutant les uns aux autres, incapables de comprendre pourquoi le justificatif admis hier ne l'était plus aujourd'hui, certains craquaient, comme ces petits ouvriers âgés et épuisés qui croyaient avoir droit à une retraite misérable mais n'obtenaient jamais le fameux tampon.

Selon une loi datant de Nasser, tout diplômé de l'Université avait droit à un poste de fonctionnaire; ainsi les rangs pléthoriques de l'administration égyptienne se gonflaient-ils chaque année. Ils formaient des contingents mal payés, incompétents, vénaux et insatisfaits; les fonctionnaires étaient si nombreux que beaucoup ne disposaient ni d'une chaise ni d'une table. Jouir d'un bureau, même minuscule et délabré, même partagé avec de nombreux collègues, ressemblait à un privilège. Toutes les deux heures, une nouvelle équipe l'occupait; cette rotation permettait à chacun de travailler peu et mal, au plus grand détriment de la population.

Une heure s'écoula, Mark commença à s'inquiéter. D'ici peu, un nouveau gratte-papier s'installerait dans le réduit du secrétaire, la lettre de Farag serait perdue, et il faudrait renouveler la démarche le lendemain, en repartant de zéro.

L'homme revint, presque souriant.

— Vous avez de la chance; le vice-ministre accepte de vous recevoir. Suivez le gardien d'étage.

Mark glissa quelques billets dans la main de son guide, afin qu'il ne le conduise pas n'importe où. Sage précaution, car le parcours était si complexe que le vice-ministre lui-même devait s'y perdre.

Le bureau du haut fonctionnaire était immense, presque luxueux, avec ses tapis chatoyants, son mobilier anglais de bonne facture, sa batterie de téléphones de couleurs diverses, ses deux télévisions, son magnétoscope, son fax et ses ordinateurs. Un homme de taille moyenne, terne, âgé d'une soixantaine d'années, vêtu d'un costume gris, souhaita la bienvenue à son hôte et le pria de s'asseoir dans un fauteuil, à distance respectueuse. De quel ministère dépendait-il et possédait-il vraiment ce titre-là ? Inutile de creuser. À la seule vue du local, on mesurait son importance.

— J'ai entendu parler de vous, monsieur Walker ; vous n'êtes pas un ardent défenseur de notre haut barrage, semble-t-il.

— Ma position est strictement scientifique, Votre Excellence. Je considère l'Égypte comme ma vraie patrie, je souhaite son bonheur et celui de ses habitants ; or ce barrage conduit à la ruine et au malheur.

— Voilà une position bien tranchée. Mon ami Farag vous apprécie, néanmoins ; je suppose que vous partagez ses idées ?

— Son combat mérite le respect.

Le haut fonctionnaire appuya sur une sonnette, un domestique apporta deux cafés sans sucre.

— Un deuil cruel vous a frappé.

— Ma fiancée a été assassinée.

— Permettez-moi de vous présenter mes condoléances.

— Je vous remercie de votre sollicitude.

— Qu'attendez-vous de moi ?

— Le substitut d'Assouan affirme que les assassins sont des terroristes fanatiques ; mais la rumeur prétend qu'il s'agirait de soldats d'une unité d'élite.

Le vice-ministre chaussa des lunettes d'écaille et contempla ses mains jointes.

— Pour m'occuper des problèmes de sécurité, monsieur Walker, je puis vous affirmer que la rumeur est souvent mensongère.

— C'est pourquoi, Votre Excellence, je suis venu chercher la vérité auprès de vous.

— Cette démarche m'honore, mais qui d'autre que Dieu détient la vérité ?

— Parfois, l'homme en recueille une parcelle.
— La connaître ressuscitera-t-elle votre fiancée ?
— Laisser ce crime impuni la tuerait une seconde fois.
— Qui vous parle d'une telle injustice ? La police mène son enquête, soyez-en sûr.
— Qui a tué ma fiancée ?

Le vice-ministre évitait le regard de Mark, s'attachant à son coupe-papier, à une pile de dossiers ou à son fax qui débitait un message. Le téléphone sonna, il décrocha et demanda qu'on ne le dérangeât plus pendant dix minutes.

— L'Égypte traverse une période difficile, pendant laquelle il convient de ne pas attiser l'incendie qui nous menace. Supposez que les médias locaux, aussitôt relayés par les médias internationaux, révèlent que des islamistes se sont déguisés en soldats d'élite pour attaquer un car de touristes et assassiner ses occupants... Imaginez-vous les conséquences ?

Ainsi, Farag ne s'était pas trompé.

— Auriez-vous des noms, Votre Excellence ?
— Ils ne vous surprendront pas : le Djihad, les Gamaat Islamiyya et les Frères musulmans, associés dans le crime, de plus en plus dangereux. C'est pourquoi, dans les circonstances actuelles, notre devoir est de garder le silence.
— Je voulais dire : des noms précis.
— N'en demandez pas trop, monsieur Walker ; vous avez obtenu la vérité que vous désiriez. Puisque vous aimez l'Égypte, sachez vous taire. La suite de l'enquête concerne la police ; les assassins seront arrêtés et condamnés.

Le ton, devenu cassant, signifiait la fin de l'entretien. Mark remercia le vice-ministre et le salua.

Dès qu'il eut quitté le bureau, une porte capitonnée s'ouvrit, derrière le haut fonctionnaire.

Entra un personnage élégant, qui fumait une Dunhill mentholée, fichée dans un fume-cigarette en or.

— Excellent, jugea-t-il.
— Comme vous l'avez constaté, cher ami, cet Américain ne renoncera pas. Dois-je continuer à...

— Je suis très satisfait de votre coopération ; oubliez-le.

Un vent violent soufflait dans les rues du Caire, charriant le sable du désert ; lors de certaines rafales, qui dépassaient cent kilomètres à l'heure, le ciel s'assombrissait, teinté de rouge sombre. « Encore une conséquence du barrage », songea Mark ; d'ordinaire, ce genre de fléau ne surgissait qu'au printemps. La tempête couvrait les cris des marchands ambulants, « Mes grains de raisin sont des œufs de tourterelle », donc gros et de première qualité, ou « Mes fèves sont couvertes de rosée », à savoir de première fraîcheur. Même les taxis ralentissaient.

L'Américain n'eut pas grande distance à parcourir pour atteindre un immeuble cossu, proche de la place el-Tahrir. Là logeaient des officiers supérieurs. Devant l'entrée, une banquette carrée, recouverte d'un tissu vert et propre ; le *baouab*, le gardien, avait déserté son poste.

Mark pénétra à l'intérieur.

— Qui êtes-vous ?

La voix provenait de la gauche ; Mark se tourna et aperçut le baouab, allongé sous l'escalier.

— Ahmed ! Redouterais-tu le vent ?

Le gardien se déplia, sans hâte. Si vieux qu'il n'avait plus d'âge, vêtu d'une galabieh marron, la tête couverte d'un turban blanc immaculé, le visage creusé d'innombrables rides, il donna l'accolade à Mark.

— La miséricorde d'Allah soit sur toi, mon frère.

— Tu sais, pour Hélène ?

— Je sais.

Ahmed, le doyen des baouabs du Caire, ne quittait jamais sa banquette et sa cage d'escalier ; il recueillait les confidences, discutait, rendait de menus services et fournissait tant de renseignements précieux qu'il était devenu une véritable institution. Klaxons, cris des marchands, bruits de moteurs, appels à la prière, rien ne troublait sa sérénité. La plupart du temps, il semblait dormir ; en certaines circonstances, il prétendait être sourd. Riche, il entretenait trois femmes et douze enfants; il aurait pu passer auprès d'eux une retraite heureuse mais, tout en répétant chaque jour qu'il allait cesser de travailler, il restait fidèle à son immeuble.

— Pourtant, les journaux n'ont pas divulgué le nom des victimes.

— Si l'on se contentait des journaux, que saurait-on de la vie et de la mort? Allons nous asseoir; à mon âge, il est pénible de rester debout.

Ils prirent place sur la banquette intérieure, d'où l'on observait l'escalier, l'ascenseur et l'entrée de l'immeuble sans être vu.

— Tu devais te marier, n'est-ce pas?

La main épaisse du baouab se posa sur l'épaule de Mark.

— Que Dieu te vienne en aide et apaise ta peine.

— Que murmure-t-on, à propos des assassins?

— J'aimerais mieux ne pas en parler.

— D'après ma propre enquête, des islamistes déguisés en soldats d'élite.

— Tu as mal mené ton enquête, mais arrête-toi là.

— Pourquoi, Ahmed?

— Cette affaire sent mauvais, très mauvais.

— Je veux venger Hélène.

— Tu n'as aucune chance. Oublie cette tragédie, la vie te sourira de nouveau.

— J'ai donné ma parole au Nil.

— En ce cas, tu périras. Bien que je sois vieux, je désire éviter une mort violente et m'éteindre doucement; c'est pourquoi je deviens sourd lorsqu'une confidence circule à propos de cette embrouille. Crois-en mon expérience : tiens-toi à l'écart.

— Impossible.

— Si tu persistes, ne me rends plus visite.

— Je respecterai ta volonté. Avant de nous séparer, confie-moi au moins ce que tu sais.

Le baouab hésita; Mark, aussi obstiné que passionné, ne s'en irait qu'après avoir obtenu satisfaction.

— Les assassins de ta fiancée n'étaient pas des islamistes déguisés, mais de véritables soldats d'élite.

— Qui les commandait ?
Le baouab retourna se coucher sous l'escalier.

Assis à l'arrière d'un taxi noir et blanc, l'homme alluma une Dunhill mentholée. Il vit Mark sortir de l'immeuble sur lequel veillait Ahmed. Au visage soucieux et désemparé de l'Occidental, il constata, avec satisfaction, que son plan se déroulait comme prévu.

12.

La berline Mercedes, d'un blanc immaculé, traversa à vive allure les faubourgs de Khartoum, la capitale du Soudan, le plus vaste pays d'Afrique et sa seule république islamique. À l'arrière de la voiture climatisée, Mohamed Bokar observait d'un œil froid la mort, la misère et la maladie. Depuis que la loi coranique avait été imposée en 1983 par l'ex-président Numeyri, qui avait cru préserver son trône en l'offrant aux intégristes, le pays s'enfonçait dans une atroce guerre civile opposant l'armée régulière musulmane aux animistes et aux chrétiens du Sud.

Sous un soleil implacable, tuberculose, dysenterie et choléra tuaient les réfugiés squelettiques; entassés dans des abris de boue séchée où l'on ne pouvait se tenir qu'accroupi, ils recevaient des rations d'eau douteuse et de la nourriture avariée. Le gouvernement doutait de la foi musulmane de ces repentis, refusait l'intervention des organisations humanitaires et préférait voir disparaître quelques milliers de bouches à nourrir, sans avoir à gâcher des munitions. Le Croissant-Rouge soudanais était prié de modérer ses efforts à l'égard des « personnes déplacées », car les marchés manquaient de viande, de légumes et de fruits dont nombre de croyants, fidèles au régime, étaient privés.

La mort des pauvres et des malades, au Soudan, n'intéressait ni les caméras de télévision ni l'ONU.

À l'abri de regards indiscrets, la république islamique imposait sa loi aux Soudanais, pourtant épris de tolérance et de libéralisme.

Plus de quinze cents vétérans égyptiens d'Afghanistan avaient été accueillis dans des camps d'entraînement bien équipés où ils avaient pris contact avec des Libyens, des Algériens et des Iraniens. Au nom de la révolution en marche, ils s'entraînaient avec la rigueur des commandos, afin d'être prêts à partir sur le terrain dès qu'Allah les appellerait.

Mohamed Bokar était fier et heureux.

Fier de voir sa stratégie adoptée par ses frères de combat ; heureux d'être enfin reconnu comme un leader incontesté, dont les ordres seraient exécutés sans discussion. À Khartoum, il avançait en terrain conquis. Certes, les relations entre les autorités égyptiennes et soudanaises étaient mauvaises ; de temps à autre, aux frontières, des incidents avaient lieu. Policiers égyptiens et soudanais s'arrêtaient réciproquement et se libéraient après des négociations houleuses. D'ultimatum en ultimatum, personne ne bougeait, même si l'Égypte accusait le Soudan de favoriser le terrorisme musulman.

Les menaces verbales amusaient Mohamed Bokar, l'immobilisme l'arrangeait ; la véritable action se poursuivait dans l'ombre, son domaine de prédilection. Après tant d'années de luttes obscures, l'Histoire penchait de son côté. Demain, les fils d'Allah régneraient sur le monde, tout à fait inconscient de leur détermination.

Khartoum n'était plus une ville, mais un vaste bidonville à l'africaine, au confluent du Nil blanc et du Nil bleu. Sa position exceptionnelle aurait dû en faire une cité de rêve, peuplée de palais et de jardins. Mais se succédaient immeubles en béton inachevés, maisons sales et délabrées, bâtiments officiels décrépis, avenues défoncées se perdant dans le désert, souks sans marchandises, terrains vagues, trous béants dans les rares portions de route asphaltées, lignes téléphoniques coupées par les rats, décharges où erraient des chèvres, mosquées grandes et petites, dont celle du célèbre Mahdi, l'envoyé d'Allah, qui s'était emparé de Khartoum en massacrant Gordon et ses fidèles. Les dernières belles demeures, datant de l'époque de Kitchener, se terraient au nord de la cité, la plupart réquisitionnées par les dignitaires du régime, dont les officiers fantoches soumis au véritable maître du pays, Hassan el-Tourabi, chef du Front national islamique et des Frères musulmans, dont les réunions nocturnes avec quelques personnages influents tenaient lieu de conseils des ministres.

Mohamed Bokar venait chercher l'approbation et le soutien de cet autre homme de l'ombre, âgé d'une soixantaine d'années, brillant intellectuel qui avait étudié le droit à Paris et à Oxford. Impossible d'agir, dans le monde musulman, sans avoir sollicité la bienveillance de certaines personnalités à la voix déterminante. Bien des entreprises terroristes avaient échoué à cause d'un mot mal placé ou d'une attitude jugée insultante ; Bokar était dans l'obligation de consulter el-Tourabi, conseiller des militants islamistes décidés à renverser les gouvernements laïques.

La police égyptienne était intervenue pour empêcher la diffusion des messages enfiévrés de Kaboul, mais Le Caire ne s'apaiserait pas ; des milliers de tracts entretiendraient le feu de la révolte qu'attiserait la grande prière du vendredi. Les forces armées n'interrompraient pas le cours de la guerre sainte, que devaient encore accélérer Mohamed Bokar et son hôte.

La berline s'arrêta à l'abord d'une grande place que gardaient des femmes armées de kalachnikov ; toutes vêtues de la même manière, elles portaient robe longue, pantalon et voile de couleur blanc cassé, chaussures blanches à lacets et chaussettes noires. El-Tourabi les nourrissait bien, leur donnait de bons instructeurs et les considérait comme le meilleur soutien de son régime. Plus fanatiques que les extrémistes les plus violents, elles prouvaient que la guerre sainte n'était pas seulement une affaire d'hommes.

À coups de crosse, deux miliciennes poussèrent un homme affalé vers le centre de la place. « Je n'ai volé personne, hurlait-il, j'avais faim, j'étais obligé ! » Indifférentes à ses protestations, les miliciennes calèrent son bras droit sur un billot. Une troisième, armée d'une hache, lui trancha la main à la hauteur du poignet. Les tortionnaires lui enfournèrent un chiffon dans la bouche, le renversèrent en arrière et plaquèrent sa jambe gauche sur le billot ensanglanté. Avec la même hargne, le bourreau féminin la coupa au-dessus du genou. Ainsi, la loi islamique avait été appliquée ; l'amputation était l'unique verdict à l'encontre d'un voleur.

Les miliciennes s'écartèrent, la voiture officielle repartit. Mohamed Bokar n'avait éprouvé aucune émotion ; rendre justice, avec la rigueur nécessaire, résultait de la volonté d'Allah. La ridicule sensiblerie des pays occidentaux avait entraîné la décadence de leurs mœurs. Les nouvelles républiques islamiques éviteraient ce travers.

La voiture croisa une colonne de jeunes gens à l'exercice ; en plein soleil, ils se déplaçaient au pas de course, un sac rempli de pierres sur les épaules, avant de s'entraîner au tir instinctif. Tous étaient de futurs étudiants ; ils n'entreraient à l'université qu'après avoir subi un entraînement de plusieurs mois dans la milice islamique. Avec son sens aigu de la stratégie, el-Tourabi s'était débarrassé des officiers suspects de libéralisme et avait créé une armée de croyants qui n'obéissait qu'à lui seul.

Le chauffeur ralentit et s'engagea à faible allure sur une route goudronnée qui conduisait à une belle demeure coloniale, dans un surprenant état de conservation. Des gardes armés exigèrent un sauf-conduit, puis fouillèrent la voiture et ses occupants. En connaisseur, Mohamed Bokar apprécia leur professionnalisme.

Un second barrage protégeait l'accès. Cette fois, ce fut une femme en uniforme kaki, la tête couverte d'un épais voile noir qui procéda à la fouille, aussi approfondie que la précédente. Armée d'un fusil-mitrailleur, le regard froid, elle avait ordre d'abattre les visiteurs au moindre incident.

Elle guida Mohamed Bokar à l'intérieur de la maison, où il fallut franchir plusieurs sas de sécurité avant d'atteindre un salon de réception plongé dans la pénombre. Des murs blanchis à la chaux, deux chaises en rotin, un tapis grossier d'un rouge vif, une lampe sur pied et un ventilateur composaient le mobilier du sanctuaire.

Hassan el-Tourabi ne fit pas attendre son invité. Mince, raffiné dans sa galabieh d'une blancheur aussi immaculée que celle de ses babouches et de son turban, une courte barbe blanche taillée avec un soin extrême, le maître du Soudan était affable et souriant, surtout avec les journalistes étrangers auxquels il expliquait, en anglais ou en français, le bien-fondé du régime islamique.

Après son entretien avec le pape, dont le retour à la religion lui paraissait positif, il espérait établir des liens diplomatiques avec le Vatican.

Le regard vif et perçant derrière ses verres de lunettes, el-Tourabi excluait la violence de langage et l'animosité du geste. Il se présentait comme un théologien pacifique, attaché à la restauration de la culture musulmane et à la mise en pratique du message parfait et définitif du prophète Mahomet, qui n'excluait ni la science ni le progrès technique. Si certains groupes se réclamant de l'islam s'adonnaient au terrorisme, ne prenaient-ils pas exemple sur les Brigades rouges italiennes, la Bande à Baader allemande ou les séparatistes irlandais ? Grâce à l'instauration de la république islamique au Soudan, la corruption avait disparu, la dîme versée aux institutions charitables était plus abondante que les impôts, les riches apprenaient la morale et la frugalité, la propriété privée devenait islamiste et non capitaliste, le commerce respectait la loi du Prophète, et l'État n'avait plus de tentations profanes. Il ne restait plus qu'à exterminer les derniers animistes qui s'opposaient encore à la volonté d'Allah. Sur ce dernier point, Hassan el-Tourabi ne faisait pas de déclarations officielles.

L'Égyptien et le Soudanais se congratulèrent.

— Je suis porteur d'excellentes nouvelles, déclara Mohamed Bokar ; nos frères d'Arabie saoudite ont refusé la création d'un comité des droits de l'homme dans leur pays et affirmé qu'ils ne soutenaient d'aucune manière les mouvements terroristes. Les Américains sont très satisfaits.

— Le président du parlement iranien vient de m'honorer de sa visite ; notre frère n'avait pas les mains vides. Grâce à lui, mon armée maintiendra l'ordre et mettra les rebelles à la raison.

Les deux hommes s'assirent, face à face.

— Qu'en est-il de vos projets, Mohamed ?

— Leur financement est assuré.

— Magnifique. Bien entendu, leur mise en œuvre est placée sous votre responsabilité.

— J'ai cet honneur.

— Je m'en félicite ; le retour de l'Égypte à la vraie religion sera un événement considérable. Nos deux pays communieront alors dans la même voie et montreront l'exemple à l'Afrique entière.

— Nous avons dû progresser avec prudence, admit Mohamed Bokar, car l'armée égyptienne n'est pas entièrement acquise à notre cause ; c'est pourquoi j'ai choisi une méthode plus efficace, dans le cas présent, qu'un coup d'État militaire.

— Il n'a d'intérêt, reconnut el-Tourabi, que s'il repose sur le contrôle des organes vitaux de la nation ; sinon, il se réduit à un feu de paille.

— Approuvez-vous mon plan ?

— Sans réserves.

Mohamed Bokar s'était bien gardé de tout révéler à son interlocuteur ; le mensonge, fût-ce par omission, n'était-il pas un aspect essentiel de la diplomatie, même entre alliés ?

– Si vous y consentez, la reconquête de l'Égypte partira du Soudan ; les anciens d'Afghanistan sont à présent bien entraînés.

– Ils ne jurent que par vous, Mohamed.

– Notre amitié s'est forgée dans les combats contre l'impiété ; ils savent que mourir pour la grandeur d'Allah les conduira directement au paradis.

– Agissez, ordonna Hassan el-Tourabi ; vous avez mon plein accord.

13.

À onze heures du soir, l'aéroport du Caire était encore noir de monde. Plusieurs vols provenant d'Europe et des États-Unis atterrissaient à peu près à la même heure, d'où un embouteillage monstre au contrôle des passeports. Vêtus d'uniformes blancs aux épaulettes noires ornées d'étoiles d'or, les policiers chargés d'examiner les papiers des voyageurs maniaient le tampon avec dextérité, tandis que des femmes voilées vérifiaient sur ordinateur si les arrivants ne figuraient pas sur les listes de personnes recherchées ou indésirables.

Marbre, tapis propres, boutiques vendant de l'alcool prohibé sur Egypt Air, matériel hi-fi : le nouvel aéroport international tentait de séduire les étrangers en leur démontrant qu'ils entraient dans un pays moderne.

Comme d'ordinaire, la foule était bon enfant; on criait, on se bousculait un peu, on discutait beaucoup, nul pickpocket ne sévissait. Mark se fraya avec peine un passage dans un flot de pèlerins revenant de La Mecque, narrant leur exploit aux familles extasiées venues les accueillir. Aucun panneau n'annonçait l'arrivée du vol de New York; après avoir interrogé cinq responsables et recoupé leurs informations à géométrie variable, Mark en conclut que l'avion se poserait avec un honnête retard d'une demi-heure. En se laissant couler dans le flot, il parvint au point névralgique où les voyageurs, poussant devant eux un chariot chargé de bagages, sortaient de la zone des contrôles divers. Se pressaient là parents, amis, délégués d'agences de voyages, chauffeurs de taxi et badauds.

Mark, coincé entre un obèse et une barrière métallique, ne manquerait pas le financier dont Farag Moustakbel lui avait donné le signalement : grand, un mètre quatre-vingts, tête carrée, lunettes fumées, costume blanc avec pochette rouge, attaché-case noir. Afin d'attirer son attention, il tenait un carton où était inscrit en grosses lettres « FARAG ».

L'apparition d'une Américaine type, sosie de Liz Taylor, fut de bon augure ; la suivirent plusieurs hommes d'affaires au visage fermé, plutôt mécontents d'être contraints de se rendre en Égypte pendant l'été. La foule était si dense et si mouvante que les arrivants furent séparés par des autochtones pressés de serrer dans leurs bras des proches de retour des États-Unis.

Mark aperçut le costume blanc à la pochette rouge et brandit le carton pour attirer son attention. Porté par la foule, le financier continua droit devant lui.

Mark joua des coudes et se rapprocha ; l'Américain continuait à avancer. Pourtant, il avait vu le message ; pourquoi le dédaignait-il? Son attitude intriguait ; il se tenait les bras ballants, comme un pantin.

Soudain, la tête carrée s'affala.

Mark vit le manche du couteau, enfoncé jusqu'à la garde dans les reins de l'Américain.

La foule était si compacte que le cadavre continua de progresser, jusqu'au moment où il frôla de trop près une femme voilée. Stupéfaite et indignée, elle demanda à son mari de la protéger ; quand l'époux furieux s'aperçut qu'il admonestait un cadavre, il glapit d'effroi.

– Roule, ordonna Mark à Naguib Ghali, en s'asseyant à côté de lui.

Le taxi démarra.
— Tu ne devais pas ramener quelqu'un ?
— Il est mort, poignardé.
— Il faudrait...
— La police s'en occupe. Moi, je dois prévenir celui qui l'attendait ; conduis-moi sur la corniche, à la villa de Farag Moustakbel.
— Dans quel micmac es-tu tombé, Mark ?
— Je rendais service à mon ami Farag, rien de plus.
— Il n'est pas en odeur de sainteté ; les islamistes lui reprochent ses prises de position.
— Le crois-tu en danger ?
— Il s'agit surtout d'une joute oratoire, comme on les aime tant en Égypte.
— L'homme que j'allais chercher a été assassiné.
Le chauffeur de taxi parut ébranlé.
— Parfois, je me demande si nous ne sommes pas en train de devenir fous. Fais attention, Mark ; ne te mêle pas d'une histoire qui ne te concerne pas.
— Je n'en ai pas l'intention ; mon propre combat me suffit. As-tu recueilli quelque chose sur le meurtre d'Hélène ?
— Rien du tout ; on jurerait que les informations n'ont pas filtré. C'est bizarre ; ici, d'habitude, on bavarde volontiers. Je garde les oreilles ouvertes ; un renseignement finira par y tomber.
Les deux hommes gardèrent le silence jusqu'au quartier chic où résidait Farag Moustakbel. Mark s'apprêtait à descendre, Naguib lui bloqua le poignet.
— Attends.
— Qu'y a-t-il ?
— Un mort, ça suffit.
— De quoi as-tu peur, Naguib ?
— Je ne sais pas, mais...
— Parle.
— Moustakbel t'envoie à l'aéroport, son invité est assassiné, tu es témoin du meurtre... Ça ne sent pas bon, Mark. Et s'il t'avait tendu un piège ?
— Farag ? Ça n'a aucun sens ! Personne ne m'a menacé.

– Laisse-moi inspecter les abords de la villa ; si je remarque quelque chose d'anormal, on file.
– Comme tu voudras.

Mark ne maîtrisait plus les événements. Il éprouvait l'horrible sensation d'être ballotté comme un fétu de paille sur un Nil en furie, sans parvenir à déceler le sens du courant. Naguib était si bouleversé qu'il en venait à soupçonner tout un chacun.

Il se trompait ; qui courait un danger, sinon Farag Moustakbel dont le correspondant américain avait été identifié et supprimé par les islamistes ?

Les minutes furent interminables ; Naguib ne revenait pas. Avait-il eu raison ? Mark se fixa un bref délai, au terme duquel il alerterait la police. Malgré l'heure tardive, la circulation restait dense, le piaillement des klaxons s'atténuait à peine.

Naguib Ghali réapparut.

Le front en sueur, la chemise trempée, il haletait.
– Rien à signaler, le coin est calme.

Mark le remercia d'une tape sur l'épaule et marcha d'un pas tranquille vers les deux policiers qui gardaient l'entrée de la villa de Farag Moustakbel.

– Vos papiers.
– J'ai rendez-vous avec M. Moustakbel.
– Vos papiers.

Les policiers examinèrent les documents.
– M. Moustakbel n'est pas visible.
– J'ai des nouvelles urgentes à lui communiquer.
– Vous devrez patienter.
– Pourquoi ?
– Parce qu'il est en voyage.
– Ce n'est pas possible...
– Un déplacement imprévu en province ; il vous recommande de ne pas vous inquiéter.
– Quand revient-il ?
– Demain, dans la journée, ou après-demain.

Du point de vue occidental, invraisemblable. Mais en Égypte, horaires et rendez-vous ignoraient la règle de l'exactitude. Mark, en retournant vers le taxi, tenta de se persuader que Farag avait bien été vic-

time d'un empêchement et qu'il n'éprouvait aucune gêne à retarder son rendez-vous avec le financier américain.
— Tout va bien, Mark ?
— Tout va bien, Naguib.
— Où dois-je te déposer ?
— Je suis à deux pas de chez moi.
— Va dormir.

14.

Désemparé, Mark se sentait incapable de rentrer dans la villa où il avait fait l'amour avec Hélène pour la dernière fois. C'était là qu'ils avaient pris la décision de se marier, dès que la jeune femme reviendrait d'un congrès aux États-Unis.

Il vendrait cette maison. Puisque le bonheur était mort, autant précipiter dans le néant les traces des instants heureux ; tant qu'Hélène ne serait pas vengée, comment abolir la souffrance ?

Une heure du matin.

Peut-être Mona Zaki, sa meilleure amie et sa confidente, la femme qui lui avait tant appris sur les mille et un secrets du Caire, livrait-elle encore une partie d'échecs acharnée contre son mari. Passionnés l'un et l'autre par ce jeu, ils bataillaient parfois jusqu'à l'aube.

Fille d'un diplomate, Mona luttait depuis son adolescence pour la reconnaissance des droits de la femme égyptienne et de sa dignité. La trentaine magnifique, elle était aussi à l'aise en robe orientale chamarrée qu'en blue-jeans, écoutait Mozart, Brel et la musique arabe avec autant de plaisir, aidait les épouses répudiées à plaider leur cause en justice et se prononçait, dès qu'elle en avait l'occasion, contre l'excision et le port du voile. Cette attitude lui valait une brouille durable avec sa mère, ardent défenseur des Frères musulmans.

Mark avait assisté au dîner au cours duquel la rupture avait été consommée. Mona n'admettait pas que l'islam, sa religion, considérât la femme comme inférieure à l'homme dans tous les domaines, qu'il imposât la virginité aux jeunes filles, traitât de putains les femmes célibataires et attribuât à la parole d'une femelle la moitié du poids juridique de celle d'un mâle. Persister dans cette voie rendrait la société islamique invivable. À cette argumentation, la mère de Mona avait opposé des passages de la quatrième sourate du Coran :

> *Épousez donc celles des femmes qui vous seront plaisantes, par deux, par trois, par quatre ; si vous craignez de n'être pas équitables, une seule ou des concubines... Celles dont vous craignez l'indocilité, admonestez-les ! Reléguez-les dans les lieux où elles couchent ! Frappez-les ! Si elles vous obéissent, ne cherchez plus contre elles de voie de contrainte* [1].

Ainsi avait été formulée la vérité absolue et définitive, à laquelle s'ajoutait la tradition islamique, résumée dans un proverbe : « Pendant son existence, la femme ne doit effectuer que deux sorties : la première, de ses parents chez son mari ; la seconde, de chez son mari dans sa tombe. »

La douce et tendre Mona s'était révoltée contre de tels propos, tenus par une femme riche qui avait séjourné à l'étranger et profité du mode de vie occidental. La mère avait écarté les remarques injurieuses de sa fille ; désormais, une vraie musulmane serait confinée chez elle et n'offenserait plus Dieu en travaillant à l'extérieur. Une autre vision du rôle de la femme serait une trahison de la révélation offerte à l'humanité par le Prophète.

Devant l'impossibilité du dialogue, Mona avait rompu toute relation avec sa mère, tandis que son diplomate de père demeurait sur la réserve. Lorsque

---

1. Traduction Régis Blachère, Paris, Maisonneuve et Larose, 1966, pages 104 et 111.

l'avenir aurait donné raison à sa femme ou à sa fille, il serait temps de prendre parti.

L'Interphone de l'immeuble moderne où habitait Mona fonctionnait encore. Elle répondit au second appel.

– Qui est-ce ?
– Mark. Je ne te réveille pas ?
– J'allais me coucher.
– C'est grave, Mona.
– Je t'ouvre.

La porte vitrée, produit de la technique allemande, répondit à la commande. Un miracle en amenant un autre, l'ascenseur, en état de marche, monta Mark au septième étage de la tour qui dominait le Nil.

La porte de Mona Zaki était déjà ouverte ; elle tira l'Américain par le bras et la referma avec précipitation.

– As-tu croisé quelqu'un ?
– Non, personne.
– Mon mari est absent. Le propriétaire du cinquième est un avocat intégriste ; s'il constatait qu'une femme seule reçoit un homme, qui plus est un infidèle, il porterait plainte. Si tu savais ce qui vient de m'arriver...

Elle, d'ordinaire si calme, était bouleversée et parlait trop vite.

De taille moyenne, les cheveux d'un noir brillant, la peau mate, les yeux vert clair, Mona avait un regard envoûtant et une voix tendre. En dépit de l'énergie qu'elle déployait pour sa croisade, et dont on l'aurait crue incapable, elle était le charme même.

– Regarde, Mark.

Elle se tourna pour lui montrer ses mollets, marqués de stries rouges.

– Une bande de jeunes intégristes a jugé que je portais une jupe trop courte ; ils m'ont fouettée avec des baguettes et se sont enfuis.

Mark prit conscience que Mona portait un déshabillé presque transparent ; jamais il ne l'avait contemplée aussi dénudée.

Troublée, elle s'éclipsa et revint vêtue d'une robe de chambre vert émeraude.

– Pardonne-moi, Mark ; je ne parle que de moi et de mes soucis. Tu évoquais un événement grave...

– Hélène a été assassinée.

Connaissant la sensibilité de Mona, Mark avait préféré ne pas tergiverser et dire la vérité, brutale et cruelle. Choquée, l'Égyptienne ne put contenir ses larmes. À deux reprises, lors des séjours d'Hélène au Caire, Mona avait eu l'occasion de s'entretenir avec elle, persuadée que son mariage serait une réussite. Le futur bonheur de Mark la rendait heureuse.

– Raconte, je t'en prie.

Pendant plus d'une heure, il parla, revint sur chaque détail, ne cacha rien à Mona. Puis ils burent de la bière, échangèrent les souvenirs d'une Égypte paisible, de leurs promenades dans la campagne verdoyante du Fayoum, au sud-est du Caire. Ils aimaient bavarder au bord du lac Qaroun, en écoutant le chant des vagues venant mourir sur les berges. Ils mangeaient du poisson grillé, qui venait d'être pêché, et bâtissaient un avenir enchanteur où l'Égypte serait prospère, accueillante et délivrée des menaces du haut barrage.

– Je suis inquiète, très inquiète ; mon pays perd la tête. Le meurtre de ta fiancée en est la plus terrible preuve.

– Ne crains-tu pas pour toi-même ?

– Ce soir, j'ai reçu des menaces par téléphone. Un appel anonyme, une voix féroce, hargneuse, qui débitait des horreurs. La semaine dernière, ma fille a refusé de porter le voile ; son professeur de gynécologie lui a interdit de revenir à l'université. Si elle ne se conformait pas à la loi coranique, ne ferait-elle pas mourir des bébés pour que les musulmans soient moins nombreux ? Elle a aussitôt quitté l'Égypte afin de poursuivre ses études à Londres. Je n'ai pas réussi à la convaincre de rester ; pour elle, la majorité de la population a déjà basculé dans le camp intégriste. Elle m'a même suppliée de partir avec elle ; mais je n'en ai pas le droit. Si les gens de bon sens s'enfuient, ils laisseront la place libre aux extrémistes.

— Qu'en pense ton mari ?
— En militaire, il obéit aux ordres.
— Il a ses idées.
— Bien qu'il soit profondément croyant, il considère le fanatisme comme le plus redoutable des périls.
— Ses collègues en sont-ils convaincus ?
— Une partie de l'armée est gangrenée, une autre trop sûre de sa force ; le cataclysme iranien ne leur a pas servi de leçon.
— Pourquoi est-il absent ?
— Trois jours d'inspection dans une caserne pour tenter d'identifier les éléments douteux ; il couche là-bas, épluche les dossiers, dirige les interrogatoires des soldats suspectés d'intégrisme. C'est la troisième fois, cette année, qu'on lui confie ce genre de mission. Il s'en tire plutôt bien ; les autorités lui accordent leur confiance et parlent de promotion. Et si... S'il acceptait de t'aider ? Sa position devrait lui permettre d'obtenir des informations sérieuses sur les véritables assassins d'Hélène.
— N'est-ce pas beaucoup lui demander ?
— Peut-être pas ; tout dépend du service qui traite le dossier. S'il n'existe aucun moyen d'y accéder, il te le dira.
— Je n'accepterai pas de lui faire courir un risque.
— Il est la prudence incarnée.
Elle se leva, déterminée.
— Tu sauras la vérité, Mark ; le meurtre d'Hélène ne restera pas impuni. Cette nuit, tu dors ici ; prends la chambre de ma fille. Demain matin, je t'emmène à la caserne.

15.

Mona conduisait sa BMW comme une Cairote expérimentée, autrement dit sans céder le moindre pouce de terrain à autrui. L'intimidation permanente, doublée d'un klaxon puissant, était le seul moyen de progresser dans une circulation démentielle.

À sept heures trente, il fallait déjà lutter pour se frayer un chemin entre les bus bondés, les taxis, les camions en surcharge et les voitures particulières dont la plupart manquaient de freins. La jeune femme, maquillée avec discrétion et vêtue d'un élégant tailleur rose pâle, n'avait pas réussi à dormir, obsédée par le désir de venir en aide à Mark ; elle ressentait la mort horrible d'Hélène comme une blessure et une injustice qu'elle devait contribuer à réparer.

Alors qu'elle s'engageait dans le quartier d'Imbaba, afin d'éviter une rue bouchée à la suite d'un accident mêlant un bus, deux voitures et une dizaine de piétons, Mark ne dissimula plus son cauchemar.

— Et si la mort d'Hélène était liée à ma lutte contre le barrage ?

— Quelle étrange idée !

— Depuis quelque temps, on m'adresse des menaces voilées. Le superviseur de la haute digue et le substitut d'Assouan m'ont fait comprendre, avec les nuances d'usage, que je commençais à irriter certaines autorités.

— Au point de tendre une embuscade à un car de touristes et de massacrer une vingtaine de personnes ?

— Tu as raison, Mona ; mon hypothèse est absurde.
— Les islamistes ont voulu démontrer leur puissance ; Hélène a eu la malchance de se trouver sur leur chemin.
— Je n'accepte pas cette fatalité.
— Moi non plus.

La BMW dépassa une mosquée blanche, surnommée Kit-Kat par certains Cairotes irrévérencieux, qui lui attribuaient ainsi le nom d'une boîte de nuit disparue. Du quartier peuplé de night-clubs qu'aimait tant le roi Farouk, ne subsistaient que de rares maisons décentes qui, malgré leur décrépitude, rappelaient l'existence d'un passé plus riant. Accablé par la surpopulation et la misère, le plus souvent privé d'eau et d'électricité, le quartier d'Imbaba était devenu un haut lieu du fondamentalisme musulman où la police effectuait des opérations coups de poing afin d'arrêter quelques leaders enfiévrés, vite remplacés par d'autres plus véhéments. Mais comment contrôler un enchevêtrement de ruelles malodorantes où s'amoncelaient les ordures ? Imbaba pourrissait sur pied, sans autre avenir que l'augmentation du nombre de paysans déracinés venus s'entasser dans des réduits sordides. Les mosquées avaient remplacé les boîtes de nuit, les prédicateurs promettaient aux déshérités que l'application de la loi coranique leur permettrait d'obtenir des logements salubres et de bons salaires. En attendant, ils rackettaient les commerçants chrétiens contraints, pour survivre, de verser une bonne partie de leur recette aux fidèles d'Allah.

Mona se faufilait avec habileté entre des ânes tirant des carrioles, des chiens errants en quête de nourriture et des gamins d'une saleté repoussante jouant dans ces immondices ; elle passa devant une église copte qui, sur son portail, affichait une image de la Vierge. Mark se sentait oppressé ; désœuvrés, des chômeurs assis aux terrasses des cafés observaient la puissante voiture d'un œil torve. Leur agressivité était perceptible. Mona n'avait-elle pas eu tort de traverser Imbaba pour gagner du temps ? Mark connaissait sa conviction :

aucun endroit du Caire ne devait devenir zone interdite, sous peine d'admettre la victoire des intégristes. Sereine, la jeune femme continuait à s'escrimer au volant.

À une centaine de mètres, la sortie du labyrinthe qu'elle avait parcouru en un temps record.

Mark se détendit et ferma les yeux. Lui non plus n'avait pas dormi ; le visage d'Hélène lui interdisait le repos, comme si la vengeance seule pouvait mettre fin à ses tourments.

Un coup de frein brutal le projeta en avant ; sans la ceinture de sécurité, son front aurait percuté le pare-brise.

Une trentaine de jeunes barbus barraient le passage. Mona ne s'était pas résolue à foncer dans le tas.

Sans armes, ils semblaient plutôt calmes ; l'un d'eux avança et se porta à la hauteur de la portière de la conductrice, dont la vitre était abaissée.

— Es-tu égyptienne ?
— Je le suis.
— Moi, je suis un cheikh et je veille au respect de la loi du Prophète. Es-tu une bonne musulmane ?
— Je le suis.
— Tu ne devrais pas conduire une voiture.
— Le Prophète l'interdirait-il ?
— La loi exige que les femmes restent chez elles et servent leur mari.
— Cette loi-là n'est pas celle de l'Égypte.
— Qui est cet homme assis, à côté de toi ?
— Un ami, né au Caire.
— Il est occidental et infidèle.
— L'amitié est une valeur sacrée.
— Seule la loi d'Allah est sacrée. Puisque tu sors avec cet homme, il est forcément ton époux ; montre-moi ton certificat de mariage.
— Je respecte ta croyance, respecte ma liberté. Tous mes amis, qu'ils soient musulmans ou non, ont le droit de monter dans ma voiture.
— Si tu n'as pas de certificat de mariage, tu n'es pas une bonne musulmane. Tu te conduis de manière impudique.

– Laisse-moi passer.

– Si tu n'es pas mariée avec cet homme, tu es une prostituée.

– Mon mari est colonel ; cesse de m'insulter.

– Alors, tu es une femme adultère ! Sors de cette voiture pour subir ton châtiment.

Mona Zaki appuya sur la commande électrique, la vitre remonta ; mais le cheikh fut assez rapide pour lancer la pierre qu'il cachait dans sa main droite. La jeune femme fut atteinte au cou, le sang gicla. Poussant un cri de douleur, elle écrasa l'accélérateur.

Les islamistes s'écartèrent ; la vue brouillée, Mona n'alla pas loin. Elle percuta un tas d'ordures, la BMW cala. Mark extirpa la jeune femme de son siège, prit sa place au volant, redémarra et passa la marche arrière. Une bande hurlant le nom d'Allah courait à la poursuite du véhicule.

– Lapidez-les ! ordonna le cheikh.

Des dizaines de pierres s'abattirent sur le coffre et la vitre arrière, qui s'étoila ; Mark percuta deux agresseurs, enclencha la première et fonça droit devant lui. Le cheikh ayant lancé la première pierre, le quartier entier avait le droit et le devoir de lapider la femme adultère. Beaucoup rêvaient d'utiliser, comme en Arabie saoudite, un camion-benne déversant des blocs sur la coupable.

La BMW sortit d'Imbaba, emprunta une grande artère et stoppa devant un motard casqué, en veste blanche et pantalon noir.

– J'ai une blessée grave dans la voiture ; guidez-moi jusqu'à l'hôpital le plus proche.

Le motard jeta un œil à l'intérieur de la voiture. Édifié, il mit sa sirène en marche et précéda la BMW ; crispé sur son volant, Mark collait à la roue de la moto. Mona s'était évanouie.

Un quart d'heure plus tard, la BMW s'immobilisa devant un bâtiment dont la peinture marron tombait par plaques. Seule la présence d'une ambulance rouillée, capot ouvert, laissait supposer la proximité d'un centre de soins.

Mark prit doucement Mona dans ses bras; son cou et le col de son tailleur étaient tachés de sang, mais l'hémorragie semblait stoppée.

En entrant dans l'hôpital, il eut l'impression de revivre la même scène qu'à Assouan : murs verdâtres et lépreux, odeurs à faire fuir, infirmiers aux blouses malpropres. Mais Mona était vivante et il la sauverait.

Un jeune médecin l'interpella.

— Qu'est-ce que vous faites?

— Une urgence.

Le médecin ouvrit la porte d'une salle commune où gémissaient une dizaine de patients. Un matelas sale était disponible.

— Hors de question; j'exige un lit propre et des soins immédiats.

— Vous êtes le mari de cette femme?

— Non, un ami.

— Allez chercher son mari.

— Occupez-vous d'elle, docteur.

— Vous l'avez mise enceinte et vous voulez un avortement... Ne comptez pas sur moi! Je ne suis pas un médecin pourri, à la solde des Occidentaux. Cet hôpital respecte la loi de Dieu. Emmenez ailleurs cette femme adultère; elle souille mon établissement.

Mark déposa Mona sur une banquette couverte d'un tissu vert moins sale que les draps des malades. Il décrocha le combiné d'un appareil téléphonique poisseux et composa un numéro.

— Qu'est-ce que vous faites? Je vous interdis de...

— Taisez-vous.

Le médecin, stupéfait, demeura silencieux quelques instants, puis se lança dans un discours enflammé où les citations du Coran se succédaient les unes aux autres.

Le premier numéro ne répondit pas, mais le second appel fut couronné de succès.

— Je vais vous faire expulser, vous et votre putain!

— Ne touchez pas à cette femme; dans dix minutes, vous aurez de gros ennuis.

Le jeune médecin ne prit pas la menace à la légère;

islamiste militant, il tenait à son poste, bien qu'il fût mal payé.

– Je pourrais donner les premiers soins.
– Si tu t'approches d'elle, je t'étrangle.

Les deux hommes demeurèrent face à face, tels deux fauves prêts à s'entre-déchirer. Indifférent, un infirmier sortit un cadavre de la salle commune et poussa le chariot aux roues grinçantes en direction de la morgue.

Naguib Ghali pénétra en courant dans l'hôpital. Mark lui donna l'accolade.

– Mon amie Mona est blessée, ton collègue refuse de la soigner.
– Pourquoi ?
– Il croit qu'elle est ma maîtresse et qu'elle veut se faire avorter.

Le médecin-taxi parla à voix basse.

– Des milices islamiques enquêtent dans les hôpitaux du Caire ; ils redoutent que certaines femmes tentent de priver Allah de ses futures légions. Quand elles ne disposent pas d'autorisation écrite de leur mari pour recevoir des soins, elles sont aussitôt suspectes.
– Occupe-toi d'elle, Naguib.
– Je ferai de mon mieux.

Naguib Ghali parlementa pendant dix bonnes minutes et obtint gain de cause ; avec l'assentiment de son collègue, il procéda lui-même aux examens, en utilisant les équipements de l'hôpital.

Peu avant midi, Mark vit réapparaître Mona, debout, la nuque bandée et le bras gauche en écharpe. Le docteur Ghali la soutenait.

– Rien de grave, annonça-t-il, le sourire aux lèvres. Commotion légère sans conséquences et blessure superficielle. Un calmant, un analgésique, quelques jours de repos, et tout ira bien.

Mark serra doucement la jeune femme contre lui.

– Comment te sens-tu, Mona ?
– J'ai eu si peur...
– Je te raccompagne chez toi.
– La voiture ?
– Cabossée, mais elle roule.

Après avoir installé Mona, Mark remercia chaleureusement son ami.
— Tu l'as sauvée.
Naguib Ghali haussa les épaules.
— J'ai fait mon devoir.
— Ta note d'honoraires.
— Pas entre nous.
Mark glissa plusieurs gros billets dans la poche de la chemisette du médecin-taxi.
— Une urgence n'a pas de prix.
— Ton amie est très jolie.
— C'est vraiment une amie et la femme d'un colonel. Je porterai plainte contre ton prétendu collègue ; ce type-là ne mérite pas d'exercer.
— Laisse tomber, Mark ; il est père de quatre enfants. Comme cet hôpital est géré par un syndicat de médecins islamistes, il obéit aux ordres. Ta plainte n'a aucune chance d'aboutir.

La BMW démarra sous le regard attentif d'un homme qui fumait une Dunhill mentholée, fichée dans un fume-cigarette en or.
Il vit Mona se blottir contre Mark, qui se coula en force dans la circulation.
Ce petit incident de parcours ne remettait rien en cause, bien au contraire.

16.

Les deux gardiens de la pyramide de Khephren passaient le plus clair de leur temps à dormir. En raison de l'agitation intégriste, les touristes se faisaient rares; protégés par la police, quelques Japonais s'aventuraient encore dans la grande pyramide dont ils ressortaient, pressés, après une brève visite. Aller jusqu'à Khephren ne présentait guère d'intérêt.

Les agences de voyages, déprimées, espéraient une reprise du tourisme dès que la situation serait stabilisée. Les gardiens regrettaient le bon temps où ils gonflaient le montant des bakchichs en permettant à certains visiteurs de prendre des photos à la va-vite, sans autorisation et dans le plus grand secret. Les mois fastes, ils multipliaient leur salaire par dix.

Au milieu de la matinée, à leur grande surprise, un groupe de compatriotes avaient honoré la pyramide de Khephren de leur présence ; mais eux ne payaient pas. Lors des fêtes, des hordes de gamins s'engouffraient en hurlant dans les couloirs, certains urinaient dans la chambre funéraire du pharaon. Ce n'étaient que de vieilles pierres païennes ; pourquoi intéressaient-elles les étrangers ? Sans eux, voilà bien longtemps que l'on aurait détruit ces monuments inutiles et utilisé leurs blocs pour construire des maisons.

Lorsque l'explosion retentit, l'un des gardiens tomba de son banc et se luxa l'épaule, l'autre se cogna le crâne contre une paroi. Paniqués, ils appelèrent au secours et s'enfuirent.

Les terroristes venaient de faire sauter la pyramide de Khephren.

Les jumelles braquées sur l'objectif, Kaboul éclata de rire. En compagnie de deux membres de son commando, il avait déposé lui-même une petite bombe à l'intérieur du monument impie, avec l'espoir de tuer quelques touristes ; il se contenterait de l'effet médiatique. Après ce nouvel exploit, plus aucune agence de voyages ne recommanderait à ses clients un séjour en Égypte. La manne de devises se tarirait de manière définitive, la crise économique s'accentuerait et le gouvernement serait en perdition. Le peuple entier se tournerait vers la révolution islamique, seule capable d'assurer son bonheur.

En constatant que les partisans du Prophète frappaient là où ils le voulaient et à leur heure, la police perdrait le moral, déjà bien bas. À cette idée, le rire de Kaboul redoubla.

La mission spéciale du colonel Zakaria s'achevait à midi ; fatigué, il se réjouissait de déjeuner avec sa maîtresse, la plus belle des danseuses du ventre de la capitale, de lui faire l'amour, puis de rentrer chez lui où son épouse, la douce Mona, lui aurait préparé un dîner traditionnel et le masserait avec un baume au jasmin.

La tâche du colonel se révélait de plus en plus difficile ; il mettait aux arrêts quelques intégristes afin de donner satisfaction à son supérieur direct, mais sans sombrer dans l'excès, au risque de mécontenter un général dont dépendaient les avancements et dont l'opinion penchait en faveur d'une application plus stricte de la loi coranique. Coincé entre le marteau et l'enclume, le colonel Zakaria pesait cent fois ses décisions.

Le téléphone sonna.

On le mandait d'urgence sur le plateau de Gizeh, ravagé par une série d'explosions. Fou furieux, le colonel raccrocha le combiné avec violence.

Il ratait son rendez-vous avec sa maîtresse et n'avait aucun moyen de la prévenir ; la connaissant, elle risquait de rompre.

Une odeur de poudre flottait dans la chambre funéraire de la pyramide de Khephren ; des éclats de verre, provenant d'une lampe brisée par le souffle de l'explosion, jonchaient le sol de pierre. Sur un mur, une phrase de la septième sourate du Coran, écrite à la peinture rouge : « Nous détruisîmes ce que Pharaon et son peuple avaient édifié. »

Le colonel Zakaria fit procéder à l'interpellation des personnes qui se trouvaient sur le plateau de Gizeh, dont l'état n'inspirait aucune inquiétude. Comme d'habitude, on gonflait l'incident.

Les interrogatoires ne donnèrent aucun résultat ; le colonel rédigea lui-même un communiqué de presse, précisant qu'une explosion accidentelle s'était produite à l'intérieur de la pyramide de Khephren, sans provoquer de victime. Affolés par le bruit, les deux gardiens s'étaient légèrement blessés en tombant.

La presse internationale relaierait ces informations rassurantes, doublées d'un autre communiqué du même colonel, affirmant que l'explosion avait eu lieu devant la pyramide, conséquence de l'embrasement d'une substance inflammable servant à nettoyer le sel qui exsudait des parois internes du monument. Ainsi, les commentateurs s'y perdraient.

Si les terroristes comptaient sur cet attentat pour accroître leur réputation et répandre la peur, ils seraient déçus. Tant que le gouvernement contrôlerait l'information, les islamistes manqueraient d'une caisse de résonance ; bien qu'un certain nombre de journalistes fussent acquis à leur cause, les organes de presse acceptaient de ne pas verser trop d'huile sur le feu.

Zakaria songea à sa maîtresse ; à cette heure-ci, son chauffeur la conduisait à l'hôtel Marriott où le colonel avait réservé, sous un faux nom, une table et une chambre. Comme le directeur était un ami d'enfance, il ne redoutait nulle indiscrétion. Prévenir l'hôtel ? Délicat. Quelle excuse donner ? La belle danseuse n'en accepterait aucune. Elle le voulait soumis et considérait un rendez-vous comme sacré. Dès le début de leur liaison, elle l'avait prévenu : un amant à éclipses ne l'intéressait pas.

Le colonel l'aurait bien épousée, afin de sortir de la clandestinité, mais ni elle ni Mona n'y auraient consenti. Chacune dans son style, elles prônaient l'indépendance de la femme arabe. Contraint et forcé, Zakaria trompait son épouse, sans éprouver le moindre sentiment de culpabilité ; il jouissait de merveilleux instants de plaisir sans mettre en péril sa respectabilité.

Il eut envie de monter dans sa voiture de fonction et de se rendre au Marriott, en oubliant cette nouvelle affaire de terrorisme ; mais c'eût été commettre une faute impardonnable et risquer une rétrogradation.

Bougon, il pénétra dans le poste de police où les deux gardiens de la pyramide faisaient une déposition déjà longue de plusieurs pages. Les hommes en uniforme se levèrent et le saluèrent.

Zakaria examina les gardiens. Il choisit le plus veule, ordonna aux policiers de sortir et demeura seul avec le témoin dans une petite pièce poussiéreuse, encombrée de rapports écrits à la main.

— Assieds-toi.

Le gardien posa le bout des fesses sur une chaise branlante. Mal à l'aise, il redoutait cet officier supérieur au visage froid.

Il se leva.

— J'ai tout raconté à la police, Excellence ; ils ont noté mes déclarations.

— Quel est ton nom ?
— Mahmoud.
— Assieds-toi, Mahmoud.
— J'aimerais mieux partir.
— Je n'aime pas me répéter.

De tout son poids, Mahmoud se laissa tomber sur la chaise.

— J'ai tout dit, marmonna-t-il.
— Pas à moi.

— Je n'ai rien vu, Excellence ; tout a sauté, j'ai eu peur, je suis tombé.

— Ta blessure n'est pas grave.

— Non, je peux marcher !

Mahmoud se leva à moitié, mais le regard du colonel le dissuada d'aller plus loin.

— Des visiteurs, avant l'explosion ?

— Personne.

— Ce n'est pas possible.

— Si, si, je vous assure !

— Quelqu'un a déposé cette bombe. Toi, ou un visiteur.

Mahmoud sursauta.

— Moi ? Jamais ! Excellence...

— Donc, c'est un visiteur.

— Non, non, personne n'est entré...

— Tu devrais dire la vérité ; sinon, je vais être obligé de sévir.

— Je n'oserais pas vous mentir.

— Tu ne sais pas qui je suis, Mahmoud ; mon rôle est d'arrêter les terroristes et leurs complices, et de les faire parler. Par n'importe quel moyen.

Le gardien se ratatina sur sa chaise.

— La vérité, Mahmoud.

— Moi, je n'ai vu personne.

Le colonel Zakaria posa un bistouri en évidence sur le rebord de la table.

— D'ordinaire, on utilise cet instrument pour opérer un malade. Moi, je suis contraint de lui donner un autre usage ; mon service n'étant pas riche, nous avons recours à des méthodes simples. Tu tiens à tes yeux, Mahmoud ? Aveugle, tu perdras ta place.

Le colonel manipula le bistouri avec doigté.

— Vous ne feriez pas ça...

— Mais si, Mahmoud. C'est pénible, j'en conviens, mais la vérité est parfois à ce prix.

L'officier supérieur s'approcha.

— Trois hommes, avoua Mahmoud. Peu après l'ouverture de la pyramide.

— Des Égyptiens ?

— Oui.
— Décris-les.
Mahmoud s'embrouilla.
— Les gardiens des monuments sont d'excellents observateurs ; sois plus précis.
Le bistouri devint menaçant.
Mahmoud parla d'abondance. Il s'attarda sur un petit gros, barbu, bavard, excité, qui portait un paquet et commandait les deux autres.
Le colonel sortit des photographies de son porte-documents et en sélectionna une.
— S'agit-il de cet homme-là ?
— C'est bien lui.
— Tu n'es pas l'allié des terroristes, Mahmoud ?
— Bien sûr que non !
— Tant mieux.
— Je peux partir ?
— J'ai donné des consignes pour qu'on te soigne ; mes hommes t'emmèneront dans un hôpital.
Zakaria ne précisa pas que ce dernier se trouvait dans un bagne nassérien où Mahmoud serait mis au secret et interrogé de façon approfondie.
Ainsi, c'était Kaboul, l'âme damnée de Mohamed Bokar, qui avait déposé une bombe dans la pyramide de Khephren ; il fallait donc s'attendre à d'autres coups d'éclat. Comment le retrouver, dans la capitale géante ?
Le colonel regarda sa montre ; l'interrogatoire avait été plus rapide que prévu. Une heure de retard, seulement... Si sa maîtresse déjeunait au Marriott, il se jetterait à ses pieds et la supplierait de lui pardonner.

17.

Lizbeth était une brune capiteuse de vingt ans, aux seins agressifs et aux hanches épanouies ; danseuse du ventre lors de soirées très privées, elle n'ôtait ses ultimes voiles que devant des clients fortunés. « Lizbeth », nom de code d'allure occidentale, la différenciait de ses collègues qui s'agitaient face à des hordes de touristes, incapables d'apprécier leur art.

Elle ordonna au chauffeur de sa Jaguar de brancher la radio ; le dernier communiqué de la police signalait une explosion accidentelle sur le plateau de Gizeh ; on ne déplorait aucune victime.

« Un mensonge de plus », pensa Lizbeth ; les intégristes continuaient à défier le pouvoir en s'attaquant au site le plus célèbre du pays ; personne ne serait dupe.

Son amant, le colonel Zakaria, était l'un des spécialistes de la désinformation ; à force de masquer les faits pour rassurer la population, il finissait par croire en l'efficacité de ses propres forces. L'armée ne comprenait-elle pas quatre cent cinquante mille hommes, la sécurité centrale trois cent mille et la garde nationale soixante mille ? Avec quatre cent soixante-quinze avions et trois mille deux cents chars de combat, le régime écraserait les intégristes, s'ils étaient assez fous pour se lancer dans une guerre civile. Mais seul un officier supérieur pouvait ignorer à quel point l'armée, comme le reste de la société égyptienne, était gangrenée ; rongé de l'intérieur, l'édifice s'écroulerait sur lui-même, sous l'effet d'une bourrasque plus violente que les autres.

Lizbeth demeurait sur le qui-vive ; dès que la situation deviendrait alarmante, elle quitterait l'Égypte et se réfugierait en Arabie saoudite, chez un milliardaire qu'elle faisait rêver. Amant médiocre, Zakaria lui assurait sécurité et discrétion ; aussi se montrait-elle passionnée, bien que déjeuner avec le colonel l'ennuyât au plus haut point.

L'hôtel Marriott, fleuron du quartier chic de Zamalek, était l'un des points de passage obligés de la haute société cairote ; on venait y prendre l'apéritif, le thé ou participer à des réunions mondaines. Le charme de l'ancien palais oriental avait disparu, noyé dans un énorme building sans âme. Lizbeth appréciait l'air conditionné, poussé à fond, le hall pompeux, les interminables couloirs et le salon particulier où on lui servait des plats raffinés ; la danseuse raffolait du caviar et des aubergines farcies. Zakaria parlait, parlait, décrivait sa bouche, ses yeux, ses hanches, en oubliant de manger. Ensuite, il fallait bien monter dans une chambre luxueuse et simuler l'extase amoureuse.

Lizbeth avait décidé d'augmenter ses prix ; elle annoncerait la nouvelle pendant la douche qu'elle prendrait avec son amant, corps contre corps. Lorsqu'il la serrait, mouillée, il perdait tout contrôle et devenait le plus malléable des hommes.

La Jaguar stoppa devant l'entrée du Marriott. Un employé en costume folklorique, destiné à éblouir les touristes, ouvrit la portière arrière ; la danseuse du ventre ne lui accorda pas le moindre regard.

Un cireur de chaussures se prosterna aux pieds de Lizbeth, sans lever les yeux vers cette femme riche. Elle jeta un œil sur ses escarpins, s'aperçut qu'un grain de poussière les souillait.

— Dépêche-toi, ordonna-t-elle.

D'une lourde boîte en bois, l'homme sortit cirage, brosses et chiffons ; Lizbeth tendit à peine la jambe, posa sa chaussure droite sur un socle métallique.

— Je vais bien te nettoyer, salope.

Lizbeth se crut victime d'un cauchemar; qui osait lui parler de cette manière?

Elle baissa les yeux et découvrit les yeux haineux d'un barbu à la tête d'œuf; il pointait vers elle un pistolet à moitié dissimulé sous un chiffon.

— Mais... vous êtes fou!
— Crève.

Kaboul tira deux fois : la première balle dans le sexe, la seconde dans la tête.

Foudroyée, la danseuse du ventre s'effondra sur le matériel de cirage.

L'islamiste abattit le portier de l'hôtel et réserva le même sort au chauffeur de Lizbeth, incapable de décrocher les mains de son volant. Kaboul extirpa le cadavre de l'habitacle, le jeta sur la chaussée, prit la place du conducteur et démarra en hurlant de rire.

Le colonel Zakaria freina sèchement. Au pied de l'hôtel Marriott, un barrage de police; il descendit, claqua la portière et interpella le gradé qui commandait la troupe d'intervention.

— Colonel Zakaria. Qu'est-ce qui se passe ici?
— Un attentat terroriste, mon colonel.
— Des victimes?
— Trois morts. Un employé de l'hôtel, une femme et son chauffeur.
— Je veux les voir.

Accompagné du gradé, Zakaria pénétra dans le hall de l'hôtel où l'on avait déposé les cadavres. Les clients étaient consignés dans leurs chambres jusqu'à nouvel ordre; le Marriott, désert, ressemblait à un bateau échoué. Seul le sifflement glacé de l'air conditionné troublait le silence.

Le colonel souleva les draps recouvrant les corps.

Lizbeth était encore belle; le petit trou bordé de sang, entre les deux yeux, ne la défigurait pas. L'assassin s'était servi d'une arme de petit calibre.

— Combien de terroristes?
— Sans doute un seul, répondit le gradé. D'après le

témoignage d'un serveur qui a entrevu la scène, c'était un cireur de chaussures.
– Une description ?
– Le témoin ne l'a vu que de dos, tout s'est passé très vite. Le meurtrier s'est enfui en volant une Jaguar.

Zakaria ne demanda même pas si on l'avait pris en chasse. Le terroriste abandonnerait la voiture dans la première rue populeuse et disparaîtrait dans la foule.

– Mark ! Que faites-vous chez moi ?
– Je vais vous expliquer, colonel ; passons dans votre salon, voulez-vous ?

S'il n'avait pas été en état de choc, Zakaria aurait expulsé l'intrus à coups de botte. Comment osait-il résider chez lui en son absence ?
– Où est ma femme ?
– Mona a été blessée.
– Ça ne signifie pas que...
– Rien de grave, rassurez-vous ; elle est ici et elle dort. Mona a exigé que je reste jusqu'à votre retour.

Le colonel s'affala dans un fauteuil.
– Pardonnez ma brutalité, mais je vis des heures pénibles. Un attentat terroriste, au cœur du Caire... J'ai transmis à la presse un communiqué apaisant, mais il n'abusera personne.
– Désirez-vous boire quelque chose ?
– Je manque à tous mes devoirs.
– Sans importance.
– Alors, une vodka ; racontez-moi, pour Mona.
– Nous allions vous consulter ; sa voiture fut agressée par des islamistes, dans Imbaba. À l'hôpital, un médecin intégriste a refusé de la soigner, mais j'ai fait intervenir l'un de mes amis.
– Me consulter... Pour quel motif ?
– Hélène, ma fiancée, a été assassinée et je...

Les deux hommes tournèrent la tête ; les cheveux défaits, le regard apeuré, vêtue d'un peignoir de soie mauve, Mona, la main sur son pansement, avança vers eux d'un pas mal assuré.

Le colonel se leva et prit son épouse dans les bras.

107

— Ma chérie... Comment te sens-tu ?

D'une voix précipitée, Mona raconta son aventure.

— Je ne sais comment vous remercier, dit le colonel à l'Américain.

— Aide-le, supplia Mona.

— De quelle manière ?

— D'après une rumeur, ce sont des militaires qui ont tué Hélène.

Avec un calme forcé, Mark exposa les maigres éléments dont il disposait.

— Invraisemblable, conclut le colonel ; comment imaginer que des hommes de la sécurité aient massacré votre fiancée et une vingtaine d'autres touristes ? Les islamistes sont, bien entendu, à l'origine de cette rumeur démente. En jetant le discrédit sur l'armée, ils sèmeront le trouble parmi les plus modérés.

— Pourquoi les journaux favorables aux fondamentalistes n'ont-ils rien publié ? D'après ce que je crois savoir, les terroristes sont capables de s'assurer une certaine publicité. Dans le cas présent, elle eût été efficace. Étrange silence, non ?

L'argument troubla Zakaria.

— Illogique, en effet.

— Et si la rumeur était fondée ?

— Il doit exister une autre solution.

— Mes attaques incessantes contre le barrage...

— C'est à vous qu'on s'en serait pris, pas à votre fiancée ; de plus, elle n'est qu'une victime parmi d'autres.

— Peux-tu enquêter discrètement ? demanda Mona.

Le colonel baissa les yeux ; une migraine lui broyait les tempes. Si sa maîtresse n'avait pas été assassinée par les intégristes, comme la fiancée de Mark, il n'aurait pas pris le moindre risque.

— Certaines informations me sont accessibles.

Mona embrassa son mari sur la joue.

— Passez me voir demain matin à mon bureau, ordonna Zakaria à l'Américain.

— Sous quel prétexte ?

— Le barrage. Rédigez une protestation contre

l'inertie des autorités et demandez-moi, à titre amical, une intervention pour accélérer vos démarches. La nature de notre entretien sera consignée par écrit ; ainsi, nous n'éveillerons aucun soupçon.

— Nous pourrions nous voir dans un endroit plus discret.

— C'est la méthode la plus sûre, croyez-moi ; je ne connais pas tous les indicateurs qui sont chargés d'observer mes allées et venues. Donner une allure officielle à notre rencontre est un excellent trompe-l'œil.

Le colonel se leva.

— Où vas-tu ? s'inquiéta Mona.

— À mon bureau. Une belle quantité de coups de téléphone à passer et de dossiers à consulter.

18.

Ahmed le baouab avait confirmé à Mark que la belle Safinaz se mariait bien le soir même, dans la cité des morts ; en dépit de la mise en garde du vieux gardien d'immeuble, toujours désireux de ne jamais revoir l'ennemi du barrage, ce dernier comptait bien répondre à l'invitation de son ancienne maîtresse.

Dans la chaude nuit d'été, l'immense nécropole noyait sa décrépitude sous un clair de lune poussiéreux. Contrairement à leurs espérances, émirs, princes, califes, sultans et mamelouks ne jouissaient pas du repos éternel ; autour de leurs mausolées, surmontés d'une coupole, une véritable ville s'était déployée. Des rues d'une bonne largeur, rythmées par des places, desservaient des tombeaux, servant de logements à des vivants qui payaient un loyer plutôt élevé aux propriétaires légitimes. Les plus aisés habitaient les tombes de plusieurs pièces, équipées d'une télévision, d'un réfrigérateur, d'un téléphone et d'un confort qu'enviaient bien des habitants du Caire, considérant la cité des morts comme un quartier calme et agréable. Une ligne d'autobus, des cafés, des épiceries, des échoppes d'artisan, des ateliers de mécanique, un marché, l'électricité et l'eau courante rendaient l'existence possible entre les pierres tombales. Sur les sépulcres, les résidents construisaient des immeubles de trois ou quatre étages dont la stabilité était aléatoire ; parfois, à leur pied, un jardinet où quelques légumes essayaient de pousser.

Dès qu'il entra dans la cité, Mark se heurta à un gardien conscient de ses responsabilités ; les locataires avaient amassé des biens qu'il fallait protéger des envieux.

En tant qu'invité au mariage de Safinaz, Mark eut le droit de se rendre au grand tombeau où avait lieu la cérémonie.

Des dizaines d'yeux observèrent sa progression. Avachis sur des chaises, des hommes fumaient ; des chèvres fouillaient dans les tas d'ordures, une gamine tripotait un chien crevé, une ancêtre, assise dans les excréments d'un âne attaché à un piquet, mâchait des épluchures de pommes de terre, sans se soucier d'un énorme rat qui flairait le bas de sa robe noire. Mouches, moustiques, poux et puces agressaient humains et animaux, indifférents à la puanteur, aux déjections et aux fumées noires que produisait la combustion des pneus crevés.

Une famille sortait ses meubles d'un tombeau dont les propriétaires avaient besoin, pendant une journée, pour célébrer des funérailles ; lorsqu'elles seraient terminées, les locataires réintégreraient les lieux.

Un barbu barra le chemin.

— Où vas-tu ?
— Au mariage de mon amie Safinaz.
— Invité, toi ?
— C'est ainsi.
— Attends ici.

Plusieurs autres barbus, aux visages hostiles, surveillèrent l'Américain... Chacun serrait un exemplaire du Coran sur sa poitrine ; ils avaient un regard absent, perdu dans un monde de vérités absolues. Ils ne redoutaient pas de mourir pour Allah, puisque le martyre ouvrait grandes les portes du paradis.

— Tu peux venir.

Des femmes poussaient des youyous stridents, obtenus en faisant onduler la langue contre le palais ; elles témoignaient ainsi de leur enthousiasme, au moment où la fiancée apportait sa dot, formée de coussins, de draps et d'ustensiles de cuisine. En échange, le futur époux offrait une somme d'argent ; les plus pauvres se contentaient d'une pièce de monnaie.

Safinaz était princière, dans sa longue robe rouge ornée de galons dorés ; coiffée d'un voile blanc, les mains et les pieds couverts de dessins magiques tracés au henné, elle avançait, fière, vers un homme grand, un peu voûté, beaucoup plus âgé qu'elle.

Un cheikh joignit les mains de Safinaz et de son fiancé, pouce contre pouce, et les recouvrit d'un voile blanc. En l'absence de parents, il déclara donner en mariage la jeune femme à son maître, en échange de la dot. Le mari, d'une voix éraillée, répondit qu'il acceptait celle que le religieux lui confiait et qu'il la prenait sous sa protection. Le cheikh lut des passages du Coran et insista sur la nécessaire et absolue soumission de la femme à son mari.

Des hurlements de joie saluèrent les nouveaux époux, on commença à chanter et à danser. Sur des tapis, les plats de fête : pigeon farci au blé vert, boulettes de fèves et d'herbes frites, poulet aux oignons grillés et au riz, légumes farcis, crème à la vanille et à la fleur d'oranger.

Safinaz regardait amoureusement son époux ; ce dernier fit signe à Mark d'avancer. Des barbus l'encadrèrent.

La jeune femme se tourna vers l'Américain.

— Ainsi, tu as osé venir.
— Tu m'avais convié à ton mariage ; ne pas accepter eût été insultant. Puis-je te remettre un cadeau ?

Alors que Mark plongeait la main droite dans la poche de son pantalon, un barbu lui bloqua le poignet. Son camarade fouilla l'étranger et découvrit une broche en or, en forme de fleur de lotus, qu'il porta à Safinaz.

— Merci, c'est un bel objet.
— Je te souhaite beaucoup de bonheur.
— Voici mon mari, Mohamed Bokar.

Le chef des terroristes égyptiens observa Mark d'un regard glacial. Ce dernier le salua, en inclinant la tête vers l'avant.

— Que la paix soit sur vous, déclara Mohamed Bokar, ainsi que la miséricorde d'Allah et ses bienfaits. Prendrez-vous part à notre repas ?

— Volontiers.

On s'assit en tailleur, sur les tapis ; Mark eut droit à une place d'honneur, à la gauche du mari.

— Votre démarche est-elle purement amicale ? interrogea l'intégriste.

— J'avoue que non.

— Que cherchez-vous ?

— La vérité sur l'assassinat de ma fiancée.

— Comment la connaîtrions-nous ?

— Safinaz a choisi le chemin de l'islam le plus radical ; elle doit disposer d'informations sur ce massacre.

Mohamed Bokar sourit.

— Vous ne manquez pas de courage, pour un infidèle ; sachez que mon épouse ne m'a rien caché de vos relations. C'était son existence passée, elle m'indiffère. Aujourd'hui, elle chemine près de moi sur le chemin de la vérité.

— J'aimais Hélène ; rester dans le doute m'est insupportable. Je veux savoir qui l'a tuée.

— La vérité, la seule vérité, se trouve dans les cent quatorze sourates du Coran ; Allah en a dicté le texte au prophète Mahomet, béni soit-il, par l'intermédiaire de l'archange Gabriel. C'est pourquoi le Coran est parfait et définitif ; notre unique rôle consiste à l'appliquer dans toute sa rigueur.

— Le monde n'a-t-il pas changé, depuis le VIIe siècle ?

— Pas le Coran ; c'est pourquoi le monde doit revenir au temps du Prophète et respecter les lois qu'il a édictées.

— J'ai lu votre livre sacré ; pourquoi parle-t-il autant de guerre et de violence ?

— Parce qu'il n'existe pas d'autre moyen de combattre et de supprimer les infidèles.

— Même en s'attaquant à des touristes innocents ?

— Ils ne sont pas innocents. Le tourisme apporte la dépravation, l'alcool, l'argent sale, il impose aux croyants la vision de femmes à moitié nues. Grâce à lui, l'État s'enrichit, arme sa police, tue les fidèles d'Allah et les emprisonne. Plus il y a de touristes, plus le peuple est pauvre et persécuté ; les étrangers ne songent qu'à empêcher l'application de la loi islamique et à propager leurs vices. Le tourisme est l'ennemi de l'islam.

L'Américain remarqua une tache brune, au front de Mohamed Bokar ; elle traduisait la piété du croyant qui, à force de se prosterner face contre terre, portait dans sa chair la marque de sa foi. Safinaz, silencieuse, se tenait un peu en retrait de son mari.

– Lorsqu'un homme tue au nom d'un dieu quel qu'il soit, estima Mark, sa religion n'est qu'une barbarie.

– Vous êtes un Occidental, donc un matérialiste.

– Qu'en savez-vous ? Il y a peut-être davantage de spiritualité dans mon combat que dans le vôtre.

– Si vous souhaitez rester en Égypte, il faudra vous convertir ; sinon, partez.

– Vous n'avez pas répondu à ma question : que pouvez-vous m'apprendre sur l'assassinat de ma fiancée ?

– Que m'importe ?

– Les islamistes étaient-ils déguisés en militaires ?

Safinaz s'agrippa au bras de son époux, comme si elle le suppliait de ne pas répondre.

– Où vous mènera votre enquête ?

– Aux assassins. Si vous connaissez leurs noms, donnez-les-moi.

– Vous êtes naïf ; avez-vous cru un seul instant que je vous répondrais ?

– Je pensais que Safinaz accepterait de parler.

– Safinaz est ma femme, c'est moi qui décide pour elle.

Malgré un sang-froid apparent, Mark était à la dérive. Aucune émotion ne s'inscrivait sur le visage de Mohamed Bokar, plus indéchiffrable qu'un sphinx.

– Si les fidèles d'Allah étaient responsables de la mort de votre fiancée, quitteriez-vous vivant cet endroit ? Un jour, vous comprendrez le sens de notre combat. Demain, l'Égypte entrera dans le sein de l'islam véritable et sera le phare de la reconquête. Chaque musulman le ressent au plus profond de lui-même ; des légions entières se lèveront et proclameront la toute-puissance d'Allah. Le reste est sans importance.

Dans la voix éraillée, aucune trace d'excitation.

Mark se leva, les jambes tremblantes.

— Si vous avez tué Hélène, je vous tuerai.

Pendant qu'une escouade de barbus emmenait Mark, Safinaz détruisit la broche à coups de couteau.

19.

Mark attendait depuis une heure dans l'antichambre du bureau du colonel Zakaria, sous le regard endormi d'un planton âgé qui tamponnait mollement des feuilles volantes. L'endroit était un peu moins poussiéreux qu'un local de l'administration civile, la peinture marron tenait encore, les vitres avaient été nettoyées. Un ventilateur brassait un air déjà chaud, malgré l'heure matinale.

Le planton considéra son tampon avec lassitude, comme s'il venait de tomber en panne.

– À quelle heure doit arriver le colonel ?
– En été, à sept heures.
– Il est sept heures trente.
– Sans doute un embouteillage.

Mark patienta une demi-heure de plus ; le planton abandonna son bureau et s'assit à côté du visiteur.

– Les logements modernes sont hors de prix, révélat-il ; un bel appartement vaut au moins cinq cent mille livres égyptiennes. Quand on en gagne cinquante par mois, qu'est-ce qu'on peut espérer ? Un trois-pièces à loyer bloqué, dans un bon quartier... Mais ils sont tous occupés, et personne ne s'en va ! Des dizaines de milliers d'appartements de luxe restent inoccupés, parce que leurs propriétaires devraient les proposer pour une bouchée de pain, à cause de la législation nassérienne. Ici, j'ai la sécurité de l'emploi, mais je ne gagne pas beaucoup ; avec mes quatre enfants, j'habite l'hiver dans une cave, l'été sur le toit de l'immeuble, dans une cabane en planches. Ça ne vous révolte pas ?

— Comme les autres fonctionnaires égyptiens, vous avez une autre source de revenus.

— Des broutilles... Je mène une existence d'esclave. Il ne faut pas manquer la moindre occasion d'améliorer l'ordinaire.

— Serais-je cette occasion ?

— N'attendez-vous pas le colonel Zakaria ?

Le planton baissa les yeux.

— Si vous étiez... généreux, je vous aiderais.

— Aurais-je besoin d'aide ?

— Si vous ne désirez pas perdre de nombreuses heures...

— Dix livres ?

— Vingt, pour commencer.

— Commençons.

— Le colonel ne viendra pas.

— Pour quelle raison ?

— Vingt livres de plus.

Les billets changèrent de main.

— Il est retenu ailleurs.

— Comment le savez-vous ?

— Un appel téléphonique avant votre arrivée. Il est retenu ailleurs, je vous le répète, mais je ne sais ni où ni pour combien de temps.

Mona était ravissante, en dépit du pansement qui masquait sa blessure au cou. Dans ses yeux verts, la stupéfaction et l'angoisse.

— Je ne comprends pas, Mark.

— Ton mari ne t'a rien dit ?

— Rien du tout.

— Une mission secrète ?

— D'ordinaire, il me donne au moins une indication. Il disposait de quelques journées tranquilles au bureau, afin de régler des problèmes administratifs ; à la fin de la semaine, nous devions partir nous reposer à Alexandrie.

— L'un de ses collègues pourrait-il te renseigner ?

— Peut-être.
— Téléphone.

Mark fit les cent pas dans le salon, pendant que Mona tentait de joindre le supérieur direct de son mari. En son absence, elle appela deux colonels et un général de gendarmerie, camarades de promotion de Zakaria.

— Personne ne sait où il se trouve.
— Est-ce déjà arrivé ?

Mona fouilla dans sa mémoire.

— Une fois.
— Ne sois pas inquiète ; l'effervescence intégriste est la cause de son absence. Reste auprès du téléphone ; ton mari te préviendra tôt ou tard.
— Que comptes-tu faire ?
— J'ai une démarche pénible à accomplir.

Farag Moustakbel était effondré.

— Mon correspondant américain mort, assassiné devant toi !
— Pas un mot dans le journal, indiqua Mark.
— Le gouvernement tente d'étouffer l'impact des attentats terroristes. À travers mon allié, c'était moi que l'intégrisme voulait atteindre. Une partie de ma stratégie s'effondre... On me suit à la trace, on me coupe les ailes.

Farag Moustakbel, d'ordinaire si rieur, arborait une mine sinistre.

— Qu'as-tu appris sur la mort de ta fiancée ?
— Je comptais sur le colonel Zakaria, mais impossible de le joindre.

L'industriel fronça les sourcils.

— Disparu, lui aussi ?
— J'espère que non.
— Les islamistes ont commencé à éliminer les hommes qui les gênent ; ils ne s'arrêteront pas en chemin.
— Tu renoncerais, Farag ?
— Bien sûr que non, mais je dois changer mon fusil d'épaule. Les nouvelles sont mauvaises ; en province, les intégristes gagnent chaque jour du terrain. En

moyenne Égypte, d'où je reviens, la police ose à peine intervenir dans certaines zones ; les modérés se taisent, les fanatiques s'affichent. L'armée constitue le dernier rempart... Pour combien de temps ?

— Ne mets pas ton existence en péril.

— Je ne quitterai pas l'Égypte, même si l'on n'assure plus ma sécurité. Si je prenais la fuite, beaucoup d'hommes d'affaires m'imiteraient et laisseraient le champ libre aux islamistes.

— J'ai rencontré un dénommé Mohamed Bokar.

Farag Moustakbel n'en crut pas ses oreilles.

— Il est ici, au Caire ?

— Il s'est marié dans la cité des morts, avec l'une de mes amies devenue intégriste ; en souvenir du passé, elle lui a peut-être demandé de m'accorder la vie sauve.

— Prévenir la police ne servirait à rien ; la capitale fourmille de cachettes. La présence de Bokar annonce une intensification de l'action terroriste. Pourquoi as-tu pris un tel risque ?

— J'espérais que mon amie parlerait du meurtre d'Hélène.

— Ce ne fut pas le cas ?

— Elle s'est réfugiée derrière son mari ; Bokar s'est comporté de manière plutôt bizarre, comme s'il n'ignorait pas les faits, mais sans s'en vanter.

— Étrange ; il aurait dû proclamer le meurtre haut et fort, au nom d'Allah.

— Pour Hélène, je découvrirai la vérité.

— Bokar a joué avec toi comme un félin avec sa proie ; seul un type de cette envergure peut avoir organisé l'attentat qui a coûté la vie à ta fiancée.

— Que sais-tu de lui ?

— C'est un intellectuel qui a fait ses études en Europe et s'est formé à la guérilla en Afghanistan. Les autorités le soupçonnent d'avoir organisé la plupart des attentats, en compagnie de son chien de garde, un dénommé Kaboul, dont la férocité est légendaire. Aucune preuve contre eux, mais une accumulation d'indices ; d'aucuns les considèrent comme les principaux animateurs du terrorisme en Égypte.

— S'il est coupable, il paiera.
— Ne tente pas d'agir seul.
— Quelle aide espérer?
— Il me reste des cartes à jouer; l'une d'elles pourrait te concerner.

Farag Moustakbel vida un verre de whisky; l'alcool lui redonna de la vigueur.

— Hésiterais-tu à te confier?
— Ce n'est pas ton combat, Mark.
— Il le deviendra, s'il me rapproche de la vérité sur la mort d'Hélène.
— Non, je ne t'entraînerai pas sur une route dangereuse.
— Je croyais que nous étions amis, Farag.
— Comment oses-tu en douter?
— Comprends que ma vie est devenue un enfer; venger Hélène est la seule espérance qui me reste.

Farag Moustakbel alluma un cigare, tira plusieurs bouffées, tourna le dos à Mark et contempla le Nil.

— Je songe à la résistance copte.
— Toi, un musulman, t'allier à des chrétiens?
— Les Coptes sont égyptiens; je me sens plus proche d'eux que d'un musulman iranien. Les rejeter et les persécuter, c'est amputer notre pays. Naguère, les Coptes jouaient un rôle déterminant dans les affaires de l'État; aujourd'hui, ils sont réduits à la portion congrue.
— Boutros Boutros-Ghali est copte et secrétaire général de l'ONU.
— Ses frères deviennent pourtant des citoyens de seconde zone; les Coptes ont perdu leurs places dans les ministères et les principales administrations. Leurs carrières sont bloquées, les postes de haute responsabilité leur sont interdits. Et comme la mention de la religion figure obligatoirement sur les papiers d'identité... La révolte gronde; certains coptes sont partisans d'une lutte armée contre les fondamentalistes musulmans.

Mark ne croyait pas que la situation fût à ce point dégradée; l'illusion de la tolérance volait en éclats.

— J'ai un contact chez les Coptes; il ne paie pas de

mine, mais il est sérieux. Si tu lui portes un message de ma part, tu pourras l'interroger sur l'assassinat d'Hélène. Ces gens-là épient les terroristes et sont parfois mieux renseignés que la police. Mais ce n'est pas exempt de danger, Mark.

– Nom et adresse de ton contact.

20.

« Première potence pour les islamistes », titraient à la une tous les journaux du Caire. À la suite des derniers attentats, les autorités avaient décidé de sévir. Trois vétérans d'Afghanistan, reconnus coupables d'agression contre des touristes et de rébellion armée contre l'État, avaient été pendus à la prison centrale de la capitale.

La riposte des intégristes s'était aussitôt traduite sous la forme de tracts signés de « l'organisation des opprimés dans les prisons égyptiennes », appelant au châtiment du président et de son ministre de l'Intérieur. Les leaders incarcérés lutteraient de l'intérieur même de leurs cellules, tandis que leurs frères en liberté continueraient la guerre sainte contre un régime impie.

Dans les rues du Caire, la tension devenait perceptible ; on commençait à se regarder en chiens de faïence, les uns se demandant si les autres étaient des islamistes forcenés ou des indicateurs de la police, et inversement. Les rares touristes se cantonnaient dans les hôtels de luxe ; des groupes de jeunes barbus se rassemblaient aux carrefours et se dispersaient comme des moineaux dès qu'approchait un représentant des forces de l'ordre.

Mark traversa le quartier de l'Ezbekeya, ancien haut lieu de la douceur de vivre cairote ; avant la construction des deux barrages d'Assouan, la crue du Nil le transformait en lac, sur lequel l'on se promenait en barque. *Les bateaux flottent sur les eaux comme des étoiles dans la voûte céleste*, écrivait Hassan el-Attar au XVIIIe siècle ; *la tendre colombe fait entendre son chant, posée sur des palais ombragés d'arbres. À la surface de l'eau flottent des roses... Là, on est à l'abri des épreuves du sort. C'est dans ces lieux de joie et de plaisir que les amis se rencontrent ou se quittent.*

Le poète n'aurait pas reconnu son petit paradis, devenu l'un des quartiers les plus populeux de la capitale ; les jardins, où subsistaient des arbres importés du Soudan en 1865, résistaient mal à la pollution. Les voitures roulaient pare-chocs contre pare-chocs dans des rues commerçantes que ne fréquentaient pas les étrangers.

Au nord de l'Ezbekeya, le quartier de Bab el-Bahr, l'une des multiples cités dans la cité. Celle-là présentait la particularité d'être habitée par une majorité de Coptes, petits artisans et commerçants qui continuaient de proclamer leur foi chrétienne, regroupés derrière Sa Sainteté Chenouda III, dix-septième successeur de l'évangéliste Marc. Les sept millions de Coptes, hérétiques aux yeux de Rome et païens à ceux des islamistes, formaient une minorité unie, fière de son pacifisme et décidée à ne pas répondre aux provocations.

Pourtant, à Bab el-Bahr, comme dans les autres enclaves chrétiennes, il était presque impossible de construire et même de réparer une église, en raison d'un décret datant de l'empire ottoman. Seule la présidence de la République délivrait un permis de construire, au vu d'un dossier très complet auquel il manquait toujours une pièce ; bâtir une mosquée, en revanche, ne nécessitait aucune autorisation. De plus, l'administration exigeait une distance respectable entre une église et une mosquée, distance qui n'était jamais suffisante. Aussi nombre de Coptes célébraient-ils leurs rites dans des édifices délabrés ou des lieux de culte clandestins.

Le seul plan connu du quartier datait de l'expédition

d'Égypte de Bonaparte ; la plupart des demeures dataient d'une centaine d'années, construites à la hâte sur les ruines d'anciennes masures.

L'Américain repéra un adolescent au regard futé ; il lui donna l'adresse à laquelle il comptait se rendre. La réaction fut positive, la négociation de courte durée ; en échange de cinq livres, l'adolescent accepta de conduire l'étranger à bon port.

Si Mark tombait dans un piège, personne ne le retrouverait dans ce dédale bruyant où chaque ruelle était vouée à une activité particulière : orfèvrerie, menuiserie, friperie, alimentation, mécanique... Sur les étals, des photographies du patriarche Cyrille VII, grand thaumaturge dont on implorait la protection. À l'heure où des fanatiques, en toute impunité, massacraient des coptes en haute Égypte et dans le Fayoum, seule la prière serait efficace. Aucun Copte n'espérait l'abrogation des lois interdisant à un chrétien d'entrer dans la police ou de devenir gynécologue ; qui d'autre que Dieu sauverait ses fidèles de l'extermination ?

Mark sentit peser sur lui des regards inquisiteurs ; dans Bab el-Bahr, une tête inconnue inquiétait. Seul, l'étranger se serait heurté à une quantité d'obstacles qui l'auraient dissuadé de continuer. Avait-il choisi un bon guide ? Il tenta de chasser la peur, sans y parvenir. Bab el-Bahr l'enfermait dans ses tentacules.

Quelque chose lui mouilla l'épaule. Il songea aux déjections d'un pigeon, mais une deuxième goutte d'eau, puis une troisième, s'écrasèrent bruyamment à ses pieds. La pluie, au Caire, au début de l'été ! En moins d'une minute, les gouttes se transformèrent en une averse d'une violence tropicale. Mark et son guide se réfugièrent chez un cordonnier qui ne leva pas les yeux de son travail.

Le haut barrage... C'était lui, le responsable de ces anomalies qui bouleverseraient le climat de l'Égypte et condamneraient à mort les monuments pharaoniques. À cette idée, les « spécialistes » s'esclaffaient ; pourtant, Mark avait fourni aux ministères des observations détaillées et sollicité la mise en place d'une station météorologique, afin de mettre en évidence la nocivité de la haute digue.

Mais l'Égypte avait d'autres priorités.

L'averse dura un quart d'heure. Ébahis, les habitants de Bab el-Bahr regardaient le ruisseau couler au milieu de la ruelle, charriant des paquets d'immondices. Peu à peu, les yeux au ciel, ils sortirent des maisons, des boutiques et des ateliers. Le Seigneur annonçait-il ainsi de futurs châtiments ?

L'adolescent s'engagea dans une artère plus large que les autres et s'arrêta devant des ruines.

– C'est ici.

Les deux étages s'étaient effondrés. Devant Mark, un chaos de briques, de plâtre et de bois.

– Tu ne te trompes pas ? Quand est-ce arrivé ?

– Dans la nuit ; l'homme que vous cherchiez est mort écrasé.

Les demeures voisines avaient souffert mais tenaient encore debout.

– Ce fut brutal ?

– Il y eut un grand bruit, ça s'est écroulé ; ici, ça n'a étonné personne.

La voix de l'adolescent était embarrassée.

Une curieuse odeur, surpassant celles du quartier, agressait les narines de Mark ; il identifia l'encens. Au pied des décombres, un peu de terre épaisse et grasse l'intrigua. Il s'agenouilla, fouilla et découvrit une tête de chat.

L'adolescent s'enfuit.

Ces indices prouvaient qu'un sorcier musulman avait jeté un sort sur la demeure.

Un à un, les intégristes supprimaient les appuis de Farag Moustakbel ; épié, cerné, réduit à l'impuissance, l'industriel serait contraint de se taire et de cesser le combat. En l'isolant, ils l'éliminaient.

La tête couverte d'un voile lourd, ne laissant que deux fentes pour les yeux, Safinaz ouvrit la porte de son appartement.

– Toi ! Va-t'en, Mark. Je n'ai pas le droit de te recevoir en l'absence de mon mari.

Il força le passage.

— Fais une exception, au nom de notre vieille amitié.

— Es-tu décidé à te convertir ?

— Ce voile te sied mal ; dissimuler sa beauté est un péché.

— Tu ne connais rien de la vraie religion !

— Nier le corps est une maladie de l'âme.

— Sors d'ici.

— Ton mari habite-t-il chez toi ?

— Je quitte cet appartement de nantie pour aller vivre avec les croyants.

— Tu dois m'aider, Safinaz.

Furieuse, elle s'empara d'un couteau et menaça Mark. Dans ses grands yeux, une haine brûlante.

— Pourquoi m'as-tu épargné, dans la cité des morts ?

— C'est mon mari qui prend les décisions, pas moi.

— Un mariage blanc, avoue-le ; tu ne peux pas t'unir à ce monstre !

Le couteau se leva ; Mark bloqua l'avant-bras de Safinaz.

— Tu connais l'identité des assassins d'Hélène.

— Je n'ai rien à dire.

— Ton attitude est insensée, tu le sais ; ton intelligence n'a pas disparu en un jour. Aide-moi à venger Hélène.

— Je te hais.

— Je n'arrive pas à y croire.

— Tu es un infidèle.

— Tu ne peux pas avoir changé à ce point.

— Tu te trompes, Mark ; n'essaie pas de me revoir.

Nul ne guérirait Safinaz de sa folie ; Mark n'avait pas insisté. Triste bilan : son enquête ne progressait pas, les portes se fermaient les unes après les autres. Le grand soleil d'été ne dissipait pas les ténèbres.

Le visage d'Hélène dansait devant ses yeux, proche et insaisissable. Un bonheur perdu était la plus intolérable des souffrances ; seule une rage, montant de ses entrailles, l'obligeait à continuer.

La façade jaunie de l'Eden Palace, vieil hôtel de style colonial, résistait à la décrépitude. L'apercevoir fit ressortir la fatigue ; Mark demanda une chambre, paya d'avance, s'étendit sur un lit douteux et s'endormit aussitôt.

21.

Des coups.
Des coups répétés, de plus en plus forts.
Mark se tourna sur son côté gauche, afin de chasser ce cauchemar. Mais la lumière de l'aube naissante l'éblouit; il ouvrit les yeux. Les coups continuaient; on frappait à la porte de sa chambre.
– Qui est-ce?
– Police, ouvrez.
L'esprit embrumé, Mark obéit.
Cinq hommes armés, en uniforme, firent irruption dans la chambre; les canons des pistolets-mitrailleurs se pointèrent vers lui.
– Vous êtes en état d'arrestation, déclara le chef du détachement, un quinquagénaire trapu à la voix mordante.
– Vous plaisantez?
– En aucune manière, monsieur Walker.
– De quoi m'accusez-vous?
– Vous dérangez beaucoup de notables.
– Votre mandat?
– L'évidence de la preuve le rend inutile.
– Quelle preuve?
– La voici.
Le policier posa une cassette sur le lit.
– Dans mon rapport, je mentionnerai le témoignage de mes hommes; vous avez tenté de faire disparaître cet enregistrement d'un discours intégriste

qui incite la population à se soulever contre le pouvoir légitime.
— C'est ridicule.
— Vous êtes un dangereux fauteur de troubles, monsieur Walker.

Une cellule minuscule, aux murs humides, une paillasse de palmes pourries, une couverture crasseuse, un seau hygiénique ignoble : ainsi se présentait la geôle de la prison centrale du Caire où l'on avait jeté Mark. Ni lampe, ni table, ni chaise, interdiction de lire et d'écrire.

Il écrasa quelques cafards, ne toucha pas au verre d'eau sale. Encore s'estimait-il heureux : on ne l'avait pas fouetté, on n'avait pas rasé ses sourcils. Aucun interrogatoire, aucune violence.

Se contentant d'exécuter les ordres, le policier avait refusé de répondre à ses questions. Pourquoi ce montage grossier qu'on ne lui cachait même pas ? Les interrogations revenaient sans cesse, obsédantes.

Mark ne supporterait pas longtemps d'être enfermé dans cette cellule puante ; lui qui aimait le vaste ciel d'Égypte et l'immensité du désert dépérirait en quelques jours, peut-être en quelques heures. Il frappa du poing contre les murs, tenta d'ouvrir la porte à coups de pied.

On lui avait laissé ses vêtements, ses chaussures et sa montre : surprenante mansuétude. Elle lui redonna de l'espoir ; on allait bientôt l'interroger, il se défendrait, prouverait qu'il n'était pas un vecteur de l'intégrisme musulman... L'enthousiasme retomba. Comment convaincre des crapules qui fabriquaient de fausses preuves ? Il donnerait les noms de Farag Moustakbel et du colonel Zakaria, se prévaudrait de leur amitié, exigerait leur intervention... À condition qu'on l'écoute.

Safinaz l'avait-elle vendu à la police en affirmant qu'il était de mèche avec Mohamed Bokar ? Leurs séides de la cité des morts, en échange de quelques billets, jureraient qu'il appartenait au cercle des terroristes. Puisqu'il détenait une cassette destinée à soulever la population, son dossier était bouclé.

Et s'il s'agissait du barrage ? Oui, bien sûr... Les mises en garde avaient été nettes, il s'en était moqué, se croyant hors d'atteinte. Il n'existait aucun moyen légal pour l'empêcher d'attaquer la haute digue ; c'est pourquoi les autorités avaient contourné l'obstacle. En prouvant son appartenance au mouvement terroriste, on le brisait. Emprisonnement, jugement, condamnation à plusieurs années de prison, transaction avec les diplomates, expulsion, interdiction définitive de séjourner en Égypte. La machine infernale fonctionnerait sans raté.

La défaite absolue.

Ne plus pouvoir vivre en Égypte était pire que la mort. Jamais il ne vengerait Hélène, jamais il ne connaîtrait la vérité ; le barrage, débarrassé de son plus dangereux adversaire, poursuivrait son œuvre de destruction lente.

Les haut-parleurs lancèrent l'appel à la prière ; aussitôt, la prison se transforma en mosquée. Dans chaque cellule, les prisonniers accomplirent les gestes rituels et implorèrent la toute-puissance et la miséricorde d'Allah.

Le silence retomba, poisseux.

Mark imaginait une contre-attaque ; grâce à sa fortune et à la pratique de l'art du bakchich au plus haut niveau, il reviendrait en Égypte par des voies détournées, même s'il devait emprunter un faux nom. Personne, pas même le haut barrage, ne l'empêcherait de vivre sur cette terre.

À midi, la porte de la cellule s'ouvrit sur un policier gras, galonné et décoré, compulsant un dossier.

— Vous êtes bien monsieur Walker ?
— Oui, je suis victime d'une erreur.
— Je sais, je sais...

Mark eut envie de prendre dans ses bras ce personnage imposant.

— Vous deviez être incarcéré à la prison des étrangers et on vous a mis ici, à la suite d'une interversion de dossiers. Suivez-moi.

— Je suis innocent.
— Ce n'est pas mon problème ; moi, je suis chargé du transfert.
— De quoi m'accuse-t-on ?
— Le transfert... Je ne m'occupe de rien d'autre.

Un lit aux draps gris, une couverture de laine usagée, une chaise et une minuscule table branlante, un paquet de cigarettes que le gardien acceptait d'allumer contre un modeste bakchich, un vieux journal, un seau hygiénique presque propre, de l'eau qui semblait potable, un sandwich aux fèves : la cellule pour étranger ressemblait à une chambre de palace, en comparaison du cul-de-basse-fosse pour Égyptien.

Mark lut le quotidien plusieurs fois ; un grand article était consacré à la lutte morale contre l'intégrisme, sans aucune mesure concrète. Dans un discours ferme, le président rappelait qu'il ne changerait pas de ligne de conduite et maintiendrait l'autorité de l'État, respectueux du véritable islam, tolérant et pacifique.

Il faisait plus de quarante degrés ; Mark s'étendit sur le lit, ferma les yeux et tenta de se décontracter. Il n'en doutait plus ; c'était bien sa lutte acharnée contre le barrage qui lui valait ce traitement de faveur. À ses juges, il montrerait qu'il n'était pas dupe ; si son procès avait un retentissement international, ne servirait-il pas sa cause ?

À dix-sept heures cinq, un gradé de petite taille entra dans la cellule.

— Je m'occupe de votre dossier, monsieur Walker ; quelque chose me semble bizarre dans la procédure. Résidez-vous d'ordinaire à l'hôtel Eden ?
— Non, j'y passais la nuit.
— Pour quel motif ?
— J'étais fatigué et j'ai choisi le premier hôtel venu.
— Vous n'avez pas de domicile, au Caire ?
— Si, mais je compte le vendre et n'y remettrai plus les pieds.
— La cause de cette répulsion ?
— Ma fiancée, Hélène Doltin, vient d'être assassinée

par les intégristes. C'était dans ma maison du Caire que nous avions décidé de nous marier.

— Désolé; vous avez les moyens de vous offrir un hôtel plus confortable, semble-t-il?

— Je n'y ai pas songé; je voulais seulement dormir quelques heures.

— Il y a peut-être confusion... Si c'est le cas, vous serez bientôt libéré.

Le policier s'éclipsa, avant que Mark ait eu le temps de se justifier.

À dix-neuf heures, un autre gradé, jeune, le visage fermé, arracha Mark à sa méditation.

— Lisez et signez, ordonna-t-il en lui tendant un feuillet écrit à la main.

Sa déposition, écrite par un tiers.

Il reconnaissait être un propagandiste à la solde des fondamentalistes musulmans; son rôle consistait à distribuer des enregistrements du cheikh Omar Abder Rahman, appelant à la révolte armée des vrais musulmans contre un pouvoir impie et corrompu.

Signer de tels aveux entraînerait une condamnation à mort ou, au mieux, un emprisonnement à vie.

— L'un de vos collègues m'a parlé d'une confusion et d'une libération prochaine.

— Votre dossier est limpide et votre culpabilité établie; signez.

— Ce document est un faux.

— N'auriez-vous pas le courage de vos opinions?

— Je suis hostile à tous les fanatismes.

— Affirmation peu crédible, de la part d'un collaborateur des terroristes.

— Cette cassette ne m'appartenait pas.

— Le rapport de police est formel; flagrant délit. Signez.

— Sinon?

— J'obtiendrai vos aveux d'une manière plus brutale. Cas de force majeure.

Mark déchira le feuillet et jeta les morceaux au visage du gradé.

– Tant pis pour vous, dit-il en claquant la porte de la cellule.

« Un exploit complètement stupide », pensa Mark, terrifié à l'idée d'être torturé. Un seul espoir : ne s'agissait-il pas d'une menace en l'air ? Si l'administration avait décidé de le broyer, elle fabriquerait d'autres aveux, imiterait sa signature et ne lui laisserait aucune chance de se défendre.

Le barrage faisait partie des intérêts vitaux de l'Égypte : voilà ce qu'il avait oublié en menant sa croisade. Politiciens et financiers ne songeaient qu'à se remplir les poches et se moquaient de la disparition programmée de leur pays, puisqu'elle ne concernait pas leur génération.

La voix de Mark était devenue trop puissante, trop influente ; elle s'éteindrait au fond d'un mouroir officiel. Ni Farag Moustakbel ni le colonel Zakaria ne l'en sortiraient.

La nuit était tombée lorsque la porte de la cellule s'ouvrit une nouvelle fois.

Quatre policiers.

– Levez-vous et suivez-nous.

Un devant, deux sur les côtés, un derrière. À quoi bon résister ou tenter de s'enfuir ?

Le petit groupe avança d'un bon pas dans les couloirs de la prison, en sortit, traversa une cour et s'arrêta devant une Mercedes gris clair. Un ancien modèle bien entretenu.

L'un des policiers ouvrit la porte arrière gauche.
– Montez.

Mark songea à la fameuse « promenade », si prisée par les tueurs du monde entier. Autrement dit, une exécution sommaire suivie de la disparition du cadavre.

À l'avant de la voiture, un chauffeur en civil.

À l'arrière, un homme de taille moyenne, d'allure occidentale, âgé d'une cinquantaine d'années, les cheveux grisonnants, habillé d'un costume bleu de coupe parfaite. Dans la pénombre, brillaient l'épingle de cravate et les boutons de manchette en or. Il fumait une

Dunhill mentholée fichée dans un fume-cigarette en or. En le voyant, on songeait à un homme d'affaires de la City londonienne, façonné par des décennies de savoir-vivre.

— Bonsoir, monsieur Walker. J'ai le plaisir de vous annoncer que vous êtes libre ; enfin... presque libre.

22.

La Mercedes démarra et roula avec une surprenante lenteur.

L'homme offrit une cigarette à Mark, qui la refusa.

— Vous avez raison, le tabac est un vice; malheureusement, je n'ai pas votre volonté.

— Qui êtes-vous ?

— Appelez-moi Kamel; c'est un sobriquet qui m'amuse. Dans mon métier, les noms ont peu d'importance.

— Où m'emmenez-vous ?

— Chez moi; j'aimerais discuter avec vous de manière approfondie. Les locaux administratifs sont trop tristes.

— Je suis innocent.

— Plus personne n'est innocent, de nos jours; connaissez-vous ceci ?

Mark identifia la cassette qui constituait le principal chef d'accusation.

— Elle ne m'appartient pas.

Kamel l'introduisit dans un lecteur de cassettes; une musique sublime emplit l'habitacle. Le vingt-troisième concerto de Mozart, l'une des œuvres préférées de Mark.

— Clara Haskil est au piano; vous appréciez beaucoup cette interprétation, je crois ? Moi aussi, pour ne rien vous cacher. Taisons-nous et goûtons ce moment de bonheur parfait.

La nuit était chaude, les Cairotes dînaient tard et vivaient dehors. La progression de la Mercedes fut ralentie par une énorme mare nauséabonde, résultant de l'éclatement de canalisations et du débordement d'un égout. De vastes projets promettaient une amélioration du réseau de la capitale ; on voyait parfois des terrassiers creuser une tranchée, la boucher quelques jours plus tard, puis la rouvrir. Elle servait alors de décharge.

L'obstacle franchi, la confortable voiture, immergée dans les mélodies mozartiennes, poursuivit sa route et stoppa devant l'une des portes anciennes qui donnait accès au Vieux Caire.

— Descendons, voulez-vous ? La voiture est trop large pour les ruelles.
— Si je refusais de vous obéir ?
— Ce serait une idée désastreuse.
— Où allons-nous ?
— Chez moi, je vous le répète.
— Appartenez-vous à la police ?
— Nous en parlerons dans un cadre plus approprié.

Angoissé, Mark marcha à côté de Kamel, détendu et souriant. Ils entrèrent dans le Vieux Caire, où coexistaient encore musulmans et Coptes, lesquels y disposaient de plusieurs églises anciennes. Près de l'église Sainte-Barbe, une grille marquait l'entrée du quartier juif, aujourd'hui déserté.

À l'intérieur d'une enceinte, le Vieux Caire se composait d'un entrelacement de ruelles étroites et misérables où le soleil pénétrait à peine ; eaux usées, excréments humains et animaux souillaient les pavés. Du linge était accroché aux fenêtres de maisons à trois ou quatre étages qui menaçaient ruine. Sur les toits couverts de détritus, des chèvres ; sur les balcons, des poulaillers ; sous les escaliers, des clapiers à lapins.

Pourtant, l'endroit n'était pas triste ; on dînait dans la rue, on regardait la télévision, on jouait aux cartes, on trouvait à manger pour les plus pauvres et l'on se tenait les coudes face à la misère.

— Je connais tout le monde ici, indiqua Kamel. Avec

moi, vous êtes en sécurité ; si quelqu'un manifestait des intentions malveillantes à notre égard, il serait immédiatement intercepté. Rassurant, non ? « Moi et ma tribu contre l'univers », proclamaient mes ancêtres ; telle est la loi de ce quartier, comme de beaucoup d'autres. Est-ce si rétrograde, au fond ? Le mondialisme tue la solidarité ; seules de petites communautés cohérentes peuvent être heureuses, quelles que soient leurs richesses.

L'Égyptien s'exprimait avec calme, d'une voix charmeuse et grave.

Quand il s'engagea dans une impasse d'une saleté repoussante, Mark s'immobilisa.

– Où allons-nous ?
– Notre destination n'a pas varié.
– Vous n'habitez pas ici ?
– Mais si, depuis plusieurs générations.
– Je ne vous crois pas.
– Vous êtes trop sceptique.

Tel un animal traqué, Mark tourna la tête de tous côtés.

– Détendez-vous ; pour le moment, vous ne courez aucun danger. Venez, nous sommes presque arrivés.

Une charrette tirée par deux ânes bloqua l'entrée de l'impasse. Cinq hommes, vêtus de galabiehs, s'assirent sur le sol et fumèrent le narguilé.

Impossible de s'enfuir par là.

Sur la gauche, des murs lépreux ; sur la droite, des boutiques abandonnées dont le rideau de fer était abaissé.

Il ne restait plus qu'à progresser vers le fond de l'impasse où s'entassaient ordures, bidons rouillés, bouteilles en plastique et vieux papiers.

– Tuez-moi tout de suite, exigea Mark, mais en face.
– Vous dramatisez la situation.
– Maintenant ou plus tard, quelle importance ?
– C'est un point de vue ; auparavant, peut-être pourrions-nous prendre un verre ?

Kamel avança. Du tas d'ordures sortirent trois

hommes armés de pistolets qui le saluèrent avec déférence ; Mark s'attendait à être fauché par les balles, mais les canons ne se braquèrent pas sur lui.

Au fond de l'impasse, un trou ; on ne le discernait que le nez dessus. Kamel s'y engouffra en souplesse. Cette fois, les armes devinrent menaçantes ; Mark était invité à suivre le même chemin. Il se courba, franchit un sas étroit et se redressa dans un boyau comparable à un couloir de pyramide. À une dizaine de mètres, une lumière.

– Faites attention à la marche, recommanda Kamel, et refermez derrière vous.

L'Américain enjamba un seuil de pierre, couvert de hiéroglyphes, et repoussa une porte blindée.

Le spectacle le stupéfia.

Une immense salle à coupole, ornée de vitraux colorés, un sol de mosaïque bleu et blanc représentant des fleurs, des panneaux de bois aux arabesques ouvragées avec un extrême raffinement, des meubles en marqueterie agrémentée d'ivoire et de nacre, un jardin intérieur peuplé de rosiers et de jasmins, une fontaine en granit rose, des vasques en calcaire poli, des niches abritant des statues égyptiennes.

– Vous aimez ? C'était le harem secret d'un guerrier du XIIIe siècle ; le rude gaillard souhaitait éviter les convoitises. Le système d'aération, masqué dans les nervures de la coupole, est une merveille. Ma famille a acquis cet endroit au XVIe siècle et l'a entretenu avec amour. L'administration l'a oublié, et c'est bien ainsi. Habiter un palais qui n'existe plus procure une jouissance certaine.

Le regard de Mark allait d'un chef-d'œuvre à l'autre, enivré par tant de beauté.

– J'avoue ma préférence pour la statuaire du Moyen Empire, révéla Kamel. Ma plus belle pièce est une statue du pharaon Amenemhat III, juste à votre droite. Son regard est profond, il n'a confiance en personne et contemple son royaume avec le parfait détachement de l'être accompli.

Pendant de longues minutes, Mark oublia tout et

flâna comme un visiteur de musée ; Kamel ne possédait que des œuvres d'une extrême rareté.

— Les émotions de cette rude journée ont dû vous donner soif ; que penseriez-vous d'un vrai porto, un vintage de 1902 ?

L'Égyptien versa le nectar dans une coupe fatimide en argent ; Mark l'accepta, fasciné. Voici quelques heures, il croupissait au fond d'un cachot sordide ; à présent, il buvait un cru exceptionnel, dans un palais hors du temps, en compagnie d'un homme dont il ne savait rien, sauf qu'il tenait sa vie entre ses mains.

Il but d'un trait.

— Si vous n'y voyez pas d'objection, nous dînerons au champagne ; j'ai commandé un repas très traditionnel, mais préparé par le meilleur cuisinier du Caire : *foul, fattah, kofta* et *om ali*.

Le foul, des fèves brunes mijotées à petit feu dans un récipient en terre cuite, avec du citron, du cumin, une sauce de sésame et une salade d'oignons ; le fattah, de l'agneau grillé accompagné de riz et d'ail ; la kofta, des boulettes de viande hachée, assaisonnée avec des épices ; le om ali, un flan au lait et à la crème fraîche, truffé de pistaches et servi chaud.

Mark prit conscience qu'il mourait de faim.

Kamel le pria de s'asseoir sur des coussins de soie devant lesquels étaient disposés des plateaux en cuivre ciselé qu'éclairaient des bougeoirs en or. L'Égyptien servit son hôte dans des assiettes en vermeil ; le champagne coula du bec d'une aiguière en cristal de roche.

— Ne seriez-vous pas musulman, Kamel ?

— Musulman et sunnite, comme quatre-vingt-dix pour cent de mes compatriotes. J'ai fait une partie de mes études à la mosquée al-Azhar et je connais le Coran par cœur ; l'alcool n'est pas interdit à celui qui sait l'apprécier en gardant le contrôle de sa pensée.

— Interprétation très libre.

— La vie n'est-elle pas un jeu qui dépasse les dogmes ? L'article 2 de notre Constitution stipule que « les principes de la loi islamique sont une source essentielle de la législation » ; quelle est cette loi et quelles sont les autres sources ? Vouloir appliquer à l'Égypte du XXIᵉ siècle les règles édictées par Mahomet est contraire à l'esprit de l'islam.

— Qu'attendez-vous de moi ?

— Tout homme est fragile, monsieur Walker, tout homme a des faiblesses. Mon métier consiste à les découvrir et à en tirer profit.

La magie se brisa ; au prince des Mille et Une Nuits succédait un professionnel impitoyable.

— J'ai horreur d'être manipulé.

— Je vous comprends, mais vous n'êtes pas en position de vous révolter ; l'un de nos proverbes vous dicte la seule attitude possible : « Baise la main que tu ne peux mordre. »

23.

Malgré l'excellence des plats, Mark n'avait plus d'appétit. Kamel dégustait, avec une élégance souveraine, sans la moindre hâte.

— Voici plusieurs mois que je vous observe, monsieur Walker ; je connais à peu près tout de vous, de vos habitudes et de vos goûts.

— Donc de ma lutte contre le haut barrage d'Assouan.

— Vous avez inondé les ministères de dossiers et publié un grand nombre d'articles virulents dans la presse internationale. Vos prises de position catégoriques sont devenues... gênantes.

— On vous a chargé de me faire taire, sous n'importe quel prétexte !

— C'est le vœu de quelques personnalités influentes, en effet.

— Pas le vôtre ?

— Je suis sensible à certains de vos arguments.

— Vous moqueriez-vous de moi ?

— Ce n'est pas dans mon tempérament.

— Alors, pourquoi cette mise en scène ?

— Ce n'était pas tout à fait une mise en scène ; vous avez rencontré le chef occulte du terrorisme égyptien, Mohamed Bokar. Malheureusement, je l'ai su trop tard.

— J'ignorais son rôle ; je voulais voir Safinaz, une ancienne amie qui est devenue son épouse.

— Dans quelle intention ?
— Lui faire avouer ce qu'elle savait sur l'assassinat de ma fiancée. Vous êtes au courant, je suppose ?
— Jouons cartes sur table, monsieur Walker ; vous désirez venger la femme que vous aimiez, je veux mettre fin au terrorisme islamique. Nos intérêts convergent.
— S'il est un trésor auquel je tiens, c'est mon indépendance.
— Trésor illusoire ; chaque individu n'est-il pas, d'une certaine manière, relié à l'humanité entière et même au cosmos ? Tant de forces inconnues nous traversent, à notre insu... L'indépendance est un leurre.
— Je suis votre prisonnier.
— Vous seul répondrez à cette question. J'ai horreur d'utiliser l'arme du chantage, notez-le, mais votre situation m'embarrasse. Si vous refusez de coopérer, comment retiendrai-je le dossier accablant que détient la police ?
— Ce dossier est vide !
— Vous et moi le savons, pas les juges ; eux disposeront d'une véritable cassette intégriste que vous vous prépariez à livrer à une cellule militante. Comme ils ont reçu des consignes de fermeté, vous subirez de graves ennuis. La prison, puis l'expulsion définitive ; ce sera la fin de votre croisade contre le haut barrage. Vous êtes un homme courageux, comme je l'ai constaté lorsque vous avez déchiré les faux aveux ; néanmoins, ne comptez ni sur Moustakbel ni sur Zakaria, et n'espérez pas revenir en Égypte sous une fausse identité ou par le biais du commerce et de la finance. Dans certains cas, notre contre-espionnage fonctionne de manière satisfaisante. Puisque vous aimez l'Égypte, devenons alliés ; ne plus avoir le choix, n'est-ce pas être libre ?

Kamel mangea avec distinction, accordant à son hôte le temps de la réflexion.

— Si j'accepte, m'aiderez-vous vraiment à identifier les assassins de ma fiancée ?
— Vous avez ma parole.

— Me permettrez-vous de les tuer de mes mains ?
— L'affaire est délicate, mais nous tâcherons de nous arranger. Connaissez-vous la signification des dessins qu'Hélène Doltin serrait contre sa poitrine lorsqu'elle a été assassinée ?
— Non. Me direz-vous enfin qui vous êtes ?
— Est-ce si important ?
— Essentiel.
— Vous autres Occidentaux n'appréciez pas assez les charmes du mystère ; puisque nous sommes appelés à travailler ensemble, sachez que le gouvernement m'a confié la tâche de démanteler les principaux réseaux terroristes implantés sur le sol égyptien. D'autres les combattent ouvertement, comme la police et les forces de sécurité, sans parvenir à toucher les têtes ; mon rôle est plus obscur. Supprimer les chefs, après avoir obtenu leur identité, ne suffirait pas ; il faut comprendre comment fonctionne leur organisation, l'infiltrer et la gangrener. Un labeur de longue haleine.
— En quoi vous serai-je utile ? Je ne suis pas un professionnel.
— C'est préférable, en l'occurrence ; vous êtes animé de la plus intense des forces, un désir de vengeance. Dans la conjoncture présente, vous êtes un homme neuf ; vous disposerez des informations nécessaires pour agir.
— Vous me manipulerez comme un pion sur un échiquier.
— Telle est la règle du jeu ; si nous gagnons la partie, vous et moi aurons accompli notre idéal.
Kamel fascinait Mark ; un cobra royal devait avoir ce regard-là. En le piégeant, il lui offrait la meilleure manière de se suicider. Depuis la disparition d'Hélène, il savait que le désespoir ne s'atténuerait pas. Aucune femme ne serait capable de le dissiper.
Kamel lui accordait le moyen d'assouvir sa vengeance, d'éteindre le feu qui le brûlait ; s'il perdait la vie dans l'aventure, n'obtiendrait-il pas la paix ?
Kamel versa du champagne dans les coupes.
— À notre alliance.

Au même instant, les deux hommes burent une gorgée.

– J'étais persuadé que nous aboutirions à un accord. Plusieurs « cibles » m'intéressaient, mais vous étiez la meilleure, parce que vous éprouvez une passion pour ce pays. En rendant service à Farag Moustakbel, vous démontriez votre aversion envers le fanatisme musulman. Sans la mort tragique de votre fiancée, cependant, vous ne vous seriez pas engagé davantage, car votre pire ennemi, c'est le barrage.

– Il le demeure, mais la mémoire d'Hélène passe avant lui. Êtes-vous un ami de Farag ?

– Il ignore mon existence ; c'est l'homme le plus remarquable que je connaisse. Avec des personnalités comme la sienne, l'islam deviendra un courant de pensée tolérant et pacifique, porteur d'une authentique culture dont ses fils peuvent être fiers.

– Vous menez une croisade, vous aussi.

– Je veux sauver l'Égypte de l'obscurantisme et du malheur. Bientôt débute le ramadan ; il se terminera le jour de notre fête nationale, le 23 juillet. Je redoute cette date, une trop belle occasion, à la fin du jeûne, pour tenter un coup d'éclat contre le président. Si les terroristes réussissent, le peuple sera à leurs pieds.

– Vos craintes sont-elles fondées sur des indices précis ?

– Mes services viennent d'intercepter un ancien d'Afghanistan muni d'un faux passeport et d'explosifs sophistiqués. Il s'est fait prendre dans les bras d'une prostituée qui travaille pour moi ; même les intégristes ont quelques faiblesses. L'individu s'est montré plutôt résistant aux interrogatoires, mais a fini par parler. Il appartenait à un commando basé et entraîné au Soudan ; à la suite d'un accord entre divers mouvements intégristes, sans doute avec la bénédiction de l'Arabie saoudite, ce commando est entré en Égypte par le désert. Sa mission consiste à semer la terreur au Caire ; hélas, l'homme ne possédait pas la liste des « objectifs », qui seront précisés au dernier moment. Comment repérer ses complices, noyés dans la foule, avec de fausses identités ? Cette fois, ils sont particulièrement dangereux ; ils disposent de semtex, un plastic très performant, inodore et indétectable, que leur a vendu l'usine tchèque de Semtine. La vitesse de propagation de l'onde destructrice dépasse les dix mille mètres par seconde. Comme l'ancien régime communiste de Tchécoslovaquie avait livré mille tonnes de semtex à la Libye, les terroristes égyptiens ne risquent pas d'en manquer. La Corée du Nord fournit les bombes, fabriquées dans l'usine de Yongbyon, à cent kilomètres au nord de Pyongyang ; la Chine ferme les yeux. Et je ne parle pas de l'accord franco-suédois concernant la mise au point de munitions « intelligentes », dont des obus de moyenne portée qu'ils ne refuseront pas de vendre aux Saoudiens, lesquels les offriront aux intégristes. Ainsi équipé, un commando causera de terribles dégâts.

— Vous ne comptez quand même pas sur moi seul pour les arrêter !

— En enquêtant sur la mort de votre fiancée, vous obtiendrez peut-être des indices significatifs qui me seront utiles.

L'Américain commençait à comprendre.

Le premier exploit du commando venu du Soudan n'avait-il pas été le massacre d'un car de touristes ? Simple répétition sur le terrain, afin de tester la qualité de l'entraînement ; c'est pourquoi les assassins avaient profité de la censure de la presse, préférant de beaucoup, en cette occasion, la discrétion à la publicité. La mort d'Hélène et de ses malheureux compagnons de route entrait dans une stratégie, la vengeance de Mark également.

— Par où commencerai-je ?

— Nous disposons de la nuit pour en parler ; je tiens à être précis et à vous éviter des risques inconsidérés. Le contact qui vous mettra en piste n'a jamais été utilisé. Est-il meilleure preuve de ma confiance ?

Mark apprécia le champagne et dégusta le dessert ; il se sentait délivré d'un poids, presque léger.

— Comment communiquerons-nous ?

— Par l'intermédiaire de gamins qui transmettront nos messages respectifs ; je suivrai vos démarches pas à pas et interviendrai en cas de besoin. Ne venez jamais ici de votre propre initiative ; les gardiens ont l'ordre d'abattre tout visiteur, se présenterait-il comme mon meilleur ami.

Après avoir terminé son exposé, Kamel questionna Mark, vérifiant que son interlocuteur avait retenu ses instructions.

À trois heures du matin, un téléphone sonna, incongru dans ce décor féerique. L'Égyptien ne décrocha pas.

— Je suis obligé de vous quitter ; un rendez-vous urgent.

— *Daynan*, dit Mark, ce qui signifiait « Puisse votre hospitalité se perpétuer ».

— Vous connaissez bien les règles de la politesse arabe ; ma réponse ne vous surprendra donc pas : *Damit Hayaatik*, « Puisse ta vie se perpétuer ».

24.

Mark et Farag Moustakbel s'attablèrent dans l'arrière-salle du Felafel, un restaurant populaire du centre du Caire où l'on servait des plats typiques comme le riz doré à la graisse, la purée d'aubergines, le pigeon farci, le fromage macéré dans l'huile d'olive ou le pudding au lait agrémenté de noix de coco et de pistaches. L'industriel était friand de *melokhia*, une purée d'épinards ; afin de ne pas choquer, il buvait de l'eau minérale. Mark avait commandé une Stella locale, bière légère et digestive.

– Mon contact copte assassiné, lui aussi...
– J'en suis persuadé, Farag ; sa maison ne s'est pas effondrée par hasard. S'il ne m'est rien arrivé, c'est afin que le message te parvienne.
– Ils veulent m'effrayer, parce qu'ils me craignent.

L'industriel avait retrouvé sa combativité. Il portait une cravate large, décorée d'éléphants rouges et bleus, parlait fort et mangeait d'un bel appétit.

– Je lance une vaste campagne d'information dans la presse, révéla-t-il ; mes compatriotes prendront conscience du danger. En cédant à l'intégrisme, ils feront leur propre malheur et accroîtront leur misère. Les journaux ont accepté de publier une série d'articles où je démonte le système financier des islamistes et leur stratégie d'infiltration des classes dirigeantes ; leurs mensonges et leur folie seront mis en pleine lumière.

Le ton était chaleureux et convaincant; à entendre cet homme jovial, aux yeux pétillants d'intelligence, on se persuadait que l'Égypte échapperait aux ténèbres.

— Le gouvernement a commis une grave erreur en remplaçant trois gouverneurs de province très combatifs par des politiciens tièdes, qui croient le dialogue possible avec les intégristes; cette dérive-là, je la dénoncerai aussi. Pourquoi as-tu l'air si soucieux, Mark?

— Je suis tombé dans la nasse d'un nommé Kamel.

— Connais pas; raconte.

Mark raconta son odyssée, de la prison centrale au palais secret du Vieux Caire.

— Un type des services secrets, sans aucun doute, et plutôt haut placé; dans ce domaine, je ne te serai d'aucune aide. Ton Kamel n'a pas l'air de plaisanter; être expulsé, pour toi, ce serait affreux.

— D'après ma description, pourrais-tu obtenir la véritable identité de Kamel?

— Non, aucune chance; si j'entreprends une démarche, je m'attirerai des ennuis et tu n'obtiendras pas satisfaction.

— J'ai quand même envie de foncer.

— Tu n'as guère le choix; d'une certaine manière, nous voici associés dans le même combat. Si tu n'éprouvais pas un tel attachement pour l'Égypte, je te conseillerais de prendre le premier avion.

— Kamel m'empêcherait de partir et ressortirait le dossier qui m'accuse de propager l'intégrisme.

— Tu as raison, c'est intolérable! Tant pis, j'interviens auprès du Premier ministre.

— Non, Farag; mieux vaut tenter l'expérience avec Kamel.

Mark passa par la sinistre porte monumentale de Bab Zoueila, construite en 1092 pour marquer la limite sud du Caire; entre les deux tours s'ouvrait un passage voûté surmonté d'une terrasse crénelée. Là avaient été pendus les ennemis vaincus, fussent-ils arabes, là avaient été exposées les têtes coupées des croisés.

Il marcha une centaine de mètres, s'engagea dans une petite rue bordée d'ateliers misérables et pénétra dans un café où des hommes buvaient de l'« anis », infusion médicinale chaude efficace contre les maux de gorge, du thé noir et du café plus ou moins sucré. Ils jouaient aux dominos, aux cartes ou aux dés, lisaient des journaux, alignés comme des écoliers sur de longs bancs collés contre les murs. Un écrivain public rédigeait des lettres administratives pour des illettrés, un comédien raté déclamait un rôle à l'intention d'un public assoupi, un flûtiste jouait un air de la chanteuse Oum Kalsoum.

Aux murs, des céramiques fatiguées ; sur le sol, de la sciure. Un nuage de fumée rendait l'atmosphère étouffante ; quel plaisir plus suave que fumer le narguilé, la pipe à eau ancestrale, en veillant à la lenteur de la combustion du tabac fort qui brûlait les poumons ?

Mark s'assit à une table vide, au-dessous d'un ventilateur, et commanda un *karkadé*, boisson pourpre à base de fleurs d'hibiscus. Nulle expression d'hostilité à son égard, mais une réelle curiosité ; quand il commença à lire le quotidien *al-Ahram*, l'intérêt retomba. Ce client inhabituel était un Égyptien d'adoption aimant passer deux ou trois heures de loisir dans un endroit paisible.

Grâce aux indications détaillées de Kamel, Mark avait déniché sans peine le café où il devait prendre contact avec un nommé Youssef, toujours vêtu d'une chemise rouge et d'un pantalon blanc, et sosie de l'acteur Dustin Hoffman. Quant à l'heure du rendez-vous, pas d'autre précision – déjà appréciable – que « fin d'après-midi ».

Naguère, les cafés avaient été les centres de la vie intellectuelle du Caire ; on y traitait des affaires et l'on y préparait l'avenir ; d'interminables discussions permettaient d'échanger les points de vue et de bâtir un monde meilleur. Même les sourds-muets disposaient d'un café, comme les amateurs de chant ou les romanciers ; à chacun son havre de paix où s'exprimer en toute liberté.

Nombre d'établissements avaient fermé, les jeunes fréquentant davantage les mosquées ; même si la télévision diffusait des lectures du Coran, le café apparaissait presque comme un lieu de débauche aux yeux des intégristes les plus farouches.

Une seule attitude acceptable par l'ensemble des consommateurs : un désœuvrement tranquille, sans aucun signe d'impatience. Ici, l'écoulement du temps devenait une friandise ; la gaspiller eût été une faute impardonnable. Les clients restaient longtemps, peu pressés de rentrer chez eux.

Mark but un deuxième karkadé, lut un autre journal, échangea quelques propos désabusés avec un amateur de poésie et s'intéressa à une partie de dominos avant de revenir à sa table. Le jour tombait ; ce serait bientôt l'heure de la prière.

Youssef s'assit en face de Mark. De son visage affligé de traces de variole émanait une violence sourde, proche de la sauvagerie, doublée d'une hypocrisie naturelle.

— Êtes-vous Mark ?
— C'est moi. Je suis envoyé par Kamel.
— Je sais. Que voulez-vous ?
— J'enquête sur le meurtre de ma fiancée.
— Son nom ?
— Hélène Doltin ; elle a été tuée par des intégristes déguisés en militaires, entre Louxor et Assouan. Une vingtaine d'autres touristes ont été massacrés.
— J'ai entendu parler de ça ; en quoi ça me concerne ?
— Kamel suppose que vous pourriez m'aider à identifier les assassins.
— Kamel pense ce qu'il veut ; moi, j'agis comme je l'entends.

Mark ne s'attendait pas à un accueil aussi froid ; le ton de Youssef virait à l'agressivité.

— Je me moque des risques.
— Vous avez tort ; quand on désire tuer à coup sûr, on ne doit prendre aucun risque. C'est vous qui critiquez le barrage ?

— Le plus grand danger pour la survie de l'Égypte.
— Il durera plus longtemps que les pyramides. Je déteste les idéalistes ; ce sont des faibles et des inutiles.

D'après les renseignements fournis par Kamel, Youssef était un homme riche. Copte, né dans un village de haute Égypte, il s'était révolté contre la misère. Après avoir longtemps galéré dans les faubourgs du Caire, il s'était aperçu que l'une des activités d'avenir, en constante expansion, était le ramassage des ordures. Rusé, chanceux, hargneux, Youssef était devenu en moins de trois ans l'un des parrains de la mafia des ordures. Il rackettait sans pitié ses « employés » et dirigeait ses équipes d'encadrement d'une poigne de fer. Comme chacun y trouvait son compte, Youssef jouissait de l'estime générale.

— D'après Kamel, vous détestez les intégristes.
— Impossible de vous passer de son avis, on dirait ; seriez-vous une sorte de mouton incapable de penser par vous-même ?
— Vous cherchez la bagarre ?
— N'essayez pas de me toucher ; vous ne sortiriez pas vivant de ce café.
— Auriez-vous peur d'un mouton ?
— Moi, je ne prends jamais de risques.
— Ainsi, vous refusez de m'aider.
— Je n'ai pas dit ça ; combien payez-vous ?
— Quel est votre prix ?
— La disparition brutale d'une femme aimée, ça va chercher loin... Surtout quand un commando intégriste est dans le coup.
— Je dispose de beaucoup d'argent et je pourrais vous offrir une petite fortune, mais vous n'aurez rien.

Youssef se crispa.

— Si vous le prenez comme ça, vous ne saurez rien.
— Possible, mais votre belle carrière sera bientôt terminée ; on ne se moque pas impunément de Kamel. Dans le travail, il me paraît pointilleux et susceptible ; en me voyant revenir bredouille de ce rendez-vous, il manifestera son mécontentement à l'égard du responsable.

Mark se leva.

– Attendez ; nous nous sommes mal compris.

– M'aiderez-vous, oui ou non ?

– Ce n'est pas si simple.

– Quelles sont les complications ?

– Il est difficile d'obtenir des renseignements fiables sur une tuerie ; les gens sont craintifs.

– Bien que vous ne soyez pas un idéaliste, Youssef, la survie des Coptes vous tient à cœur. Dans le combat que vous menez contre les terroristes musulmans, vous ne manquez pas d'informations sérieuses. Une tragédie comme celle-là n'a pu vous laisser indifférent.

– Souhaitez-vous toujours prendre des risques ?

– Même si je dois perdre la vie, je tenterai de venger la femme que j'aimais.

– J'apprécie les hommes déterminés. La plupart du temps, ils réussissent ; parfois, ils échouent. À votre place, j'oublierais le passé et prendrais une autre femme.

– Je ne crois pas que les êtres humains soient interchangeables. Nous y allons ?

25.

Mark accompagna Youssef dans sa tournée. En tant que *wâhiya*, ce dernier avait la mainmise sur plusieurs quartiers de la capitale, dont Zamalek et Héliopolis, deux zones résidentielles à haut rendement. Là comme ailleurs, il fallait bien ramasser les ordures. Comme il n'existait aucun service municipal de ramassage, les *zâbbalin*, « les éleveurs de cochons », s'en chargeaient ; paysans coptes en majorité, venus de haute Égypte chercher logement et travail au Caire, ils utilisaient des porcs pour éliminer certains déchets, les tuaient et les mangeaient, scandalisant ainsi les musulmans. En raison de l'augmentation constante du volume d'ordures, le métier attirait de plus en plus d'amateurs, sévèrement contrôlés par des « propriétaires », comme Youssef, qui avaient acheté un droit définitif de prélèvement des ordures. Les Cairotes, s'ils voulaient être débarrassés de leurs déchets, payaient les zâbbalin, lesquels versaient une redevance à leur patron, chargé d'organiser les tournées et de coordonner les efforts d'une armée de miséreux, entassant des monceaux d'ordures sur des charrettes que tiraient des ânes épuisés. Au lever du soleil, les zâbbalin regagnaient l'une des trois décharges géantes ; au Mokkatam travaillaient trente mille ramasseurs, à Azbet el-Nakhi dix mille, à Tora-Méadi cinq mille.

Youssef conduisait une Buick rose clair, couverte d'autocollants au nom des grandes villes des États-

Unis ; son klaxon était si puissant qu'il éclipsait celui des poids lourds. Avec une belle conscience professionnelle, Youssef visitait chaque nuit une partie de *ses* immeubles, s'entretenait avec les résidents et s'assurait de leur satisfaction. En échange d'une augmentation régulière des tarifs, il garantissait un service impeccable.

Mark ne posa aucune question ; il savait que l'homme d'affaires le mettait à l'épreuve avant de passer à l'étape suivante. Infatigable, Youssef testait la résistance de l'Occidental.

À quatre heures du matin, la Buick se dirigea vers le Mokkatam, colline fracturée dominant la cité des morts ; ancienne carrière, superbe dans son isolement, barrière naturelle de la ville, elle n'avait pas résisté à l'assaut d'un peuple en haillons. Youssef, empruntant une route sinueuse, doubla un cortège de carrioles aux roues grinçantes ; les zâbbalin les plus riches avaient acquis des vans, leurs investissements étant réalisés avec l'accord du gouverneur du Caire.

Une ville pouilleuse dévorait la colline ; l'énorme bidonville se composait de cabanes en bois, en tôle et en carton. Çà et là, des cochons noirs en quête de nourriture ; les gosses, couverts de mouches, jouaient dans des monceaux de détritus. Chassés à jets de pierres, des chiens errants se faufilaient entre les porcheries. Ici, près d'un bébé sur deux mourait du tétanos, d'une maladie infectieuse ou dévoré par des rats si gros qu'aucun chat n'osait les attaquer.

Sur les portes branlantes, des croix tracées à la craie ou à la peinture rappelaient la foi chrétienne des zâbbalin.

Une odeur âcre, insupportable, fit tousser Mark ; Youssef attendit la fin de la quinte.

– On crève ou on s'habitue ; on descend et on marche. Prenez garde : le sol est glissant ou brûlant.

Mark avança d'un pas prudent ; femmes et fillettes, affectées d'une bronchite chronique, grattaient les déchets à la main afin d'opérer un premier tri. On brûlait l'inutilisable ; une fumée noirâtre, incarnation des feux de l'enfer, montait de tas d'ordures qui se consumaient sans cesse. Et les charrettes arrivaient, sur un rythme soutenu, déversant leur contenu.

Une gamine, le pied droit en sang, se précipita en hurlant vers sa mère ; elle s'était blessée en marchant sur un bidon rouillé et coupant. Attiré, un chien enragé montra les dents. La mère prit l'enfant dans ses bras et l'emmena à la pharmacie où, sur des étagères instables, s'entassaient des médicaments périmés depuis longtemps.

Personne n'était inactif ; le peuple du Mokkatam traitait sept mille tonnes d'ordures par jour ; l'heure de repartir vers la ville, en quête du prochain chargement, survenait vite. Youssef contempla une pile de débris de cuivre.

– On le vend trois livres égyptiennes le kilo, indiqua-t-il avec fierté ; l'aluminium ne se négocie qu'une livre. Mais les prix montent.

Mark constata qu'un ordre certain régnait dans cet enfer ; le triage effectué, se dressaient des tas bien séparés de chiffons, de vêtements, de papiers, de verre, de cartons, de boîtes de conserve, de bidons ; chaque marchandise était traitée et recyclée, y compris l'intérieur des serviettes hygiéniques servant à remplir les sièges des cars. Patients, les cochons guettaient les déchets alimentaires que négligeaient les humains.

Youssef montra à Mark la grande baignoire remplie de détergents où l'on trempait mille et un objets afin de les rajeunir, de raviver les couleurs d'origine et de faciliter la revente. Elle provenait d'un hôtel particulier britannique ; une richissime lady s'y était sans doute prélassée.

En proie à une nouvelle quinte de toux, au bord du vomissement, Mark tint bon ; son guide cherchait à l'écœurer. Quel meilleur moyen de se débarrasser de lui que de l'accuser de sensiblerie ?

D'un hangar en tôles rouillées, une dizaine de zâbbalin sortirent des jerrycans jaune, vert et orange qu'ils vendraient à un garage ; ils les présentèrent à Youssef, lequel nota le nombre exact sur un carnet, afin de prélever sa dîme à la piastre près.

Des enfants coururent vers le local qui servait d'école ; peint en bleu clair, il avait un air presque pimpant. Parfois, la Française sœur Emmanuelle ou l'Égyptienne sœur Sarah venaient faire la classe, avec l'espoir que le bâtiment serait construit en dur. Afin qu'elles ne l'importunent pas avec leurs déclarations intempestives aux médias, Youssef accorderait bientôt des crédits limités, prélevés sur les bénéfices des zâbbalin.

– Vous les croyez pauvres, Mark ? Vous vous trompez, ils sont jalousés. Leur travail rapporte deux cent cinquante livres égyptiennes par charrette et par famille ; ils ne dépensent rien, mangent du cochon, du pain, des fèves, une partie du contenu des poubelles, s'habillent avec des hardes et des vieux vêtements, ne paient pas de loyer. Certains parviennent même à acheter des machines, afin d'accélérer le recyclage ; grâce à mes conseils, ils ne se font pas escroquer. Devenir zâbbal, c'est assurer son avenir.

Youssef, à l'aise comme un requin dans l'océan, prenait plaisir à déambuler dans son domaine. Contournant un tas de pelures d'oranges que les cochons ne mangeaient pas, il marcha vers une maison en dur, un bloc de béton dont l'entrée, encombrée de détritus, était à peine accessible.

– Suivez-moi.

Mark éprouvait l'envie de se doucher pendant des heures, de se parfumer et de respirer à pleins poumons un air vivifiant. Il chassa ce rêve inaccessible et pénétra à l'intérieur de la maison, souillée par les fumées pestilentielles.

Une grande pièce peinte en vert sombre, des banquettes recouvertes de tissu à fleurs, des photos de famille et un portrait de la Vierge Marie épinglés, un ventilateur et une télévision. Au sol, un carrelage de bonne qualité récupéré sur un chantier.

Assis dans un angle, un homme jeune, la tête baissée. Il portait une galabieh marron, sale et déchirée.

– Connaissez-vous ce type ?

Mark s'approcha et le dévisagea.

— Non.
— Lui, il vous connaît.
— Quelle importance ?
— Moi, ça m'a étonné.
— Pourquoi ?
— Parce qu'il vous a vu dans un endroit où vous n'auriez pas dû traîner.

De nouveau, Youssef se montrait agressif.

— Qu'est-ce que vous fricotiez, dans la cité des morts ?
— J'étais invité au mariage d'une amie.
— Ce type vous a vu assis à côté de Mohamed Bokar, le pire ennemi des Coptes. Voilà plusieurs mois que nous essayons en vain de mettre la main dessus et vous, en toute simplicité, vous dînez avec lui.
— J'ignorais que mon amie épouserait un terroriste.
— Safinaz, une enragée, aussi dangereuse que Bokar... Vous avez de drôles d'amitiés.
— Elle a beaucoup changé.
— Vous me prenez pour un imbécile ? Votre histoire de vengeance est une pure invention ; en réalité, vous soutenez les islamistes en diffusant des cassettes enregistrées par le cheikh Omar Abder Rahman, dont l'un des vœux les plus ardents est l'extermination des Coptes.
— Montage policier. Je n'ai qu'un but : venger Hélène.
— Victime des intégristes et persécuté par la police... Vous allez me faire pleurer, Mark ! Vous mentez mal et n'avez pas été assez prudent ; Kamel avait raison de se méfier de vous. À moi de résoudre le petit problème que vous posez.
— Puisque cet homme m'a vu, dans la cité des morts, il a peut-être entendu mon dialogue avec Mohamed Bokar. Nos propos n'avaient rien d'amical, je vous le garantis ; s'il a tué Hélène, je l'étranglerai de mes mains.

Le témoin gardait la tête baissée, comme si l'interrogatoire de Mark ne le concernait pas.

— Avouez, exigea Youssef.

– En prison, on a déjà tenté de m'arracher de faux aveux.
– Tout vous accuse.
– Je n'ai même pas entendu le son de la voix de votre faux témoin.

Youssef éclata de rire.

– Ça, c'est normal ! Je lui ai coupé la langue.

Mark serra les poings ; mourir dupé, dans cet enfer, alors qu'il croyait tenir enfin une piste sérieuse !

– On jurerait que vous n'avez pas peur ; beaucoup paniqueraient, à votre place.
– Je ne vous donnerai pas cette satisfaction.
– Orgueilleux, en plus. Alors, vous maintenez votre version des faits ?
– C'est la vérité.

Youssef s'empara d'un couteau de boucher accroché à la poignée de la fenêtre aux carreaux opaques, agrippa par les cheveux l'homme assis dont les mains étaient liées derrière le dos, et lui trancha la gorge.

26.

Mark se colla le dos au mur ; Youssef pointa vers lui la lame ensanglantée.
— Voilà comme je traite les espions ; ce type était un fidèle d'Allah, infiltré parmi les zâbbalin du Mokkatam pour découvrir mes plans. L'idiot s'est dévoilé quand il a refusé de manger du porc ; et vous, vous oseriez ?

Sous la menace du couteau, Mark sortit du bloc de béton et marcha jusqu'à une cuisine en plein air où un zabbal chauve, presque édenté, faisait rôtir un cochon noir. Youssef découpa un morceau et le tendit à l'Occidental.
— Mangez.

La chair était ferme, le goût fade.

Youssef essuya son couteau sur la galabieh du cuisinier et tapa sur l'épaule de son invité.
— Vous avez des tripes, ça me plaît ; j'éprouve une certaine confiance en Kamel, mais mieux vaut vérifier par soi-même. Retournons à mon quartier général.

À l'intérieur du bloc de béton, plus de cadavre. Sur un plateau en cuivre, deux bières fraîches et des dattes.
— Les photos sont celles de mes parents ; ils seraient fiers de moi. Chaque jour, je prie la Sainte Vierge afin qu'elle continue à m'accorder ses bienfaits. Nous, les Coptes, sommes au bord du gouffre ; si nous ne réagissons pas très vite, nous finirons égorgés comme des porcs.

— La position officielle de votre Église est plus conciliante.

— Ça changera ; quelques bonnes âmes croient encore à une entente avec les musulmans, elles déchanteront. Le Seigneur nous protégera, à condition que nous soyons bien armés ; quand les islamistes se heurteront aux milices coptes, ils ne pavoiseront plus.

— Entreposez-vous votre armement dans les décharges ?

— Ne soyez pas trop curieux.

— Que savez-vous sur l'assassinat de ma fiancée ?

— Sur les circonstances, rien ; sur elle, j'ai du solide.

— Que voulez-vous dire ?

— Votre Hélène était une salope.

Mark se rua sur Youssef.

Le Copte, en habitué du combat de rue, brandissait déjà son couteau de boucher ; un pas de plus, et son agresseur se serait embroché.

— La vérité est parfois pénible à entendre, mais vous ne la changerez pas.

— Pourquoi insulter une morte ?

— Vous avez vu les immeubles que je contrôle, à Héliopolis ? Dans le troisième que j'ai inspecté, le plus chic, votre Hélène rendait fréquemment visite à un Européen.

— Fréquemment ?

— Presque chaque jour, lorsqu'elle résidait au Caire. J'aime connaître mes clients ; quand une belle fille apparaît dans le paysage, c'est encore plus excitant.

— Que savez-vous de plus ?

— Le type s'appelle André Pavel, c'est un bel homme. Vous comprenez ?

Non, Mark ne comprenait pas. Ni lui ni Hélène n'avaient dissimulé leurs liaisons antérieures ; en se mariant, ils faisaient table rase d'un passé dont ils n'étaient pas honteux. Pourquoi ne lui avait-elle pas parlé de cette amitié cairote, alors qu'aucune zone d'ombre ne subsistait entre eux ? Ce n'était certes pas la présence au Caire d'un ancien amant qui aurait remis en cause leurs projets d'avenir ; il ne croyait pas qu'Hélène eût été la maîtresse de ce Pavel, à la veille du mariage.

— Vous devez vous tromper ; regardez cette photographie.

— C'est bien votre fiancée ; Kamel m'avait déjà fait parvenir son portrait. De toute façon, une aussi jolie fille ne passait pas inaperçue. Quel régal de la voir entrer et sortir.

— Combien de temps restait-elle ?

— Une demi-heure, trois quarts d'heure... Une rapide, votre Hélène.

— Taisez-vous, ou je vous casse la gueule !

— Calmez-vous et pensez ce que vous voudrez. Vous êtes trop sentimental.

— Que savez-vous sur cet André Pavel ?

— Un ingénieur qui habite cet immeuble depuis plus d'un an ; il est soigneux, aime la propreté et paie une grosse somme pour être débarrassé chaque soir de ses ordures.

— Je veux le voir.

— Il est absent.

— Rien d'autre ?

— Pourquoi me serais-je intéressé davantage aux rencontres de deux Européens ? Vous avez de la chance... Sans mon sens inné de l'observation, vous auriez ignoré ce détail.

Jamais Mark n'avait éprouvé une telle envie d'écraser la tête d'un de ses semblables ; dans la main de Youssef, le couteau de boucher ne tremblait pas.

Pendant une dizaine de secondes, les deux hommes se défièrent ; Youssef s'amusait, guettant l'assaut de l'Occidental avec délectation.

Mark se détourna.

— C'est mieux comme ça, ami ; vous n'êtes pas de taille. Quoi de plus stupide que de mourir pour une maîtresse infidèle ?

— Auriez-vous la preuve qu'elle couchait avec ce Pavel ?

— Qu'est-ce qu'ils pouvaient faire d'autre ? À son allure, cette fille-là aimait l'amour ; je sais les repérer. Oubliez-la.

— Épargnez-moi vos conseils.
— D'accord, d'accord !
— Acceptez-vous de me déposer place el-Tahrir ?
— Sans problème.

Durant le trajet que la Buick parcourut à bonne allure, les deux hommes n'échangèrent aucun propos. Le centre du Caire était encombré, comme d'ordinaire ; on klaxonnait, on s'apostrophait, on passait coûte que coûte. Youssef se gara le long d'un trottoir.

— Même si mes conseils vous importunent, vous devriez en rester là.
— Hélène n'a pas été vengée, que je sache.
— Vous ne retrouverez jamais l'assassin.
— Merci de votre aide.

Mark descendit de la Buick, la regarda s'éloigner et monta à l'arrière d'un taxi noir et blanc.

— Je t'emmène aux pyramides ? demanda le chauffeur, dans un anglais approximatif. Je suis le moins cher du Caire.
— Quinze livres pour Héliopolis, répondit Mark en arabe. Je te guiderai.

Renfrogné, le chauffeur ne discuta pas. Par malchance, il tombait sur un Européen qui connaissait la ville mieux que lui ; il partit en trombe, coupant la trajectoire d'un bus.

Héliopolis abritait de luxueuses villas et des immeubles modernes bien entretenus ; de riches Cairotes et des étrangers en poste dans la capitale résidaient dans ce quartier où quelques arbres ajoutaient une note de verdure.

Mark contempla l'immeuble de huit étages où Hélène aurait rencontré André Pavel, l'une des « propriétés » que Youssef avait inspectées. Une volée de marches en marbre blanc conduisait à un large palier que fermait une porte vitrée ; sur la droite, un Interphone avec le nom des résidents.

Pas d'André Pavel.

Mark sonna au hasard. Une voix bourrue lui demanda ce qu'il voulait ; il se présenta comme un réparateur de l'ascenseur et obtint immédiatement l'ouverture de la porte vitrée.

Il questionnerait les résidents, jusqu'à obtenir des renseignements précis.
— Où allez-vous ?
Mark se retourna.
Un gardien, habillé à l'européenne, un gourdin accroché à la ceinture, barra l'accès à l'ascenseur.
— Je cherche un ami, André Pavel.
— Il est en voyage.
— Quelle déveine, j'avais besoin de le voir d'urgence ! N'auriez-vous pas une adresse ou un téléphone ?
Le gardien hocha négativement la tête.
— Je suis ingénieur, comme lui, et j'ai oublié un document dans son appartement ; si je pouvais y jeter un œil...
— Hors de question.
— Tant pis, je reviens avec la police et un serrurier ; je suis vraiment pressé.
— Ne faites pas tant d'histoires !
Mark glissa vingt dollars dans la poche de la chemise du gardien.
— Une minute, et je vous surveille.
— Entendu.
Contrairement aux « États de droit » où la corruption régnait en maîtresse absolue, mais de manière souterraine, l'Égypte moderne n'était pas hypocrite. À tous les échelons de la hiérarchie sociale, un service avait un prix variant en fonction du talent du demandeur et des circonstances.
Avec un passe, le gardien ouvrit la porte de l'appartement de Pavel.
Une cellule de moine... Un matelas posé sur la moquette vert sombre, une table rectangulaire et quatre chaises, des murs nus.
— Vous le voyez, votre document ?
Mark fit quelques pas dans les deux pièces, la cuisine et la salle de bains.
Vides.
— Il a dû l'emporter avec lui... Quelle déveine.
Vingt autres dollars changèrent de main.

— Quelqu'un d'autre est-il venu ici depuis le départ de M. Pavel ?
— Personne.

Désemparé, Mark erra dans une avenue d'Héliopolis ; un gamin d'une douzaine d'années l'aborda.
— Tu me donnes le papier ?
— Lequel ?
— Celui qu'attend Kamel.
Des gosses comme celui-là, Le Caire en comptait des milliers ; au travail à huit ans, ils étaient coursiers, tâcherons ou souffre-douleur d'un artisan. Évadés d'une école qui ne les poursuivait pas longtemps, ils n'avaient pas le loisir de vivre une enfance.
— Comment t'appelles-tu ?
— Ton message.
Sérieux comme un cheikh, le gamin tendit la main.
Mark déchira une page de son calepin, y inscrivit « André Pavel » et le confia à l'émissaire de Kamel.

27.

Mark n'y tint plus ; il héla un taxi et se fit conduire à Zamalek. Les odeurs de la décharge lui collaient à la peau, ses vêtements étaient sales, il éprouvait une envie irrésistible d'eau brûlante et de savon.

Il possédait un ancien palais à deux étages, donnant sur un jardin ; lorsqu'il se présenta à la grille, le gardien jaillit de son banc et lui ouvrit.

— Monsieur Walker ! Il est arrivé un grand malheur, mais je ne suis pas responsable. Je n'ai pas osé prévenir la police, je préférais attendre votre retour...

Mark monta quatre à quatre les marches de l'imposant escalier en marbre, suivi du gardien. Il lui arracha la clé des mains et ouvrit.

Les cinq cents mètres carrés, sur deux étages, avaient été fouillés de fond en comble. Sur le parquet et les tapis, le contenu des armoires, des commodes et des secrétaires. Ampoules dévissées, coussins éventrés, chaises désossées... Les visiteurs n'avaient rien négligé.

— Quand est-ce arrivé ?

— Je ne sais pas trop, je n'ai rien entendu. De vrais fantômes, monsieur Walker !

— Tu ne les as pas vus ?

— Non, non... Quel malheur, quel grand malheur !

Kamel, bien sûr. Il voulait tout savoir sur Mark et avait envoyé une équipe de spécialistes. Le gardien, acheté et craintif, leur avait ouvert.

— Il faudra nettoyer et ranger.
— Je ferai venir mes frères et mes cousins, nous ne vous demanderons pas cher.

Mark traversa le salon et pénétra dans sa chambre. On n'avait pas touché à la photo grandeur nature d'Hélène, prise au soleil couchant sur le plateau de Gizeh. C'était ce portrait-là qu'il ne voulait jamais revoir.

Le choc fut d'une violence inouïe, comme si elle vivait, présente, souriante et sensuelle. Il se remémora chaque minute passée avec elle ; pas une fissure, un amour limpide, ardent comme le soleil d'été.

L'eau brûlante de la douche noya ses larmes de rage.

Mark passa l'après-midi dans son jardin, sous l'ombrage d'un palmier centenaire. Comme s'il y avait assisté, il vivait la scène pendant laquelle le terroriste avait tiré sur Hélène, malgré ses supplications. Seuls témoins de cet instant, les trois feuillets couverts de tracés géométriques incompréhensibles.

Ces dessins, André Pavel... Autant d'énigmes. Pourtant, Hélène ne lui dissimulait rien.

Un gamin escalada le mur isolant le jardin et sauta à l'intérieur. Caché derrière le tronc d'un figuier, il fit signe à Mark de venir vers lui.

— Pour toi, dit-il en lui remettant un papier plié en quatre.

Mark le déplia et lut le court message.

Demain, onze heures, Mahmoud Khalil Museum.

Le temps de lever la tête, le gamin avait déjà disparu.

Au sommet d'un escalier monumental, des arches mauresques marquaient l'entrée du moins fréquenté des musées du Caire, une somptueuse villa du quartier chic de Zamalek où Mahmoud Khalil, ex-étudiant à la Sorbonne et mari d'une Française, avait rassemblé des tableaux de peintres français, juste avant et après la Seconde Guerre mondiale. Des œuvres de Corot, Millet, Delacroix et Renoir sommeillaient dans un cadre élégant, occupé par Nasser aussitôt après la révolution, puis siège du parti communiste égyptien jusqu'en 1971, date de sa transformation en musée.

Mains croisées derrière le dos, très distingué dans un costume gris clair croisé, Kamel admirait une sculpture de Rodin, représentant un personnage tassé sur lui-même, enveloppé dans une draperie et se touchant l'épaule droite.

— Heureux de vous revoir, monsieur Walker ; êtes-vous satisfait de notre mode de communication ?
— Je le suis moins de la fouille de ma maison.
— J'en suis désolé ; mon métier implique parfois des initiatives désagréables.
— Si vous m'avez convoqué, c'est pour me parler de ce Pavel.
— Vous avez fait de l'excellent travail, avec Youssef. Ce n'est pas un homme facile ; lui arracher une information de cette importance nécessite un réel talent.
— J'ai visité son appartement : vide.
— Une démarche imprudente.
— Pourquoi ?
— Supposez qu'il soit rentré à l'improviste.
— Un ingénieur serait-il si dangereux ?
— André Pavel est tchèque et spécialiste du maniement du semtex, l'explosif sophistiqué dont je vous ai parlé.

Pas un visiteur, en cette torride journée d'été, ne troublait le calme du musée ; les deux hommes s'assirent sur une banquette.

Kamel montra une fiche à Mark. Photo de Pavel, curriculum vitae, diplômes, compétences techniques. L'homme, aux cheveux coupés en brosse, avait un visage carré et brutal.

— Pourquoi Hélène a-t-elle rencontré cet individu ?
— C'est la question que je souhaitais vous poser.
— Je l'ignore... Youssef a peut-être menti.
— Lorsque les affaires deviennent sérieuses, ce n'est pas son habitude. Votre fiancée vous aurait-elle parlé de ce Tchèque ?

— Non, jamais ; elle était spécialiste de l'environnement, pas des explosifs !

— Il est rare que le semtex tombe entre les mains d'un amateur, et plus rare encore qu'un ingénieur de haut niveau, capable de le fabriquer et d'enseigner la manière de l'utiliser, réside sur notre territoire.

— N'est-il pas venu vous en vendre ?

— Je le saurais, monsieur Walker. Reste une question troublante : pour quel motif votre fiancée et Pavel se rencontraient-ils à intervalles réguliers ?

— Elle n'était pas sa maîtresse, j'en suis sûr.

— Vous avez raison, c'est beaucoup plus grave.

— Qu'est-ce que ça signifie...

— J'aurais dû parler d'André Pavel au passé ; voici un autre portrait, encore moins flatteur que le précédent.

L'ingénieur tchèque avait les yeux clos et les lèvres entrouvertes, figées dans un rictus. Au milieu du front, un trou bordé de rouge.

— Le reste du corps était criblé de balles, ajouta Kamel. Détail essentiel : André Pavel se trouvait dans le même car de touristes que votre fiancée.

La pièce se mit à tourner, la sculpture de Rodin se dilata, une coulée de lave descendit dans l'estomac de Mark.

Kamel attendit que son interlocuteur recouvrât ses esprits.

— Ça prouve quoi ? demanda Mark d'une voix éteinte.

— Ce qu'une logique élémentaire nous impose : les contacts entre Pavel et votre fiancée étaient d'ordre... professionnel. J'ajoute que le Tchèque travaillait avec un Anglais, établi au Caire depuis deux ans, et aussi compétent que lui dans la même discipline. Bien entendu, il faisait partie des voyageurs et a été supprimé de la même façon.

Mark explosa.

— Qu'est-ce que vous osez conclure ? Qu'Hélène était membre d'une cellule terroriste et qu'elle se préparait à commettre des attentats ?

— Elle menait une double vie dont vous ignoriez tout.
— Vous vous trompez, Kamel ; entre nous, il n'y avait rien d'obscur !
— La réalité vous démontre le contraire.
— Je m'en moque.
— Inutile de vous voiler la face.
— Vous mentez ! Vous, Youssef, vos complices, vous mentez tous pour salir la femme que j'aimais !
— Me jugeriez-vous si médiocre ?
— Je n'écouterai plus vos racontars.
— Il s'agit de la vérité.
— La vôtre, pas la mienne.
— Ne vous bouchez pas les yeux ; vous savez bien que la réalité s'imposera.
— Nos chemins se séparent, Kamel ; ne faites plus appel à moi. Je n'ai pas besoin de vous pour venger Hélène.
— Décision imprudente.
— Votre chantage ne m'effraie pas ; vous ne me ferez pas taire aussi facilement que vous le supposez. Il me reste des amis ; je ne redoute pas vos méthodes.

Mark sortit du musée.

Kamel ficha une Dunhill mentholée dans son fume-cigarette en or et s'offrit une visite approfondie ; son plan continuant à se dérouler sans le moindre accroc, il méritait bien quelques minutes de détente.

28.

Le visage enfiévré du cheikh Charaoui apparut sur tous les écrans de télévision. Véritable vedette se produisant dans un show quotidien, il accusa l'Occident des malheurs frappant la société égyptienne et exhorta les bons musulmans à guerroyer sans relâche contre l'athéisme et la laïcité; rabâché pendant plusieurs heures d'antenne, le message finirait par s'imprimer dans les cerveaux.

Cette fois, le cheikh était porteur de nouvelles sensationnelles : l'université coranique al-Azhar, dont l'influence politique ne cessait de s'étendre, avait réussi à faire retirer de la vente un livre osant mettre en doute l'authenticité du Coran et à faire supprimer des programmes de télévision un feuilleton américain indécent où l'on apercevait les seins nus d'une femme se baignant dans sa piscine. Désormais, l'université coranique proscrirait toute manifestation culturelle et médiatique contraire aux lois de l'islam.

Le cheikh avait gardé le meilleur pour la fin : demain, à l'aube, au moment où l'on distinguerait un fil noir d'un fil blanc, débuterait le ramadan, neuvième mois de l'année lunaire, période à laquelle le prophète Mahomet avait reçu la révélation divine. Du lever au coucher du soleil, chaque musulman s'abstiendrait de boire, de manger et d'avoir des relations sexuelles. Bien que l'été fût torride, encore plus chaud qu'à l'ordinaire, ni une miette de pain ni une goutte d'eau n'étaient autorisées. Dans sa mansuétude, la tradition coranique accordait des dérogations, sévèrement contrôlées, aux malades dont l'état nécessitait une absorption de nourriture, à certains voyageurs, aux femmes enceintes, à celles qui allaitaient et à celles qui avaient leurs règles, à condition d'effectuer, dès que possible, un jeûne équivalent aux jours de dispense.

En plein été, malaises et hospitalisations ne se comptaient plus ; mais les plus pieux crachaient même leur salive, de peur d'absorber une boisson interdite. Pendant les trente journées du ramadan, on se surveillait l'un l'autre, les intégristes n'hésitant pas à dénoncer l'impie à la mosquée la plus proche.

Enfin, Mona répondit ; Mark serra le combiné du téléphone comme un noyé accroché à une branche salvatrice.

— Voilà cent fois que je t'appelle.
— J'étais sortie.
— Des nouvelles de ton mari ?
— Oui... Tu peux venir ?
— J'arrive.

Mark se rendit à pied chez Mona ; la jeune femme était folle d'inquiétude.

— Zakaria a été muté à Assiout.
— Le plus grand fief intégriste ?
— Une mission urgente : le contrôle de l'université. On ne lui a même pas laissé le temps de passer à la maison.
— C'est insensé... Depuis dix ans, ni la police ni l'armée ne parviennent à rétablir l'ordre à Assiout. Est-ce bien Zakaria qui t'a parlé ?
— J'ai reconnu sa voix.
— Irritée ?
— Non, plutôt calme ; il m'a assuré qu'il aiderait mes meilleurs amis et, comme promis, procurerait les informations recherchées.
— On ne saurait être plus clair ; je pars pour Assiout.
— C'est trop dangereux, Mark !
— Je n'ai pas le choix.

Mona se blottit contre lui.

— Zakaria me trompe depuis le lendemain de notre mariage, murmura-t-elle ; la danseuse du ventre assassinée devant l'hôtel Marriott était l'une de ses maîtresses. Voici plus d'un an qu'il ne m'a pas touchée. J'éprouve de l'affection et de l'estime pour lui, car c'est un homme courageux qui désire sauver l'Égypte du fanatisme, mais je ne l'aime plus.

Mona pleura doucement, la tête sur la poitrine de Mark.

— Toi, je ne veux pas te perdre...

Elle lui offrit ses lèvres.

— Non, Mona... Je ne peux pas... À cause d'Hélène.

Après quelques réticences, Naguib Ghali avait accepté de conduire Mark à Assiout, le lendemain, en roulant de nuit.

— J'ai emprunté la Peugeot 504 d'un collègue, expliqua-t-il ; mon taxi aurait mal supporté le voyage. J'ai prévenu mes malades ; en cas d'urgence, ils savent qui appeler.

— Assiout est une ville dangereuse.

— Pas pour un chauffeur de taxi musulman.

Par prudence, Naguib Ghali avait posé en évidence, contre la vitre arrière, un bel exemplaire du Coran, protégé par une couverture en cuir teinté de vert.

— Je n'ai confiance qu'en toi, mais je comprendrais ton refus.

— Une course aussi rentable est une bénédiction.

— J'exige de payer aussi la journée de consultations perdues.

— J'ai doublé le tarif normal de l'aller et retour, et ajouté vingt pour cent de bakchich ; honnêtement, puis-je te voler davantage ?

La Peugeot traversa Le Caire en direction du sud, peu après le coucher du soleil, alors que l'*iftar*, la rupture du jeûne, venait d'être proclamée.

Les magasins fermaient, la circulation s'interrompait, les rues se vidaient, chacun se précipitait chez soi pour boire et manger. Des centaines de minarets s'illuminaient, des lanternes colorées éclairaient le coin des rues, des cheikhs assis sous des tentes récitaient le Coran.

Les mères de famille avaient préparé des douceurs que l'on partagerait entre amis : compotes, pâtisseries fourrées aux pistaches, gâteaux aux cheveux d'ange et autres sucreries. Les nuits du ramadan, on passait des heures à table et l'on mangeait deux ou trois fois plus que d'habitude ; il fallait bien se nourrir pour tenir bon pendant la journée de jeûne. On dormait peu, car il convenait de se lever avant l'aube et de se remplir l'estomac avant que ne débute l'abstinence obligatoire ; jusqu'au soir, on ne songerait qu'au banquet nocturne. À la fin du ramadan, les organismes étaient plutôt délabrés, en raison de la suralimentation et du manque de sommeil.

– Que comptes-tu faire, à Assiout ?
– Voir le colonel Zakaria.
– Tu ne vas pas t'engager dans l'armée ?
– Il détient des renseignements sur la mort d'Hélène.
– Du sérieux ?
– Probable.
– J'espère que le voyage en vaut la peine ; Assiout n'est pas une villégiature.
– Tu dois être mort de faim ; mieux vaudrait manger avant de prendre la route.
– En tant que voyageur exceptionnel, je suis dispensé du jeûne jusqu'à mon retour : j'ai déjeuné chez moi et emporté des galettes, du fromage, des tomates et de l'eau.

Un accident bloquait la circulation ; le conducteur d'une Coccinelle sans freins, trop pressé de rentrer dîner, s'était encastré sous un bus où s'entassaient plus de deux cents personnes. L'intervention des policiers et des ambulanciers augmentait la confusion ; des groupes de femmes poussaient des cris de désespoir. Les blessés exigeaient d'être soignés sur place, afin d'éviter l'hôpital et de ne pas rater la première soirée du ramadan.

— Il ne reste qu'à patienter, estima Naguib Ghali.

Profitant de la situation, des gamins se faufilèrent entre les voitures et proposèrent pistaches, amandes grillées et colliers de jasmin.

Sur le trottoir, à moitié défoncé, un jeune garçon et sa petite amie se tenaient par la main et assistaient au spectacle. Attaquant par-derrière, une bande de jeunes barbus se précipitèrent sur eux, les accusant de pornographie et les châtièrent à coups de bâton.

Mark tenta de sortir de la Peugeot; Naguib le retint par le bras.

— Laisse faire; ils sont trop nombreux.

Le garçon s'enfuit en boitillant; sa petite amie se réfugia dans un groupe de femmes qui se lamentaient sur un blessé.

— Hier soir, précisa le taxi-médecin, des intégristes sont entrés de force dans un théâtre où répétaient des comédiens; des femmes étaient accusées de tenir des rôles impudiques. Avec des barres de fer, le commando a démoli le théâtre, tué deux actrices et brisé les jambes de ceux qui avaient essayé de les défendre. Ils ne plaisantent pas, Mark.

— Et la police?

— Quand elle est arrivée sur les lieux, elle n'a recueilli aucun témoignage. Personne n'avait rien vu.

— Laisser faire... Est-ce la seule solution?

— À la grâce de Dieu, comme on dit chez toi. S'Il veut que ça s'arrange, ça s'arrangera. Sinon...

— Chez moi, c'est ici.

— Pardon, je ne voulais pas te blesser.

Une brèche s'ouvrit, la Peugeot s'y engouffra.

29.

Rouler la nuit en Égypte relevait de l'exploit; les camions en surcharge fonçaient à pleine vitesse au milieu de la route, les voitures particulières doublaient sans visibilité, fissures et nids-de-poule n'étaient détectables qu'au dernier moment. De plus, une coutume locale condamnait le néophyte à terminer sa course dans le fossé ou contre un arbre : les automobilistes chevronnés circulaient feux éteints et mettaient pleins phares lorsqu'ils se croisaient.

Omettant de ralentir lors de la traversée des villages, Naguib parcourut en moins de sept heures les trois cent cinquante-sept kilomètres qui séparaient Le Caire d'Assiout, une authentique performance eu égard à l'état de la chaussée.

Conformément à ses habitudes, le taxi-médecin dormit deux heures, se réveilla frais et dispos, et partagea, avant l'aube, ses provisions avec Mark. Malgré sa dispense, il préféra ne pas courir le risque de choquer les habitants d'Assiout ; ici, on ne plaisantait pas avec la loi coranique.

La Peugeot entra dans la ville peu après le lever du soleil ; des gamins en pyjama ou en survêtement troué jouaient avec des ordures qu'ils extrayaient de containers abandonnés sur les trottoirs. Sur les murs d'immeubles lépreux, les inscriptions que clamaient les intégristes lorsqu'ils manifestaient : « mort aux juifs », « l'État islamique naîtra à coups de fusil », « ni le socialisme ni le capitalisme, mais l'islam ». Parmi les quatre cent mille habitants de la plus grande ville de haute Égypte, un bon nombre de Coptes rackettés par les fils d'Allah, qui les contraignaient de verser une dîme au vrai Dieu ; les récalcitrants étaient tués au couteau.

Le héros des intégristes d'Assiout n'était autre qu'Al Islambouli, l'assassin du président Sadate, condamné à mort pour impiété. Suivre son exemple était l'idéal de la plupart des trente mille étudiants de l'université qui refusaient théâtre, cinéma, danse et musique afin de mieux se consacrer à l'étude du Coran.

Le taxi longea un canal que bouchaient des immondices et d'où montaient des odeurs nauséabondes. Des femmes voilées marchaient d'un pas fatigué, un panier sur la tête ; des aveugles assis, les yeux couverts de mouches, tendaient une main molle, avec l'espoir de recueillir une piastre. Ateliers et boutiques poussiéreuses ouvraient ; dès que la chaleur serait trop forte, l'activité s'éteindrait. En période de ramadan, les forces manquaient.

Une Jeep remplie de policiers fit une queue de poisson au taxi et le contraignit à stopper ; un gradé sauta à terre et interpella Naguib Ghali.

– Où allez-vous ?

– Voir le colonel Zakaria, répondit Mark.

– Il n'est pas recommandé aux Occidentaux de circuler en ville ; mieux vaudrait rebrousser chemin.

– Le colonel m'attend.

– En ce cas, nous vous escortons ; ce sont les ordres.

Dans l'Antiquité pharaonique, Assiout avait été une cité florissante, placée sous la protection d'un dieu chacal nommé « l'ouvreur des chemins », chargé de guider les âmes dans l'autre monde. De son temple, il ne subsistait pas une seule pierre ; quant aux tombes des princes de la province, creusées dans une falaise dominant l'agglomération, elles étaient devenues « zone militaire », et servaient d'entrepôts et de latrines.

Assiout croupissait dans la misère. Les quartiers anciens pourrissaient, les HLM bâties à la hâte se fissuraient avant d'être terminées. Personne ne songeait à repeindre ou à nettoyer une façade. Çà et là, des mares et des portions de canaux remplis d'excréments ; on y jetait des cadavres d'animaux, les ménagères y lavaient la vaisselle.

Une atmosphère pesante régnait dans les rues encombrées ; toutes les femmes étaient voilées, les hommes s'écartaient à peine au passage de la Jeep, klaxon hurlant, et de la Peugeot. Un gamin jeta une pierre en direction du taxi et le rata de peu.

Une camionnette Toyota, surchargée d'hommes armés, barra la route ; la Jeep s'arrêta, des palabres s'engagèrent. La camionnette prit la tête du cortège, la Jeep passa derrière la Peugeot et ferma la marche. Accélérant l'allure, la Toyota écrasa un chien jaune qui mastiquait un papier gras et s'engagea dans un faubourg ; Naguib Ghali joua du volant afin d'éviter trous et bosses. L'aspect des immeubles de trois étages était si délabré qu'ils semblaient inhabitables ; les ruelles grouillaient d'hommes désœuvrés, de femmes voilées vêtues de robes noires et de marmots crasseux.

— Pourquoi la police pactise-t-elle avec ces types ? s'inquiéta Naguib Ghali. Le commandement militaire n'est pas installé dans ce coin-là.

Le médecin-taxi se serait volontiers enfui, mais son véhicule était pris en otage. Son front, comme celui de Mark, ruisselait de sueur ; à cause de la poussière et de la puanteur, Naguib gardait les vitres abaissées.

Où les emmenait-on ?

Le cortège s'immobilisa devant un bâtiment gris surmonté d'un minaret ; de part et d'autre de la porte entrouverte, des chaussures, des sandales et des babouches.

— Une mosquée, constata le taxi-médecin, anxieux.

La Jeep de la police avait disparu ; une foule dense s'amassait derrière la Peugeot.

Kalachnikov à la hanche, un châle rayé couvrant son front, l'un des occupants de la Toyota somma l'Américain de descendre et l'Égyptien de garder les mains sur le volant.

— Surtout, ne tente rien, murmura Mark à l'oreille de Naguib.

Le canon de l'arme désigna l'entrée de la mosquée.

— Déchausse-toi.

Mark s'exécuta et avança, découvrant un local vide, sans tapis, aux murs de béton resté brut.

— Le lieu du vrai culte est interdit aux infidèles; prends le couloir, sur ta gauche.

Alors que la construction n'était pas terminée, elle se dégradait déjà. Les parpaings suintaient d'humidité. Mark fut poussé dans une petite pièce semblable à la cellule pour étrangers de la prison centrale. Seuls ornements, des photos de l'assassin de Sadate et de son patron, le cheikh Omar Abder Rahman. La porte, mal fabriquée, ne fermait pas.

L'appel du colonel Zakaria était-il un piège? Peut-être avait-on imité sa voix, afin d'abuser Mona. Mark abattu par des islamistes, comme Hélène... Les autorités exprimeraient leurs regrets, l'actualité changerait et l'affaire serait oubliée. En se rendant à Assiout, un homme aussi averti que Mark n'avait-il pas commis une imprudence coupable?

Mohamed Bokar poussa la porte.

Enturbanné, vêtu d'une galabieh blanche, il portait de petites lunettes qui soulignaient la proéminence de son nez; dans la main droite, il tenait un chapelet aux boules noires qu'il égrenait de ses doigts fins. À son front, la petite bosse brune des vrais croyants que le peuple appelait *el-zebiba*, « le raisin sec ».

— Que la miséricorde d'Allah soit sur vous, monsieur Walker. Ainsi, vous vous êtes décidé! J'en suis heureux; non seulement vous sauverez votre âme, mais encore participerez-vous à la libération de ce pays opprimé par des impies. J'enregistrerai moi-même votre conversion à l'islam, dont vous respecterez dès aujourd'hui les cinq piliers: la croyance en Allah, Dieu unique, dont la parole fut transmise par son prophète, Mahomet; la pratique des cinq prières quotidiennes ; le respect du jeûne pendant la période du ramadan ; le versement de l'aumône ; au moins un pèlerinage à La Mecque durant votre existence.

— Vous vous méprenez.

— Contesteriez-vous l'un de ces principes intangibles ?

— Aucun dogme n'est digne d'estime.

— Mahomet se nomme « le sceau » parce qu'il est le dernier des prophètes ; inspiré par Allah, il a écrit la vérité définitive dont aucune ligne ne saurait être changée, ni même contestée. Est-ce si difficile à admettre ?

— Pour moi, impossible ; dès qu'une vérité se fige dans une croyance absolue, elle devient une erreur dangereuse.

— Vous ne percevez pas encore la grandeur de l'islam, mais je ne désespère pas.

— Le fanatisme que vous voulez imposer au monde conduira à la guerre et au malheur. Ce n'est pas cela, l'islam.

Les doigts de Mohamed Bokar égrenèrent plus rapidement le chapelet.

— Si vous n'êtes pas à Assiout pour vous convertir, quel est le but de votre voyage ? Cette ville pieuse, bénie soit-elle, rejette les incroyants.

— Oublieriez-vous les Coptes ?

— Ils s'en iront bientôt, d'une manière ou d'une autre.

— Comment se porte mon amie Safinaz ?

— La santé de mon épouse ne concerne que moi ; oublieriez-vous les règles élémentaires de la politesse ?

— Vous êtes un homme très recherché.

— Les Coptes et le gouvernement se réjouiraient de me voir pendu, mais leurs espérances seront vaines. Dans n'importe quelle ville d'Égypte, je suis intouchable.

— Vous avoir rencontré deux fois est donc un privilège dont vous m'honorez.

— Vous m'intéressez, car vous n'êtes pas aussi stupide que la plupart des Occidentaux qui prônent la tolérance et l'intégration ; l'islam véritable ne veut ni de l'une ni de l'autre. Puisque vous l'avez compris, il ne me reste que deux solutions : vous faire taire ou vous convertir. Je préférerais la seconde, car elle ferait de vous un missionnaire exceptionnel, au service de la vraie foi ; dans ce pays, et ailleurs, votre exemple serait contagieux. Les intellectuels convertis sont les meilleurs vecteurs de l'islam, dans cette Europe dégénérée qui s'offrira à nous comme un fruit mûr. Je me montrerai donc patient à votre égard, aussi longtemps qu'Allah me l'autorisera.

— Adoptiez-vous la même ligne de conduite envers Hélène, avant de la massacrer ?

— Répondez à ma question : le but de votre voyage ?

— Rencontrer le colonel Zakaria.

Mohamed Bokar sourit.

— Pauvre colonel... On ne lui a pas confié une mission facile. Pas davantage que ses prédécesseurs, il ne parviendra à contrôler l'université. Notre jeunesse ne supporte plus la misère et le mensonge ; elle sait que seul Allah lui accordera ce qu'elle exige. Que peut une armée face à une telle conviction ? Zakaria est un mondain et un dépravé ; son échec sera notre victoire. Motif de votre entrevue ?

— Découvrir l'identité des assassins de ma fiancée.

— Vous êtes un homme obstiné... quand vous serez converti, nous entreprendrons de grandes choses.

Mohamed Bokar claqua des doigts.

Un groupe de jeunes islamistes entraîna Mark jusqu'à la Peugeot ; Naguib Ghali n'avait pas bougé.

— Content de te revoir.

— Moi aussi.

Le taxi suivit la Toyota ; à l'approche du centre d'Assiout, elle disparut dans une ruelle.

Naguib poussa un soupir de soulagement, avant de demander à un policier en faction l'emplacement du quartier général des forces armées.

Le colonel Zakaria reçut Mark au milieu de l'après-midi.

— Désolé de vous avoir fait attendre si longtemps,

mais j'inspectais les dispositifs de sécurité autour des églises coptes. Assiout est incontrôlable... Il faudrait la raser. Comment lutter contre les écoles coraniques, les dispensaires islamiques, les bureaux d'aide sociale intégristes et les jeunes fanatisés ? Le peuple est pris au piège ; quand il se réveillera, il sera trop tard.

Déprimé, Zakaria avait vieilli de dix ans.

— Pourquoi cette mutation brutale ?
— À cause de vous.
— Colonel, je...
— Je ne vous reproche rien, Mark ; quand on fait une promesse, on la tient. J'ai consulté le dossier de l'attentat perpétré contre le car de touristes. Qu'il s'agisse d'un robinet bouché ou d'un crime de sang, notre administration a la manie d'édifier des pyramides de rapports. Celui-là était à ma portée, puisque des militaires entraient en jeu.

Mark frémit d'impatience ; enfin, la vérité.

— Pour moi, déclara le colonel Zakaria, aucun doute : c'est bien un commando d'élite, en mission officielle, qui a exécuté votre fiancée et ses compagnons de voyage.

30.

Assommé, Mark se força à respirer lentement.
— C'est monstrueux !
— Aucun doute possible, assena le colonel Zakaria ; le commando est rentré au Caire, mission accomplie.
— Des noms ?
— Seulement un code opérationnel.
— Qui a donné l'ordre ?
— C'est en cherchant l'identité de l'organisateur de cette tuerie que j'ai eu des ennuis. Un ami général devait me faciliter la tâche, mais son dernier appel n'avait rien de sympathique ; il m'intimait l'ordre de partir sur l'heure pour Assiout.
— Voilà qui confirme votre découverte.
— Ma carrière est fichue, Mark ; j'ai commis un faux pas dont je ne me remettrai pas. On me laissera croupir quelques mois dans cette ville pourrie, on constatera mon échec et on me sanctionnera en m'expédiant dans les oasis où je mourrai d'ennui.
— J'éclaircirai cette affaire ; vous serez réhabilité.
— Vous avez causé assez de dégâts ; renoncez.
— Connaissez-vous un dénommé Kamel ?
Mark le décrivit.
— Jamais rencontré.
— Je n'ai pas le droit d'abandonner, colonel.
— Vous n'avez aucune chance, le véritable assassin est hors d'atteinte ; comprenez-le une fois pour toutes

et quittez ce pays. Si vous continuez à faire des vagues, on ne vous épargnera pas.

— Si vous appreniez quelque chose...

— N'y comptez pas ; je vous demande une grâce : cessons toute relation.

— Votre aide fut inestimable.

Pâle et tendu, le colonel Zakaria raccompagna Mark.

Naguib Ghali était garé en face du quartier général provisoire ; deux soldats, à l'uniforme impeccable, en gardaient l'entrée. Dès son arrivée, Zakaria avait ordonné de désinfecter et de repeindre les locaux habituels. En attendant, il avait installé son bureau dans un immeuble administratif du centre-ville.

Mark traversa la rue et se laissa tomber sur le siège de la Peugeot, comme un coureur de marathon parvenu au terme de son effort.

— Du nouveau ? demanda Naguib Ghali.

— Oui, la vérité.

— Alors, tu sais qui a tué Hélène.

Le colonel Zakaria sortit de l'immeuble, en compagnie de son aide de camp. Une Ford blanche, sa voiture de fonction, décolla du trottoir et s'immobilisa devant le nouveau chef de la sécurité d'Assiout.

Au moment où l'aide de camp ouvrait la portière, la camionnette Toyota qui avait guidé le taxi freina à la hauteur de la Ford. Ni Zakaria ni les soldats n'eurent le temps de se servir de leurs armes ; debout à l'arrière de la camionnette, les islamistes les abattirent au fusil d'assaut et s'éloignèrent en hurlant : « Allah est le plus grand ! »

Mark serra Mona dans ses bras.

Les tendres yeux vert clair ne pleuraient pas ; maquillée avec distinction, vêtue d'un corsage blanc et d'une jupe noire, la jeune veuve était d'une dignité touchante.

— L'armée m'a appelée... Raconte-moi.

— Ton mari a été tué sur le coup. Un commando terroriste bien entraîné.

— Assiout... C'était un piège !

— La ville est incontrôlable ; le prédécesseur de Zakaria avait été supprimé de la même manière.

— Il gênait ; les purges qu'il effectuait au sein de l'armée, afin d'en chasser les intégristes, se révélaient trop efficaces. Sa hiérarchie l'a trahi.

— Je suis responsable. S'il n'avait pas découvert que les assassins d'Hélène étaient une unité d'élite en mission officielle...

Sidérée, Mona s'écarta.

— En avait-il la preuve ?

— Sa conviction s'étayait sur un rapport ; il ne lui manquait plus que le nom du responsable.

— Mais pourquoi, pourquoi...

— Je crois le connaître ; c'est un nommé Kamel qui a tenté de me manipuler et de faire passer Hélène pour une alliée des terroristes.

— Une machination ?

— L'un de ces coups tordus dont n'importe quel service secret est friand ; Hélène n'a été qu'un pion sur un échiquier dont elle ignorait jusqu'à l'existence. Il est clair que Kamel développe une stratégie dont j'ignore les buts. C'est un ignoble criminel mais à présent, c'est moi le chasseur. Il ne m'échappera pas.

— Pas de folies, je t'en supplie ! Dois-je te rappeler qu'Hélène et Zakaria sont morts ? Quitte l'Égypte, il n'existe pas d'autre solution.

— Toi, me conseiller une pareille lâcheté ?

— Je ne veux pas te perdre, Mark ; t'estimes-tu assez fort pour lutter seul contre les services secrets ?

— Je me suis juré de venger Hélène ; si je renonçais, je serais moins que Kamel. Comment vivre, lorsqu'on trahit la parole donnée ?

— Tu aimeras toujours Hélène, n'est-ce pas ?

— Je n'ai pas le droit de te mentir.

Le gardien et sa famille avaient travaillé avec une ardeur certaine, malgré la chaleur et la fatigue du ramadan ; les traces de la fouille effectuée par les sbires de Kamel étaient presque effacées.

Mark se réfugia dans la contemplation de la photo de sa fiancée.

La vérité établie, sa relation avec elle se renforçait ; ne lui avait-elle pas offert le meilleur de son existence ? Elle resterait à jamais une promesse de bonheur sans lequel l'avenir ne serait que ténèbres. Son âme voguait-elle dans l'éternité ou ne survivrait-elle que dans les souvenirs de Mark ? La venger était le seul moyen de rendre la justice.

Il s'installa dans son bureau, illuminé par un soleil généreux, et réfléchit à la manière de tuer Kamel qui n'avait cessé de lui mentir, avec une assurance diabolique.

David contre Goliath... Le combat semblait perdu d'avance. Mais son adversaire ne soupçonnait pas l'intensité de sa haine ; froide, indestructible, elle serait son inspiratrice et créerait les moyens de briser les murs de la forteresse derrière laquelle se cachait un tueur lâche.

Le regard de Mark s'attarda sur un dossier traitant des nuisances agricoles imputables au barrage d'Assouan. Conséquences « secondaires », d'après les experts que payait le gouvernement. Pourtant, constats, enquêtes sur le terrain, chiffres, prospectives se révélaient accablants.

Un instant, il fut tenté de jeter le document au panier ; mais c'eût été déposer les armes aux pieds du monstre. Il relut chaque page du dossier, biffa des redites, ajouta des précisions, cocha les passages à développer. Se prenant au jeu, il redevint quelques heures le chercheur passionné, engagé dans un combat vital pour l'avenir de l'Égypte.

De sa documentation, il tira un article virulent qu'il adresserait aux grands journaux américains et européens ; quelques scientifiques commençaient à reprendre ses analyses, mais leurs voix étaient encore couvertes par les défenseurs inconditionnels du barrage. L'homme ne reconnaissait pas facilement ses erreurs, surtout de cette taille-là.

Quoiqu'il n'y eût pas de preuves du contraire, Mark

demeurait persuadé que le monstre était à l'origine de ses malheurs. En se cachant derrière le drame et le crime, il poursuivait son œuvre de destruction ; malgré sa taille et son poids, il savait se faire oublier, comme s'il était indispensable au paysage et garant de la prospérité d'un peuple. Dans cet affrontement de nature magique, il faudrait que Mark devînt l'un de ces sorciers capables de déplacer les montagnes.

L'appel à la prière, diffusé par des haut-parleurs agressifs, interrompit son travail ; malgré le jeûne, les musulmans n'étaient pas dispensés des postures rituelles. Mark monta sur la terrasse afin d'admirer les couleurs du couchant qui argentait le Nil. Vidé de sa substance nourricière par le haut barrage, le fleuve divin songeait-il, lui aussi, à se venger ?

Le téléphone sonna.

Mark n'avait pas envie de répondre ; en raison de l'insistance de son correspondant, il décrocha.

— C'est toi, Farag ?
— Je désire te voir, le plus vite possible.
— Grave ?
— Très grave et très urgent.
— Dînons ensemble, aussitôt après la rupture du jeûne.
— Rendez-vous à « La Vallée du Nil ».

31.

L'explosion d'une canalisation d'eau retarda Mark ; malgré son habileté, Naguib Ghali s'était empêtré dans un embouteillage d'autant plus bruyant que les conducteurs, affamés et assoiffés, avaient hâte de rentrer chez eux. Il fallut pousser les véhicules dont les moteurs s'étaient noyés et se frayer un passage.

Le taxi-médecin semblait plus détendu qu'à Assiout.

— Avec trente centimètres d'eau dans les rues, sur plusieurs kilomètres, la nuit commence bien ! Ton rendez-vous est vraiment urgent ?

— Farag m'attendra ; il sait que je viendrai, coûte que coûte.

— Ses articles font grand bruit ; il fustige les intégristes, les traite de passéistes et d'ennemis de l'islam ! Sacré courage... Remarque, il ne ménage pas le président non plus : trop mou avec les islamistes, débordé par l'opposition et les membres de son propre parti, incapable d'entreprendre les réformes indispensables... Ton ami ne fait pas dans la dentelle.

— Comment réagit la population ?

— Elle souhaite que Farag Moustakbel devienne ministre et réduise la misère et le chômage.

— Si on le laissait agir, il en serait capable.

— La rue plaide en sa faveur ; à mon avis, malgré ses critiques envers le gouvernement, sa nomination ne saurait tarder. Dis-moi, Mark... tu me jugeras peut-être

trop curieux, mais j'aimerais connaître le résultat de notre expédition à Assiout. Je l'ai mérité, non ?
— Autrement dit, le nom de l'assassin d'Hélène ?
— Je pourrais peut-être t'aider à le coincer.
— Non, Naguib ; tu as déjà pris trop de risques à cause de moi.
— Le poisson est énorme.
— Énorme et redoutable.
— Alors, renonce.
— Ce n'est pas dans ma nature.

Un bulldozer, soulevant des gerbes d'eau, écarta une camionnette et une Fiat ; Naguib Ghali sortit du bourbier et s'engagea dans la brèche.

« La Vallée du Nil » n'était pas un établissement gastronomique, mais un petit restaurant populaire où l'on consommait des boulettes de viande et des brochettes. Farag Moustakbel était assis à la terrasse ; dans ses mains puissantes, il serrait un verre de jus d'orange.

Mark jaillit du taxi et vint s'asseoir à côté de l'industriel.

— Pardonne mon retard : une inondation qui ne doit rien à la crue.

Farag Moustakbel ne sourit même pas ; Mark ne l'avait jamais vu dans un tel état de tension.

— Tes articles ne passent pas inaperçus ; on parle de toi comme d'un futur ministre.

— Moi ou un autre, peu importe ; il est grand temps de réagir contre la folie, l'injustice et la corruption afin de regagner la confiance du peuple et de l'écarter de l'intégrisme. Grand temps... ou trop tard.

— Pourquoi ce découragement ? Il ne te ressemble pas.

— Depuis quelques jours, j'ai obtenu des résultats plutôt positifs ; le gouvernement prend enfin conscience que la répression ne suffit pas et qu'il doit assainir l'économie. S'il parvient à briser la mécanique financière de l'intégrisme, la propagande religieuse s'affaiblira.

De telles perspectives auraient dû susciter l'enthousiasme ; pourtant, Farag Moustakbel, crispé, gardait les yeux baissés.

— J'ai quand même tenté de savoir qui était Kamel, avoua-t-il d'une voix hésitante ; je voulais t'aider.

— Qu'as-tu appris ?

— Un pseudonyme, bien sûr, mais la description du personnage a permis à l'un de mes amis de l'identifier. Kamel a bien reçu la mission de démanteler les réseaux terroristes, par n'importe quel moyen ; il est sans doute le seul haut fonctionnaire égyptien dont la hiérarchie n'exige pas des dizaines de rapports sur ses activités ; seul le résultat compte.

— Ses hautes fonctions ne l'empêchent pas d'être un assassin.

— Qui t'a mis cette idée en tête ?

— Grâce au colonel Zakaria, j'ai obtenu la vérité ; Kamel a ordonné à des soldats d'élite de massacrer un car entier de touristes. En attribuant cette boucherie aux intégristes, il espérait que l'opinion publique prendrait parti contre eux.

— Malheureux Zakaria... Il n'avait aucune chance de s'en sortir. Assiout est une poudrière.

Farag Moustakbel avala sa salive, comme si ses propres paroles lui brûlaient la bouche.

— Tu te trompes ; n'oublie pas que ce drame n'a eu aucune publicité.

L'argument troubla Mark, sans entamer sa certitude.

— Zakaria a eu accès au dossier ; ce sont des soldats qui ont tiré, non des intégristes déguisés.

— Je ne prétends pas le contraire.

— Qu'as-tu de si grave à me communiquer ?

— Kamel n'ouvre pas une enquête au hasard ; c'est un professionnel efficace et pointilleux. Il a mis la main sur toi avec un but précis.

— M'utiliser comme courrier dans ses combines sordides ou quelque chose d'analogue ; il est tombé sur un os. J'ai rompu tout contact avec lui et n'ai plus qu'un désir : venger Hélène en le tuant.

— La situation est beaucoup plus complexe.

— Au contraire, elle n'a jamais été aussi claire.
— Tu dois m'écouter, Mark.
Farag Moustakbel ôta ses lunettes et posa la paume de sa main gauche sur ses yeux clos.
— Ce matin, je me suis entretenu avec l'un de mes contacts du ministère de l'Intérieur, l'un de mes plus fidèles amis. Il connaît nos liens, il n'ignore rien de tes démarches contre le barrage, il était informé de ton prochain mariage. C'est pourquoi il tenait à me montrer un document. Mark...

La voix de l'industriel tremblait, comme s'il était en proie à un malaise.

— Mark, je n'ai jamais eu tâche plus pénible à accomplir.
— Parle, je t'en prie.
— Que savais-tu d'Hélène, avant de la rencontrer ?
— Entre nous, aucune ombre ; elle savait tout de moi, je savais tout d'elle.
— Même qu'elle s'était convertie à l'islam, voici plus de trois ans, ici, en Égypte ?

Mark n'entendit plus le babillage des clients du restaurant. Précipité dans un gouffre, il se mordit les lèvres au sang.

À l'évidence, Farag divaguait.

— Ta fiancée ne se contentait pas de ses convictions religieuses ; elle avait des contacts réguliers avec un Tchèque, un nommé Pavel, lui aussi converti à l'islam. Non seulement elle était sa maîtresse, mais encore elle participait avec lui à des réunions intégristes.

Mark regardait le spectacle de la rue sans le voir.

Un policier renonçait à régler la circulation et allumait une cigarette, un cireur de chaussures désœuvré mastiquait une galette, des chiens se disputaient un cadavre de moineau, des jeunes faisaient éclater un pétard.

Une femme voilée entra dans « La Vallée du Nil », chercha quelqu'un, ressortit.

— Hélène et Pavel se sont convertis à Assiout, continua Farag Moustakbel ; ils appartenaient à une cellule d'intellectuels qui prône la création d'un État islamique en Égypte et l'application de la loi coranique.

— C'est insensé...
— J'ai traité mon ami de menteur, j'ai tenu à voir moi-même les pièces du dossier... Et je les ai vues.
— Un trucage.
— Non, Mark ; une enquête minutieuse et bien menée. Plusieurs indicateurs, des faits, des vérifications incontestables.
— Pourquoi la police ne les a-t-elle pas arrêtés ?
— Identifier, sur notre sol, les Occidentaux favorables au fondamentalisme musulman n'est pas si facile ; leur seule erreur fut la conversion. Sans le témoignage d'un Copte d'Assiout, les autorités n'auraient rien su. Elles attendaient que ta fiancée et son complice passent à l'action, afin de les prendre en flagrant délit et de monter l'affaire en épingle.
— Hélène m'a peut-être caché son engagement religieux, mais il ne faisait pas d'elle une terroriste !
— À l'heure actuelle, le soutien intellectuel aux islamistes est un acte de terrorisme. Et puis... Hélène n'était pas spécialiste de l'environnement.
— Comment le sais-tu ?
— Une semaine avant sa mort, nos services de renseignement ont obtenu une certitude. Elle avait effectivement de grandes compétences mais... dans le domaine des explosifs.

Mark agrippa Farag par les épaules et le contraignit à se tourner vers lui ; l'industriel n'osa pas le regarder.
— Elle ne m'a pas menti, pas elle...
— Il faut oublier, Mark, tout oublier. Tu as aimé un fantôme.

Le cœur au bord des lèvres, Mark se leva et se précipita aux toilettes.

Une forte odeur d'urine, un cabinet douteux, des mouches agressives, un évier sale.

Plié en deux, les poings enfoncés dans son estomac, il vomit, avec l'espoir de se vider de son être.

Une formidable déflagration, un souffle qui le plaqua contre le mur, des morceaux de plafond qui lui tombèrent sur la tête... « La Vallée du Nil » venait d'exploser.

32.

Couvert de plâtre et de poussière, le front et les mains écorchés, Mark se releva.

L'explosion continuait de résonner dans ses oreilles ; du pied, il poussa la porte des toilettes, fendue en deux ; elle s'écroula sur un morceau de gravats.

Sur le sol, des corps ensanglantés.

– Farag !

Titubant, il enjamba les cadavres, à la recherche de son ami.

Dans la rue, la panique. On hurlait, on appelait au secours, on courait en tous sens. Mark trébucha, se retint à un pilier en béton chancelant, reprit son exploration. Les jambes arrachées, une femme gémissait.

Farag Moustakbel avait été projeté sur la chaussée ; son dos n'était plus qu'une plaie. La tête était presque séparée du cou.

Mark s'agenouilla et lui prit la main, comme s'il pouvait lui redonner vie. Une main inerte, qui n'écrirait plus d'articles contre le fanatisme.

Cohue et désordre s'emparaient de la place el-Tahrir, des cris de désespoir emplissaient le restaurant dévasté. Le regard de Mark se posa sur le groupe de gamins qui avaient fait exploser un pétard. Immobiles sous un lampadaire, ils regardaient le spectacle.

L'Américain se dirigea vers eux ; l'un prit ses jambes à son cou, les autres restèrent. Il s'adressa au plus âgé, le chef de la bande, au regard vif et intelligent.

– Qu'as-tu remarqué, avant l'explosion ?
– Une femme voilée est entrée dans le restaurant.
– Ça t'a étonné ?
– D'habitude, les femmes qui dînent là ne sont pas voilées. Et puis elle avait une sacoche noire à la main en entrant, pas en ressortant.

Mark la revit ; sa mémoire l'avait enregistrée, alors que Farag lui apprenait la vérité sur Hélène. Une femme élancée, jeune, dont la robe noire était presque élégante.

– Rien d'autre ?
– Si, mais...

Mark paya.

– Elle portait de belles chaussures rouges.

Quand il faisait l'amour avec Safinaz, elle gardait ses chaussures rouges jusqu'au dernier moment. Un grand bottier londonien les avait fabriquées sur mesure, elle en était plus fière que de ses bijoux.

– A-t-elle couru, en sortant du restaurant ?
– Non, elle est montée dans un taxi.
– As-tu noté son numéro ?
– La plaque était trop poussiéreuse ; mais il avait un gros Coran protégé par une couverture verte, bien visible derrière sa vitre. D'habitude, les exemplaires des chauffeurs de taxi sont plus petits.

Les premières voitures de police arrivaient, précédant une ambulance dont le moteur toussait ; au loin, les chants et les danses d'une belle nuit de ramadan.

La coutume voulait qu'un musulman fût enterré le jour même de sa mort ; en raison de la chaleur et de l'état du cadavre, le médecin légiste s'était contenté d'un bref examen et avait délivré le permis d'inhumer. Les causes de la mort ne faisaient aucun doute. Aussi les funérailles de Farag Moustakbel avaient-elles été organisées dès le lendemain matin, dans un cimetière de Gizeh, proche du quartier où il était né. Entre les immeubles qui bouchaient la vue, la grande pyramide de Khéops affirmait son immortalité, malgré les blessures que lui infligeaient les humains.

Cousins, amis et relations d'affaires composaient l'assistance; seuls les hommes étaient autorisés à suivre le cercueil. Le mort avait été lavé, parfumé et enveloppé dans sept linceuls blancs après que ses narines et ses oreilles eurent été bouchées avec du coton imbibé d'eau de rose, ses chevilles liées ensemble et ses bras croisés sur la poitrine.

Bien qu'il ne fût pas musulman, Mark aida à déposer le cercueil sur le sable; la sauvagerie de son regard eût dissuadé quiconque de l'en empêcher.

L'officiant tira légèrement le couvercle, afin de faire apparaître le visage du défunt; un homme pieux répondit pour lui à l'interrogatoire rituel.

— Quel est ton Dieu?
— Allah.
— Quelle est ta religion?
— L'islam.
— Quel est son prophète?
— Mahomet.

Ainsi, le ressuscité donnerait-il les bonnes réponses aux anges qui le questionneraient à la porte du paradis.

L'officiant prononça une dernière fois la prière des morts: « Nous appartenons à Dieu, nous devons retourner à Lui. Il n'est de Dieu qu'Allah, et Mahomet est son prophète. »

On ferma le cercueil, on le glissa dans le tombeau et l'on se dispersa, presque avec indifférence; en Orient, la mort ressemblait à un accident prévu de longue date. Au défunt de prouver sa vertu en franchissant, après le jugement dernier, le *sirat*, un pont plus fin qu'un cheveu et plus tranchant qu'un sabre.

L'Américain resta seul dans le cimetière. Seul avec l'âme torturée de son ami Farag, seul avec les conséquences de ses révélations.

— Comment, parti?
— Parti.

Le voisin de Naguib Ghali était formel : le taxi-médecin et sa famille nombreuse avaient déménagé la veille au soir, après le repas. Une nuit de ramadan, on roulait mieux.

— Sais-tu où ils sont allés ? demanda Mark...

Le voisin, un petit employé du chemin de fer, père de neuf enfants, se gratta l'oreille.

— Naguib ne me l'a pas dit.
— Vous en êtes bien sûr ?
— Il m'a même dit de ne pas le dire.

Mark lui donna cent livres égyptiennes ; de quoi améliorer l'ordinaire.

— Donc, tu l'ignores.
— Moi, oui, mais mon fils aîné lui a donné un coup de main.
— Naguib lui a-t-il révélé sa nouvelle adresse ?
— Non, mais le fils aîné de Naguib a parlé avec le mien ; ce sont de bons copains, ils n'avaient pas envie de se perdre de vue.

Malgré le soleil, la cité satellite, composée de HLM de vingt étages, était aussi déprimante que ses homologues occidentales. Des cubes de béton, déjà décrépis, s'entassaient sur des fondations dont chacun savait qu'elles n'avaient pas été prévues pour un tel poids. Les bureaucrates corrompus ne s'attardaient pas sur ces détails techniques sans importance ; plus il y avait de locataires, plus le bakchich versé par le constructeur, pour truquer les permis, était gros. Quant à ce dernier, il avait intérêt à réduire ses frais, en ne se préoccupant ni de la qualité des matériaux ni de la solidité de la construction.

La cité où avait emménagé Naguib Ghali était un peu plus luxueuse et un peu moins sale que les autres ; privilège temporaire, mais appréciable. Aucune des tours n'était terminée, de manière à éviter l'impôt sur les bâtiments achevés.

Entre les blocs, l'habituelle kyrielle de gosses jouant avec des ordures, de chiens errants et de femmes portant des provisions sur la tête ; la majorité était voilée.

Portant une galabieh marron et un turban blanc, les pieds nus dans des sandales, Mark s'assit sur le rebord d'un trottoir, près de la voiture de Naguib Ghali. En déambulant dans le quartier, il n'avait pas mis longtemps à la repérer ; son Coran bénéficiait à présent d'un superbe écrin de velours vert. Lorsque le médecin aurait fini de dîner, il reprendrait probablement son véhicule pour faire son second métier. S'il préférait se reposer, il réapparaîtrait le lendemain matin.

Mark avait l'éternité devant lui.

Le prenant pour un pauvre entre les pauvres, un vieillard lui offrit une assiette de fèves chaudes, un gâteau aux pistaches et un verre d'eau. Mark le remercia et appela sur lui la bénédiction d'Allah.

Vers vingt-trois heures, Naguib Ghali s'approcha en sifflotant. Guilleret, il introduisit la clé dans la serrure de la portière.

— Ne bouge pas, ami ; je suis armé et n'hésiterai pas une seconde à tirer.

Le sifflotement s'interrompit.

— C'est toi, Mark ?
— Surpris, on dirait. Tu ne pleures pas ma mort ?
— Je ne comprends pas...
— La clé.
— Qu'est-ce que...
— La clé, ou je t'abats comme un porc.

Le médecin obéit.

— Installe-toi au volant, Naguib.

Mark contourna la voiture et prit place à côté du conducteur.

— Démarre, prends la première à gauche et va droit devant toi.
— Mais... C'est le désert !
— C'est là où nous allons.
— Tu as l'air furieux.
— Roule.

Naguib Ghali s'exécuta.

— Qu'est-ce qui se passe ?
— Tu aurais pu m'avertir, pour ton déménagement ; ce fut soudain.

— Une opportunité...
— Tu as de la chance.
— Ce n'est pas un crime.
— Ce qui l'est, c'est d'avoir transporté une tueuse qui venait d'assassiner Farag Moustakbel et plusieurs innocents.

Le médecin freina.

— Continue, ordonna Mark.
— Tu es vraiment armé ?
— Mes mains suffiront à t'étrangler.

Naguib Ghali repartit ; de part et d'autre de la route, des décharges. Le désert devenait une gigantesque poubelle.

— On t'a vu, place el-Tahrir, près du restaurant ; tu as chargé cette terroriste. Surtout, n'invoque pas le hasard.
— Tu as... Tu as prévenu la police ?
— Tu es complice d'un massacre.
— Je n'en peux plus ; arrêtons-nous.
— L'endroit me convient.

Herbes coupantes, épineux, bidons rouillés et seringues. Ici aussi, la drogue sévissait.

— Ne me rends pas responsable, Mark ; les islamistes m'ont mis le grappin dessus. Leur principal ennemi étant Farag Moustakbel, ils avaient décidé de le supprimer. J'étais contraint de leur signaler ses déplacements ; sinon, ils auraient tué mes enfants, un à un. Après t'avoir déposé à « La Vallée du Nil », je les ai prévenus de la présence de Moustakbel ; cette fois, ils ont agi.
— Tu m'avais condamné à mort, comme Farag.
— Pas moi, Mark, eux ! Si ta famille avait été menacée, tu te serais comporté comme moi.
— La tueuse... C'était Safinaz, mon ancienne maîtresse ?

Le médecin serra son volant.

— Puisque tu le sais...
— Qui te manipulait, Naguib ?
— Les islamistes, je te l'ai dit.
— Je veux des noms.

— Ne me demande pas ça.
— Grâce à toi, je devrais pourrir dans un cercueil ; je veux le nom de la personne qui t'a contraint à devenir un salaud.
— Ta fiancée, Hélène.

33.

Mark était perdu.

Il croyait avoir retenu le chemin emprunté par Kamel, mais ne parvenait plus à retrouver l'impasse. Sans négliger l'avertissement de l'Égyptien et le danger mortel que représentaient ses gardes du corps, il devait renouer le contact.

Dans les demeures musulmanes, le dîner battait son plein ; la quatrième nuit du ramadan était aussi joyeuse que les précédentes. Les banquets faisaient oublier l'attentat : dix morts, vingt blessés graves. La photo de Farag Moustakbel figurait en première page des journaux, accompagnée de rubriques nécrologiques fort différentes selon la tendance des quotidiens ; les uns déploraient la disparition d'un homme courageux, représentant d'un islam libéral, les autres se félicitaient de l'élimination d'un ennemi de la vraie foi.

Un angle de mur en pierre, une maison délabrée avec un balcon branlant au dernier étage, un épicier... L'impasse se rapprochait. Il se trompa, revint sur ses pas ; grâce à la lueur d'une lanterne de ramadan, il repéra enfin l'entrée du boyau obscur dont il ne distinguait pas le fond.

Kamel ne plaisantait pas ; les hommes chargés de surveiller son refuge n'hésiteraient pas à tirer. Mark n'avait pas envie de mourir avant d'obtenir la lumière sur le complot dont il était la victime.

Son ami d'enfance, Naguib Ghali, s'était enfui ;

l'amour d'Hélène n'avait été qu'un piège diabolique. Kamel demeurait le seul point d'ancrage auquel se raccrocher.

Mark hésita pendant plus d'une demi-heure; il se persuada que la menace resterait à l'état de menace, que les gardiens l'identifieraient et qu'ils ne l'abattraient pas froidement. Ils lui laisseraient le temps de s'expliquer.

Un gamin le tira par la manche.

— Tu as un message pour Kamel?

Pieds nus, en pyjama rayé, rigolard, le gosse tendait la main. Mark y déposa cinq livres égyptiennes et un feuillet sur lequel il écrivit: « Je désire vous voir d'urgence. »

— Si tu tiens à ta peau, recommanda le gosse, attends ici.

— Avancez.

L'Américain n'avait pas entendu venir l'homme qui lui braquait une arme dans le dos. Il obéit, passa devant les murs lépreux et les rideaux de fer des boutiques abandonnées, marcha sur les vieux papiers et les bouteilles en plastique.

Son accompagnateur s'identifia auprès des gardiens que Mark n'aperçut qu'au dernier moment; ils le poussèrent dans le trou qui donnait accès au couloir. Une faible lumière lui permit de progresser jusqu'à la porte blindée.

— Entrez et refermez derrière vous, dit Kamel d'une voix tranquille.

Le même enchantement.

Mark leva les yeux vers la coupole ornée de vitraux colorés, les abaissa vers le sol de mosaïque bleu et blanc, contempla les statues égyptiennes, s'apaisa à l'écoute du chant de la fontaine en granit rose. Un magicien avait créé cette architecture, soumettant l'espace à son rêve.

— Soyez le bienvenu; je commençais à dîner. Souhaitez-vous vous joindre à moi?

Mark s'assit sur des coussins confortables, face à

son hôte, vêtu d'une galabieh bleue ; entre eux, sur des plateaux de cuivre, des brochettes d'agneau, du poisson frit et pané, de la salade et une soupe de lentilles.

— Ce soir, je ne travaille pas ; c'est pourquoi j'ai adopté une tenue décontractée. À la réflexion, les vêtements modernes ne sont pas seyants.

— J'avais besoin de vous parler.

— Vous ne me surprenez pas.

— Je ne baiserai pas la main que je ne peux mordre, mais je vous dois des excuses.

— Je vous sais gré d'avoir assimilé les règles du savoir-vivre arabe ; pourtant, ce repentir est excessif.

— J'ai cru que vous mentiez.

— Vous n'aviez pas tout à fait tort ; l'omission volontaire peut être classée dans la catégorie du mensonge. Du champagne ?

— J'ai envie de boire, de trop boire.

— Vous avez donc admis la véracité de mes informations.

— Avant de mourir, Farag Moustakbel m'a parlé d'Hélène, de sa conversion à l'islam et de sa complicité avec Pavel.

— Comment a-t-il obtenu ces renseignements ?

— Par l'un de ses amis, au ministère de l'Intérieur.

— On a doublé ma propre enquête, comme souvent, révéla Kamel ; nous avons abouti à la même conclusion, mais pas à la même stratégie. Lorsque les hauts fonctionnaires chargés de la sécurité du territoire m'ont demandé mon avis, j'ai conseillé d'attendre une bonne occasion ; Hélène Doltin ne se comportait-elle pas comme un agent de liaison, chargé de « réveiller » des terroristes volontairement endormis ? Certains militaires, hélas, manquent de sang-froid ; plus elle s'agitait, plus ils prenaient peur. Ils ont décidé d'intervenir quand votre fiancée, son amant tchèque, leur ami anglais et cinq complices d'Europe de l'Est, également spécialistes des explosifs, ont établi leur jonction dans un car de touristes. Le haut commandement, persuadé qu'ils se disperseraient après cette conférence au sommet, donna un ordre : interception. De service en service, l'ordre est devenu : élimination. Personne n'a tué votre fiancée, sinon une mécanique administrative. L'honnêteté la plus élémentaire m'oblige à avouer que j'aurais moi-même ordonné l'élimination de ce groupe terroriste, dès que les circonstances m'auraient paru favorables. Puisque j'ai cerné les véritables activités d'Hélène Doltin, vous pouvez me considérer comme son meurtrier.

Kamel versa du champagne dans une coupe en argent et l'offrit à son hôte ; Mark le regarda droit dans les yeux et accepta.

— Je suis le plus sinistre des idiots ; Hélène a dû beaucoup rire.

— Vous l'aimiez ; cela ne justifie-t-il pas toutes les erreurs d'appréciation ?

— Pourquoi m'a-t-elle choisi comme pigeon ?

— Vous êtes ce que les techniciens appellent une « couverture » parfaite ; votre épouse, luttant à vos côtés contre le haut barrage, quelle magnifique image et quel superbe rideau de fumée ! Seul un esprit sceptique ne se satisfaisait pas d'un tableau aussi idyllique.

— Elle n'aurait pas osé se marier...

— Bien sûr que si. Vous êtes un homme attachant, monsieur Walker ; votre épouse, après avoir collaboré à l'instauration d'une république islamique, aurait bien fini par vous convertir. Connaissant votre amour de l'Égypte, elle savait que vous n'auriez pas d'autre choix.

— Pourquoi ne pas m'avoir dit la vérité, lors de notre première rencontre ?

— Parce que vous ne m'auriez pas cru ; vous deviez la découvrir vous-même, pas à pas.

Kamel avait raison ; si Farag Moustakbel n'avait pas mis le poids de l'amitié dans la balance, Mark serait resté enfermé dans ses illusions.

— Le combat de Farag est devenu le mien, déclara-t-il ; il ne sera pas mort pour rien.

— Tant de drames ne vous ont-ils pas brisé ?

— J'ai identifié son assassin.

Kamel resservit du champagne.
- Beau travail; vous êtes plus rapide que la police.
- Un coup de chance.
- Si vous me révélez ce nom, nous devenons collaborateurs à titre officiel; êtes-vous conscient du danger?
- Safinaz, l'épouse de Mohamed Bokar. Elle fut ma maîtresse; je n'ai découvert son fanatisme que peu de temps avant son mariage.
- Passionnant; mieux vaut ne pas l'arrêter sur-le-champ. La disparition de votre fiancée et de quelques-uns de ses complices n'a pas mis fin à l'action des terroristes; tant que je ne connaîtrai pas leurs objectifs précis, le danger subsistera. Confidence pour confidence, le commando soudanais est arrivé à Assiout; de là, il gagnera Le Caire.
- À Assiout, j'ai rencontré Mohamed Bokar pour la deuxième fois; il ne désespère pas de me convaincre de la justesse de sa cause, et de m'utiliser comme propagandiste. Pourquoi n'investissez-vous pas cette ville? Il s'y comporte comme en terrain conquis.
- Il y aurait des centaines de morts, les intégristes se soulèveraient dans tout le pays; nous ne sommes pas capables de vider l'abcès d'Assiout. L'essentiel est d'empêcher ce commando de mettre son plan à exécution.
- En utilisant les Coptes?
- Des hommes comme Youssef sont indispensables, en effet; mais ils se heurtent à leur hiérarchie religieuse qui refuse la violence et souhaite maintenir un dialogue pacifique avec les islamistes. Je crains que Youssef ne parvienne pas à mettre sur pied une résistance armée capable de résister au torrent intégriste; le temps ne joue pas pour lui.
- Vous disposez donc d'un autre levier.
- Lorsqu'on examine une chaîne, il convient de rechercher le maillon le moins solide. Or le réseau de Mohamed Bokar présente un point faible, un médecin qui fait le taxi la nuit pour compléter son salaire.
- Naguib Ghali?

– L'une de vos relations cairotes, je crois ?

– Il fut mon ami, avant de devenir le jouet des islamistes ; c'est Hélène qui l'a enrôlé.

– Félicitations pour votre enquête.

Mark vida sa coupe et se resservit lui-même ; Kamel buvait un jus de fruits.

– Naguib Ghali est un personnage singulier, déclara l'Égyptien ; il est né à Assiout, dans une famille pauvre, et s'est passionné très jeune pour la médecine. Comme ses parents n'avaient pas les moyens de lui payer des études, il a tenté l'aventure. Au Caire, il a mendié ; à quatorze ans, il a été recueilli par un guide qui l'a logé, nourri et éduqué. Grâce à lui, Naguib est entré à la faculté et a obtenu son diplôme. L'horizon s'est éclairci : un métier, une femme à sa dévotion, bonne épouse et bonne mère, plusieurs enfants, des revenus non déclarés provenant de son activité de taxi... Une misère acceptable. Mais la déferlante intégriste ne l'a pas épargné ; après les ingénieurs, les avocats et les chirurgiens-dentistes, les médecins se sont prononcés en majorité pour la stricte application de la loi islamique. Si Naguib Ghali souhaitait obtenir un poste bien payé à l'hôpital, il devait faire preuve de son engagement religieux. Voilà pourquoi il est devenu un zélé serviteur de son syndicat ; pendant la dernière assemblée plénière, il a déclaré : « Le peuple comprend que les modèles occidentaux sont néfastes ; l'espoir se trouve dans le Coran, et nous contribuerons à la création d'une république islamique en Égypte, car c'est le chemin voulu par Allah. »

Mark but le calice jusqu'à la lie ; Naguib n'avait pas cessé de lui mentir et de l'espionner.

– Ghali vous suivait à la trace ; moi, je le faisais surveiller en permanence.

– Vous savez donc que j'ai découvert son nouveau domicile et que je l'ai interrogé.

– Encore une démarche brillante à votre actif.

– Il m'a roulé, j'ai cru en ses boniments.

– Naguib Ghali est devenu un rouage important de l'organisation terroriste que nous devons démanteler ;

l'interroger à fond est nécessaire. L'arrivée du commando soudanais à Assiout nous contraint à sortir de la phase d'observation. À ce stade, vous pourriez m'être utile.

— Ne comptez pas sur moi pour torturer Naguib, même si c'est une pourriture !

— Sa femme et ses enfants ont quitté Le Caire pour l'Espagne ; grâce à l'argent que lui ont versé les intégristes, il a payé le voyage et organisé l'accueil à l'arrivée.

— Sans que vous soyez informé ?

— J'ai laissé faire. Comme Naguib Ghali adore sa famille, cela signifie qu'il l'a mise à l'abri avec l'intention de la rejoindre au plus vite.

— Autrement dit, il déserte !

— Après votre entretien, il a disparu.

— N'était-il pas sous surveillance ?

— L'équipe chargée de le filer connaissait mal l'immeuble où il venait d'emménager ; il en est sorti par un appartement du rez-de-chaussée, dont un mur était à moitié effondré, et a volé une voiture.

— La chasse a commencé ?

— Acceptez-vous d'être l'un des chasseurs ?

Après tant de coups reçus, le moment n'était-il pas venu d'en distribuer ? Au-delà de cette réaction que ses ancêtres auraient approuvée, il devait respecter l'idéal de Farag Moustakbel. C'était une guerre qu'il mènerait, un combat sans merci contre les ténèbres.

— Repérer Naguib Ghali ne sera pas facile, reprit Kamel ; il connaît Le Caire à la perfection. De plus, les terroristes ne tarderont pas à apprendre sa tentative de fuite et tenteront de l'intercepter. À nous d'être plus rapides et de lui proposer une monnaie d'échange : des informations contre un billet d'avion. Ce type de torture vous convient-il ?

Mark acquiesça.

— Comment procéder ?

— J'ai retrouvé la trace du protecteur de Naguib Ghali. Un homme traqué se tourne souvent vers le peu d'amis sûrs qui lui restent ; celui-là en est un. Peut-être sait-il où se cache son fils adoptif, peut-être ont-ils conversé récemment sur les projets de Naguib.

— Qui est-il ?

— Il s'appelle Koubi, est âgé de plus de quatre-vingts ans et travaille comme guide sur le plateau de Gizeh. Soyez là-bas demain en fin d'après-midi et contactez-le. Il pratique une spécialité originale, vous verrez.

34.

Du Hilton sortit une procession bruyante, précédée par un orchestre jouant du tambourin et de la flûte. À sa tête, un musicien déguisé en Écossais ; il portait un kilt et maniait la cornemuse avec une habileté certaine. Une dizaine d'enfants, costumés comme des petits princes, soulevaient tant bien que mal la traîne de la robe blanche de la mariée.

Les riches familles cairotes continuaient à célébrer les mariages avec un maximum de faste, dans les hôtels de luxe de la capitale ; oubliant la montée de l'intégrisme, les femmes exhibaient des robes de grands couturiers, des rivières de diamants et des bijoux en or. En une seule soirée était dépensé ce qu'une centaine de petits fonctionnaires gagnaient en un an. Mais la nuit du ramadan, chaude et joyeuse, se prêtait à l'insouciance, et les pauvres auraient droit à quelques restes.

Afin de se dégriser, Mark avait beaucoup marché. La mission définie, Kamel s'était intéressé à sa lutte contre le barrage ; intarissable, l'Américain lui avait démontré point par point la nocivité du monstre.

L'errance ne dissipait pas l'angoisse ; quel crédit accorder à Kamel ? Le maître du jeu, c'était lui. Il distillait l'information à sa guise et ne prononçait pas un mot au hasard ; sous la politesse et la convivialité se dissimulait un être sans émotions, inébranlable. Mark n'était qu'un pantin entre ses mains.

Et si l'Égyptien avait menti de bout en bout ? Si Hélène était bien une victime, une femme merveilleuse, une... Mark revit le cadavre ensanglanté de Farag Moustakbel. Lui n'avait pas menti... À condition qu'il n'ait pas été manipulé par Kamel, dispensateur de fausses preuves.

La tête de Mark bouillonnait ; il s'assit sur un banc.

Un jeune homme, vêtu à l'occidentale, s'approcha.

— Pourquoi tu marches à pied ? Il fait trop chaud ; si tu veux, je te loue une cochonne pour pas cher.

Selon la coutume, Mark discuta le prix et aboutit à un accord ; la cochonne, à savoir une Mercedes d'avant 1976, lui donnerait une indispensable autonomie, quels que fussent les risques de la conduite.

Le hasard ou une initiative de Kamel ? Le véhicule semblait en bon état. Mark tourna plusieurs fois autour du même pâté de maisons ; on ne le suivait pas. En apparence, l'Égyptien le lâchait dans la nature.

Hélène, Safinaz... Était-il maudit ? Voulant en avoir le cœur net, il appuya sur l'accélérateur, grilla les feux rouges et pila devant l'immeuble où habitait Mona.

À peine fermait-il sa portière qu'un *mounadi*, un surveillant de voitures en stationnement, lui proposa ses services. Grâce à lui, le véhicule ne risquait aucun dommage ; le mounadi écarterait les voleurs, empêcherait la police de mettre un PV pour un motif quelconque et déplacerait la Mercedes en cas de nécessité.

L'Américain lui remit ses clés ; le bakchich, dont le mounadi abandonnerait une partie au patron du quartier, serait versé au retour du conducteur.

Mona ne dormait pas.

— Mark ! Je suis si heureuse...

— Tu es seule ?

— Je n'avais envie de voir personne.

Elle portait un déshabillé en soie vert clair, de la couleur de ses yeux ; il n'avait jamais osé penser que Mona était aussi séduisante.

— Je n'ai pas grand-chose à te proposer... de la soupe et du jus de fruits. Depuis la mort de Zakaria, j'ai oublié de faire les courses. Hier, j'ai eu ma fille au téléphone ; elle se sent libre, me supplie de quitter l'Égypte et de la rejoindre.

— Lui as-tu appris la mort de son père ?
— Elle s'y attendait ; à son avis, je suis condamnée, comme lui.
— Tu devrais l'écouter.
— Et toi, tu pars ?
— Hors de question.
— Quelle est ta vraie mission, Mark ?

La question qu'il redoutait.

En la posant, Mona se trahissait ; elle aussi voulait savoir pour mieux le piéger.

Il la prit par les épaules.

— Quel maître sers-tu ?
— Tu me fais mal !
— Réponds, Mona.
— Tu n'es plus toi-même... Pourquoi cette violence ?
— Tout le monde m'a dupé.
— Pas moi, Mark !
— Pourquoi me questionnes-tu sur ma vraie mission ?
— Parce que je t'aime.

Elle se blottit contre lui.

— Hélène était le diable, révéla-t-il ; elle voulait m'entraîner en enfer. Farag fut assassiné à cause d'elle et de ses complices ; ma vraie mission, c'est de poursuivre la lutte contre l'intégrisme.
— Tu n'as pas le droit de t'exposer ainsi.
— Farag a montré le chemin.
— Aimes-tu l'Égypte à ce point ?
— Je lui dois mes plus grandes joies ; si ce pays sombre dans le fanatisme, l'équilibre du monde sera menacé. Ce n'est pas seulement un régime politique que le fondamentalisme musulman veut détruire, mais aussi quatre mille ans d'histoire et de civilisation, une magie, une spiritualité qu'il hait parce qu'elles le dépassent. J'ai été aveugle ; le sacrifice de Farag m'a ouvert les yeux.
— Alors, nous partageons le même idéal ?

Dans les yeux verts brillait la passion ; le déshabillé glissa, dénudant l'épaule droite et la naissance du sein.

— Hélène se dresse-t-elle encore entre nous ?

Mark dénuda l'épaule gauche. Le vêtement de soie continua à glisser, s'immobilisa un instant sur la pointe des seins, puis s'affaissa, dévoilant le corps somptueux de la jeune femme.

Elle enlaça Mark avec tant d'ardeur qu'il en vacilla.

— Je suis heureuse, si heureuse !

Ils firent l'amour jusqu'à l'aube, d'abord comme des adolescents découvrant un continent inconnu, puis comme de vieux amants sachant jouir de chaque élan de tendresse, en se jouant des secrets de leur désir.

Épanouie, rieuse, Mona embrassa Mark sur le front.

— Dans la deuxième sourate du Coran, il est écrit : « Durant la nuit du ramadan, je déclare pour vous licite de faire l'amour à vos femmes » ; le jour se lève et le jeûne commence. Tu n'as plus le droit de me toucher.

— Je ne suis pas musulman.

— Je dois sauver ton âme de païen.

Elle lui échappa et se réfugia dans la cuisine d'où elle sortit, quelques minutes plus tard, avec du café, des toasts et de la confiture.

Alors qu'elle posait le plateau sur une table, il l'enserra par la taille.

— C'est interdit, Mark !

— Ma religion m'impose d'honorer une femme nue et amoureuse.

— Je t'en prie... Ne m'oblige pas à trahir ma croyance.

— Habille-toi ; sinon, je ne réponds de rien.

À regret, Mona revêtit son déshabillé vert clair.

— Cet appartement est le tien, chéri ; voici une clé, viens quand tu veux et demande-moi ce qui te sera nécessaire.

Mark avait tout raconté à Mona, attentive à chacune de ses paroles. N'avait-elle pas accompli un miracle en le purifiant de son passé et en lui redonnant le goût de l'amour ?

Au moment où l'ascenseur s'ébranlait, il se

demanda s'il ne venait pas de commettre une nouvelle erreur. Naïf, une fois de plus ? Le proche avenir lui répondrait ; si son instinct l'avait trompé, il paierait sa stupidité au prix fort.

Garée au même endroit, la cochonne n'avait subi aucun dommage. Mais pas de mounadi en vue.

Une femme voilée, drapée dans sa longue robe noire, marcha dans sa direction ; les talons de ses chaussures rouges martelaient le trottoir. Dans sa main droite, les clés de la Mercedes.

– C'est cela que tu cherches ?
– Tu es devenue une criminelle, Safinaz.
– Je suis fière d'avoir exécuté un adversaire de l'islam ; demain, l'Égypte entière connaîtra mon nom.
– Tu regrettes sans doute de m'avoir raté.
– C'est Allah qui t'a épargné ; prouve-Lui ta reconnaissance en te convertissant à la vraie foi. Sans Sa miséricorde, tu ne serais plus qu'un cadavre. Occupe le reste de ton existence à Le remercier.
– Tu as assassiné mon meilleur ami et massacré des innocents.
– Allah accueille les martyrs en son paradis et envoie les impies en enfer ; hâte-toi de choisir ton camp.
– Rends-toi à la police, Safinaz.
– Bientôt, elle m'obéira.
– Tu divagues.
– Allah ne t'épargnera pas une seconde fois.

Mark saisit le poignet de Safinaz et s'empara des clés de la Mercedes.

– Ne porte pas la main sur moi !
– Je t'emmène.

Avec une force surprenante, elle se dégagea et tenta de le griffer au visage, oubliant qu'elle portait des gants noirs.

Les badauds commençaient à s'attrouper et à murmurer ; Mark perçut leur hostilité. Un Occidental rudoyant une musulmane... À un contre dix, cinquante puis cent, il n'avait guère de chances de les convaincre qu'il arrêtait une terroriste.

Consciente de sa supériorité, Safinaz ne s'enfuit pas ; elle appela au secours, exigea que l'on châtiât son lâche agresseur.

L'Américain se précipita dans sa voiture et démarra, obligeant un groupe de jeunes à s'écarter.

35.

Deux ou trois fois par jour, pendant des périodes de plus en plus longues, la douleur devenait insupportable ; Koubi était obligé de s'allonger, le regard braqué sur la grande pyramide de Khéops, et d'attendre que la souffrance s'estompe. Un mal incurable, qui avait tué son père et l'emporterait bientôt ; dans sa quatre-vingt-septième année, nul besoin de consulter un médecin pour savoir qu'il lui restait moins d'un an à vivre. Les crises iraient en se rapprochant et en s'accentuant.

Koubi décida de faire son métier pendant deux jours encore, puis de se retirer dans son jardin secret, connu de lui seul. Faire son métier... Il ne consistait plus qu'à méditer, au pied du géant de pierre dont le sommet touchait le ciel et se perdait dans la lumière de l'été. Depuis le début des attentats terroristes, les touristes désertaient l'Égypte ; le carnage de « La Vallée du Nil » avait fait l'objet de reportages télévisés dans le monde entier, semant la panique chez les candidats au voyage.

Naguère, des hordes de visiteurs prenaient d'assaut la grande pyramide et se bousculaient dans ses couloirs ; chameliers, vendeurs de faux scarabées, loueurs de chevaux se précipitaient sur eux, au moment où ils descendaient des cars climatisés, entassés sur un parking trop petit où régnait une agitation permanente.

Aujourd'hui, le vide et le silence ; même le « son et

lumière » avait été interrompu. Seules des rondes de police troublaient le calme du plateau de Gizeh, écrasé de chaleur.

Bien que la désaffection des touristes le réduisît à la misère, Koubi goûtait la paix ressuscitée. Plus de cris, plus de cavalcades, plus de bruits de moteur... Le site retrouvait sa majesté.

Un Occidental venait vers lui.

Une allure de prince, le visage buriné, le front large : cet homme-là n'était pas un touriste ; il avait un pas souple et précis, habitué aux pièges d'un sol inégal. Ami ou ennemi ?

— La miséricorde d'Allah soit sur vous, dit le vieillard.

— Je suis à la recherche d'un guide nommé Koubi.

— Vous l'avez trouvé.

— Mon nom est Mark Walker.

— Vivez-vous ici depuis longtemps ?

— Je suis né en Égypte. Les autres guides m'ont parlé de votre fabuleux exploit : l'ascension et la descente de la grande pyramide en sept minutes !

— C'est un peu excessif, mais la légende repose sur un fond de vérité. À mon âge, je grimpe encore, malgré l'interdiction officielle. Il faut bien connaître le chemin, guetter l'heure idéale et s'entendre avec la police touristique.

— J'aimerais que nous parlions de Naguib Ghali.

Le vieillard tâta les poils blancs d'une barbe mal rasée.

— L'un de vos amis ?

— L'un des meilleurs amis ; au Caire, lorsqu'il était disponible, je n'avais pas d'autre chauffeur de taxi. Sa famille a quitté l'Égypte, Naguib a disparu. Je dois le retrouver ; sinon, il mourra.

— Si nous grimpions ? Là-haut, c'est si beau !

Pieds nus, le vieillard fit preuve d'une extraordinaire dextérité. Il choisit une arête et emprunta le chemin le moins épuisant, passant d'un bloc à l'autre sans hésitation ; Mark se contenta de mettre ses pas dans ceux du guide. Vingt minutes plus tard, ils s'asseyaient côte à côte au sommet de la grande pyramide.

D'un côté, l'agression de la modernité, avec ses immeubles en béton, menaçant, dévorant le désert et grimpant vers le plateau des pyramides, les fumées des usines, la pollution rongeant des pierres millénaires ; de l'autre, une vaste étendue de sable ocre, la « terre rouge » où se cachaient les dieux, chassés des villes. Autour de la demeure d'éternité de Kheops, les tombeaux de ses grands dignitaires formaient une cour de fidèles ici-bas et dans l'au-delà.

— Est-il endroit plus magnifique ? interrogea Koubi. Ici, l'homme et le ciel sont réunis ; des liens invisibles les unissent, des liens que les anciens savaient discerner et renforcer. Sans communion avec la lumière et les étoiles, notre existence n'a aucun sens et ne mérite que l'anéantissement. Mon père m'enseignait que chaque pensée et chaque action devait entrer dans la suite des planètes infatigables qui parcourent le cosmos ; les bâtisseurs de pyramides avaient capté les puissances célestes, parce qu'ils respectaient la loi divine. Aujourd'hui, nous la foulons aux pieds et nous crevons de bêtise et de médiocrité.

Mark était fasciné ; il buvait ces paroles venues d'un autre monde, presque disparu.

— Nous voilà bien loin de Naguib Ghali, estima le vieillard. Je l'avais oublié, je crois.

— Non, protesta Mark ; on n'oublie pas celui qu'on a élevé comme son propre fils.

— Il a suivi son chemin.

— Lui qui aime tant sa propre famille devait vous vénérer ; je suis persuadé qu'il vous rendait visite régulièrement.

— Seriez-vous curieux ?

— Parfois.

— Et si vous étiez un ennemi de Naguib ?

— Il fut le complice de l'assassinat d'un homme admirable, Farag Moustakbel, qui luttait contre l'intégrisme musulman ; je poursuivrai sa lutte. Naguib détient des renseignements que je souhaite obtenir en échange de son départ pour l'étranger.

Mark avait peut-être eu tort de se dévoiler, mais

mentir à ce vieillard lui était impossible. Koubi déployait un tel magnétisme qu'il écartait toute dissimulation.

– Naguib était un bon gamin, mais trop indécis; se laisser aller au fil du vent est un art difficile, réservé à des êtres sans attache.

Le vieux guide se leva.

– La tolérance accordée par la police touristique est dépassée; nous devons redescendre.

Il ne parlerait pas; Mark avait échoué.

Koubi savoura chaque instant de la descente, car elle serait la dernière; sa maladie ne l'autorisait plus à accomplir de tels efforts. Il les paierait d'une nuit de souffrances.

Il caressa chaque bloc, l'embrassa, le remercia de lui avoir donné tant de bonheur pendant de si belles années. Lui disparaîtrait, la pyramide subsisterait.

L'expédition terminée, Mark voulut payer son guide.

– Gardez votre argent; rendez-vous au premier étage de Pyramid Markets, sur l'avenue des Pyramides, après la rupture du jeûne.

La route des Pyramides, reliant Le Caire au plateau de Gizeh, était la proie d'une circulation intense. Fréquents, les accidents causaient d'énormes embouteillages; quant aux piétons, ils couraient un risque certain en tentant de traverser l'avenue. Nombre d'entre eux, renversés par des voitures sans freins, y laissaient la vie. Les gamins s'amusaient pourtant à narguer les véhicules, en les évitant au dernier moment, à la manière d'un torero; parfois, la bête mécanique se montrait plus rapide.

Pour les islamistes, l'avenue des Pyramides était un lieu de débauche; n'y trouvait-on pas cabarets et boîtes de nuit où d'impudiques danseuses du ventre excitaient des Occidentaux lubriques et même des Égyptiens sans moralité? Plusieurs attentats avaient eu lieu contre ces établissements qui offensaient Allah; tous finiraient dans les flammes.

Mark gara la cochonne devant un magasin vendant des papyrus, pâles imitations des modèles anciens ; il confia les clés de la voiture au mounadi qui ne manqua pas d'offrir ses services, puis marcha en direction de Pyramid Markets.

Endroit sinistre. Lampadaires en panne, trottoir défoncé, magasins délabrés, rideaux de fer baissés et troués, tas de gravats, amoncellements de briques destinées à des immeubles inachevés, façade brûlée d'un « casino » où ne s'entasseraient plus des impies.

Pyramid Markets avait été un grand magasin ; il n'en restait que du béton sali et des fenêtres brisées. Mark se demanda si Koubi ne s'était pas moqué de lui ; personne n'habitait dans cette ruine. Néanmoins, il grimpa l'escalier encombré de morceaux de verre, de papiers gras transportés par le vent et de fragments de parpaings. Au premier étage, une vaste surface que jonchaient des débris métalliques ; lors de la fermeture définitive, les habitants avaient récupéré mille et un objets, à l'exception d'un canapé éventré.

– Koubi ?

Personne ne répondit.

Mark patienta, à l'écoute du moindre bruit ; la lumière lunaire dessinait des ombres inquiétantes.

Sur la gauche, une porte claqua ; un courant d'air fit voleter des lambeaux de journaux.

– C'est bien, dit une voix derrière lui ; vous avez osé...

– Grâce à vous, j'espère retrouver Naguib Ghali.

– Venez.

Koubi guida Mark ; ils empruntèrent un escalier intérieur, descendirent dans une cave, passèrent d'un immeuble à l'autre, ressortirent dans un jardinet envahi par les ronces ; au fond, une modeste maison en brique, recouverte de palmes.

– Personne n'est venu ici depuis vingt-trois ans, révéla Koubi ; depuis le départ de Naguib, je vis seul. Un bon garçon, trop influençable... Tomber sous la coupe des islamistes est un terrible malheur. Je ne l'avais pas éduqué pour qu'il finisse ainsi... Êtes-vous musulman ?

— Non.
— Chrétien.
— Non plus.
— Pas de religion ?
— Je crains que non.

— Tant mieux ; les religions conduisent les hommes en enfer, après leur avoir promis le paradis. Moi, je suis le dernier juif du Caire.

Koubi avait fait cette révélation ahurissante d'une voix sereine, comme s'il s'agissait d'une confidence sans importance.

— Personne ne le savait, à part Naguib ; lorsque nous nous sommes revus, il y a moins d'un mois, au sommet de la pyramide de Khéops, il m'a annoncé sa décision de sortir du guêpier. D'abord, expédier sa famille en Espagne, puis la rejoindre, oublier l'islam. Il n'a aucune chance, le malheureux ; si un musulman cesse de l'être, il devient un apostat, passible de la peine de mort. On est musulman à jamais, sans possibilité de se rétracter.

— Où se cache-t-il ?
— J'accepte de vous révéler l'endroit, à condition que vous me rendiez un service.
— Lequel ?
— Sauver mon trésor le plus précieux.
— Vous avez ma parole.

Koubi dégagea une dalle, dissimulée sous la terre battue ; il la souleva à l'aide d'un anneau et en sortit un livre relié.

— C'est mon exemplaire familial de la Thora, transmis de père en fils depuis des siècles ; je suis le dernier et je ne veux pas qu'il se perde. Offrez-le à la plus grande synagogue d'Amsterdam où mon grand-père a vécu ; là-bas, il sera en sécurité. Jurez-le, la main sur le texte sacré, et que Dieu vous maudisse si vous mentez !

Mark jura.

— Prenez la Thora, ordonna Koubi, serrez-la contre vous ; elle protège les justes.

Épuisé, accusant brutalement le poids des ans, le

vieux juif s'assit sur le sol, les jambes croisées à la manière d'un scribe de l'ancienne Égypte.

– Naguib manquait sans cesse d'argent. Son salaire de médecin et ses revenus de taxi ne lui suffisaient plus, ces derniers temps ; il s'est lancé dans le commerce de la drogue. Les Cairotes en consomment une belle quantité, de manière discrète. Les principales transactions s'effectuent dans le quartier situé au bas de la citadelle ; c'est là qu'un de ses clients a dû le cacher. J'aimerais dormir, à présent ; demain sera une rude journée. Surtout, respectez vos engagements.

– Comptez sur moi.

Koubi se sentait apaisé ; dès le premier instant, Mark lui avait inspiré confiance. Entre ses mains païennes, le livre sacré serait en lieu sûr.

Le vieillard ferma les yeux et revécut les moments de bonheur vécus sur cette terre de lumière qu'il ne s'était pas résigné à quitter, préférant le silence et la solitude à l'exil. Lorsque l'ivresse de la mémoire fut à son comble, il se leva et sortit d'un coffre en bois peint un revolver qu'il avait utilisé en 1943 contre les nazis.

Koubi ne se sentait plus de taille à lutter contre le cancer et le fanatisme ; sans trembler, il se tira une balle dans la tête.

36.

Mona sauta au cou de Mark.

Le jeûne était rompu, la nuit s'ouvrait à l'amour ; dans la chaleur de l'été égyptien, leurs corps s'enchantèrent. Il était l'arbre, elle la liane ; de sa douceur et de sa fougue naquit un plaisir aux mélodies magiques.

Nus dans l'obscurité, ils murmuraient, comme s'ils craignaient d'être surpris.

— Reverras-tu ce vieux juif ?
— Je le mettrais en danger.
— Ici, sa Thora est en sécurité.
— Impossible de la poster ; la douane ouvre souvent les paquets. Je l'emporterai dans mes bagages, lors de mon prochain voyage en Europe.
— Pour Naguib Ghali, ne tente pas le diable ; transmets le renseignement à Kamel.
— Non, Mona ; je m'en occupe moi-même.
— Pourquoi ?
— Naguib était mon ami, il t'a soignée ; je veux qu'il ait sa chance. Si Kamel lui met la main dessus le premier, il ne lui délivrera certainement pas un billet d'avion.

Inquiète, Mona savait qu'elle ne parviendrait pas à convaincre Mark de renoncer à ses projets insensés.

— Le quartier de la Citadelle est dangereux.
— À cause des drogués ?
— Parfois, ils deviennent fous.

— Je ne débarquerai pas là-bas comme un touriste... Existe-t-il des lieux de transaction notoires ?
— Deux hôtels, l'Horus et le Cléopâtre.
— La police les surveille ?
— Les policiers touchent un bakchich sur le montant des transactions ; ils ont intérêt à ce qu'elles se développent.
— Va pour l'Horus ; puisse le dieu faucon me prêter son œil perçant.

Mark rentra chez lui à la fin de l'après-midi du sixième jour du ramadan.
Sous le palmier de sa propriété, dont le vert s'alliait aux ors du couchant, Kamel fumait une Dunhill mentholée.
— J'ai pris la liberté de m'inviter chez vous, dit-il à Mark ; j'espère que vous ne m'en tiendrez pas rigueur.
D'une élégance hautaine dans son costume blanc en lin, l'Égyptien semblait détendu ; l'acuité de son regard démentait cette apparente décontraction.
— Vous a-t-on servi une boisson fraîche ?
— J'ai préféré un thé à la menthe. Je viens de prendre connaissance d'un communiqué des Gamaat Islamiyya, faxé de Peshawar, au Pakistan, à destination des agences de presse du Caire ; le texte annonce que « les balles répondront aux balles, les violences aux violences ; les entrepreneurs étrangers doivent liquider leurs investissements en Égypte au plus vite et rentrer chez eux ». C'est signé « Mohamed Bokar ».
— Se serait-il réfugié là-bas ?
— Bokar pratique à merveille l'art du trompe-l'œil ; il n'a pas quitté Assiout.
— Un vent de panique, en ville ?
— Hélas, oui ! De plus, ce matin, des Coptes ont été tués à l'arme automatique, dans deux bourgades de haute Égypte. Officiellement, nous contrôlons la situation.
— Officiellement...
— Il m'est venu une idée saugrenue ; n'auriez-vous pas songé à prendre une initiative très personnelle en

suivant seul la piste de Naguib Ghali ? Une ancienne amitié engendre parfois des comportements irrationnels ; le plus sage serait de me relater votre entretien avec Koubi, sans omettre des détails dont la valeur pourrait vous échapper.

— Je suppose que vous me faites suivre en permanence.

— Détrompez-vous ; votre voiture de location n'a même pas été équipée d'une balise. J'aime accorder une initiative franche à mes collaborateurs, fussent-ils occasionnels ; elle augmente leur responsabilité et les incite à un maximum de prudence.

Mentait-il, dissimulait-il une partie de la vérité ?

— Naguib Ghali exerce une troisième activité, celle de pourvoyeur de drogue.

— Trafic en pleine expansion, reconnut Kamel ; plus notre monde est difficile à supporter, plus mes compatriotes, riches ou pauvres, tentent de l'oublier. En tant que chauffeur de taxi, votre ami a noué les contacts indispensables et s'est formé une clientèle fidèle. Koubi était-il informé du terrain de prédilection de son fils adoptif ?

— Le quartier près de la citadelle.

Kamel parut ennuyé.

— Un endroit difficile à pénétrer... Je crains que votre mission ne s'arrête là.

— En qui d'autre Naguib aurait-il confiance ? Si vous souhaitez vraiment obtenir de lui des renseignements, laissez-moi tenter ma chance.

— Ne la sollicitez pas trop ; vous n'êtes pas un professionnel.

— Ne me forcez-vous pas à le devenir ?

— Vous me prêtez des intentions machiavéliques.

— Ai-je tort ?

— Les réactions des drogués sont imprévisibles.

— Existe-t-il un autre moyen de renouer le contact avec Naguib Ghali ?

— De fait, c'est vous qui avez obtenu le meilleur résultat.

— Eh bien, souhaitez-moi bonne chance.

Kamel se garda d'apprendre à Mark que le vieux guide s'était suicidé ; la nouvelle eût été mauvaise pour son moral.

Mark portait une galabieh grise, sans col, à manches longues et lui tombant jusqu'aux chevilles. Il salua le propriétaire de l'hôtel Horus avec les formules rituelles ; l'autre, méfiant, marmonna quelques mots de bienvenue. Le front bas, le visage épais, les lèvres grasses, une voix de fausset, il n'aimait pas recevoir des étrangers.
— Je n'ai pas de chambre libre.
— Pour moi, si.
— Une bonne raison d'insister ?
— Des achats à effectuer ; mes clients m'ont chargé de la transaction.
— Quantité ?
— Importante.
— C'est pressé ?
— Le plus tôt sera le mieux.
Mark remit à l'hôtelier une forte somme, bakchich indispensable pour continuer la discussion.
Son interlocuteur ne cessait de le dévisager, se demandant si l'inconnu appartenait à la police ; c'eût été la première tentative de ce genre dans ce quartier où le commerce de la drogue apparaissait comme licite. Il suffirait à l'hôtelier de prendre des renseignements auprès du gradé dont il payait la protection.
— Chambre 35, troisième étage ; je vais voir si j'ai ce qu'il vous faut.
Mark avait respecté point par point la procédure d'approche que lui avait indiquée Kamel ; de la fenêtre de la petite chambre au mobilier fatigué, il observa le quartier de la Citadelle où s'entassaient 70 000 habitants au kilomètre carré dans des maisons à moitié effondrées, le toit surchargé de détritus. Les ruelles de terre battue, encombrées jour et nuit, ressemblaient aux galeries d'une fourmilière.

À la tête du lit, un exemplaire du Coran. Mark eut le tort d'éteindre la lumière, de s'allonger et de tenter de dormir ; aussitôt, cafards et punaises sortirent de leurs tanières. Impossible de lutter ; il ralluma, essaya de se laver les mains. Aucune goutte d'eau ne sortit du robinet, dominant un évier ébréché ; dans beaucoup de quartiers, elle ne dépassait pas le premier étage.

Mark passa la sixième nuit du ramadan assis sur une chaise, la lumière allumée.

Installé dans une minuscule salle de restaurant, au dernier étage de l'hôtel, il but un café et dégusta une galette remplie de fèves chaudes. À sept heures du matin, les passants soulevaient un nuage de poussière, les marchands vantaient la qualité de leurs produits et les ménagères reprenaient leur errance en quête d'une nourriture bon marché.

L'hôtelier s'assit en face de Mark.
— Toujours décidé à acheter ?
— Toujours.
— Vos clients, ce sont des riches ?
— Plutôt.
— Vous êtes nouveau dans le métier ?
— Plus ou moins.

Le patron de l'hôtel Horus était détendu ; son informateur lui avait affirmé qu'aucun policier ne tentait d'infiltrer le réseau. Acquérir un nouveau client augmenterait son chiffre d'affaires ; en ces temps difficiles, toute occasion méritait d'être saisie.

— Je ne négocierai pas avec n'importe qui, précisa Mark.

L'hôtelier fronça les sourcils.
— Qu'est-ce que ça signifie ?
— Je sais que Naguib Ghali vend la meilleure qualité. Je n'ai pas droit à l'erreur ; mes clients ne me le pardonneraient pas.
— L'idée n'est pas mauvaise ; Naguib est un fournisseur honnête. Malheureusement, je n'ai pas un contact direct ; il y aura des frais supplémentaires...

Une liasse de livres égyptiennes changea de main ; l'hôtelier sembla satisfait.

— Naguib n'est pas facile à joindre, mais je vais essayer.

La matinée s'écoula.

À midi, les haut-parleurs appelèrent les fidèles à la prière ; dans les rues, on déploya des tapis et l'on se prosterna.

Le rituel terminé, l'hôtelier frappa à la porte de la chambre de Mark ; ce dernier entrouvrit.

– Tenez-vous à l'entrée de la mosquée de Méhémet-Ali, après la prière de l'après-midi ; un ami de Naguib vous y parlera d'Omar.

37.

Al-ahram, le plus important quotidien d'Égypte, révélait en page intérieure que deux experts, l'un norvégien, l'autre autrichien, approuvaient sans réserves les idées de Mark Walker sur les conséquences désastreuses de la construction du haut barrage d'Assouan. Dans deux domaines au moins, elles prenaient l'allure d'une catastrophe : en haute Égypte, les paysans utilisaient de plus en plus d'engrais nocifs pour sauver les meilleures terres arables que la salinisation, autrefois lavée par la crue, rendait stériles ; en basse Égypte, les eaux salées de la Méditerranée, profitant de l'absence de limon formant un obstacle naturel, dévoraient les côtes et s'enfonçaient dans le Delta, menaçant à court terme de brûler des terres fertiles. Déjà, des routes avaient disparu et des villas en bord de mer s'étaient effondrées. Le Nil, stoppé dans son élan créateur à Assouan, n'avait plus assez de force pour célébrer ses noces avec la mer et consolider les franges du Delta avec des tonnes de limon. Le Delta serait englouti, des millions d'hommes reflueraient vers le Sud, région incapable de les nourrir.

Dès que Mark en aurait terminé avec Naguib Ghali, il contacterait les deux experts, dont le journal contestait les conclusions. Le barrage n'était peut-être pas tout à fait innocent, concédait un spécialiste, mais rien ne le remplacerait. Il fallait apprendre à vivre avec le progrès.

Ici comme ailleurs, en ce xxe siècle finissant, la mécanique de la bêtise fonctionnait à plein régime ; avec un acharnement inédit dans son histoire, l'homme fabriquait la corde pour se pendre.

Une vingtaine d'années auparavant, découvrir Le Caire du jardin en terrasse situé derrière la mosquée de Méhémet-Ali procurait un émerveillement. Non seulement le regard dominait la ville, mais encore découvrait-il, dans le lointain, la chaîne sacrée des pyramides édifiées dans le désert. En un instant, la contemplation de cette immensité, où la peine des hommes s'ouvrait sur l'éternité, délivrait l'âme de ses attaches mortelles.

La pollution brisait cette vision. Des fumées d'usines, souvent rabattues par les vents, empuantissaient l'atmosphère, chargée de gaz d'échappement provenant de véhicules mal entretenus et de plus en plus nombreux ; un nuage malsain, marron et gris, noyait les minarets, les coupoles et le sommet des immeubles modernes. Le Caire devenait irrespirable, s'enfonçant dans ce *smog* auquel les murs de la citadelle de Saladin n'opposaient qu'une défense dérisoire. La plupart du temps, les pyramides restaient invisibles, comme si leur influence protectrice ne s'exerçait plus sur une ville cancéreuse et incurable.

La mosquée de Méhémet-Ali, considéré comme le modernisateur de l'Égypte, avait été terminée en 1857. Entièrement recouvert d'albâtre, l'imposant édifice ne servait plus de lieu de culte ; passage obligé pour les touristes, il affichait un luxe d'une lourdeur oppressante. L'énorme coupole à pendentifs cherchait à éblouir le visiteur par ses dimensions, mais nulle émotion ne se dégageait d'une architecture trop pesante.

Quelques curieux déambulaient à l'intérieur de la mosquée désaffectée, s'attardant devant la chaire d'albâtre réservée aux prédicateurs. Mark s'assit près de l'entrée, tel un pèlerin fatigué.

Un homme costumé à l'européenne, âgé d'une cinquantaine d'années, trapu, le visage rond, s'approcha.

– Avez-vous entendu parler d'Omar ?
– Le deuxième khalife ?

— Omar était un pauvre et un juste, vivait dans une petite maison et dormait sous un arbre ; le malheureux manquait d'argent. J'espère que ce n'est pas votre cas.

— Soyez rassuré, mais je ne traiterai qu'avec Naguib Ghali.

— Il ne s'occupe pas des petites quantités.

— Il s'agit d'une grosse livraison.

— Paiement total à la commande.

— Entendu, mais n'essayez pas de me rouler.

— Ce n'est pas notre intérêt.

Le marchandage dura une demi-heure ; Mark paya.

— Rendez-vous ce soir, onze heures, à cet endroit.

L'homme remit à son client un bristol sur lequel était dessiné un plan ; après avoir exigé que Mark, les indications en tête, le déchirât, il pénétra dans la mosquée et leva des yeux admiratifs vers la coupole.

Des grues rouillées surmontaient un échafaudage métallique planté au milieu d'une mare puante ; près des fers à béton, une bétonneuse. À l'intérieur, un gosse dormait. Sur la gauche, des tas d'ordures brûlaient nuit et jour ; sur la droite, derrière un tas de briques, une cabane de tôles rouillées.

À onze heures moins dix, Mark en franchit la porte.

Les deux occupants, des hommes jeunes, mal rasés, alimentaient un petit brasero et fumaient des boulettes de résine de cannabis.

— Je voudrais voir Naguib Ghali, comme convenu.

L'un des deux hommes s'étendit sur le sol de terre battue, l'autre prépara une nouvelle boulette.

— C'est Omar qui t'envoie ?

— Exact.

— On ne te connaît pas, par ici.

— Maintenant, tu me connais.

— Qu'est-ce que tu désires, comme marchandise ?

— Pas la saloperie que tu fumes.

— Tu as tort ; elle satisfait des flics, des fonctionnaires et même un directeur de prison.

— J'ai acheté la qualité supérieure.

— Je n'ai rien d'autre.

– Toi, tu ne m'intéresses pas ; j'ai passé un marché avec Naguib Ghali.

– Il ne peut pas venir.

La main gauche du drogué plongea dans la poche de sa galabieh ; Mark l'agrippa par le poignet, l'empêchant de sortir un couteau.

– Tu tentes de doubler Naguib, petite crapule !

Mark plaça la main du drogué au-dessus du brasero ; il appela son compagnon à la rescousse, mais ce dernier, perdu dans ses rêves, demeura inerte.

– Si tu mens, je te grille les doigts un à un.

– Ça va, tu es un type sérieux... Naguib t'attendra à une heure du matin, à la porte Bab el-Azab... Le seul problème, c'est une augmentation.

– J'aurai l'argent. Mais plus d'embrouilles, ou je reviens te faire la peau.

La porte Bab el-Azab, l'un des accès de la citadelle, n'était guère éloignée de l'hôtel Horus ; avant de s'y rendre, Mark se reposerait dans sa chambre. Cette fois, il avait une bonne chance de retrouver Naguib Ghali.

Encore faudrait-il se montrer convaincant.

Mona Zaki s'était contentée d'un gâteau de riz ; malgré l'épreuve du jeûne, qu'elle respectait avec rigueur, elle n'avait pas faim. Pour calmer son angoisse, elle écouta le concerto pour clarinette de Mozart et continua à écrire son livre sur la nécessaire libération de la femme arabe. Elle-même n'était-elle pas tombée dans le piège de la soumission aveugle à un mari qui trahissait sa confiance ? Sa mort avait libéré l'amour qu'elle éprouvait depuis si longtemps pour Mark. Mais le bonheur entrevu s'annonçait impossible ; aussi savourerait-elle chaque seconde de plaisir, comme si elle devait être la dernière.

On sonna.

Folle de joie à l'idée de se réfugier dans les bras de Mark, elle se précipita et ouvrit sa porte.

Son sourire se figea.

Sur le palier, un homme petit, gros et barbu, et une femme voilée.

— Qui... qui êtes-vous ?

Kaboul frappa Mona d'un coup de poing dans le ventre ; la jeune femme s'écroula. Il la poussa du pied à l'intérieur de l'appartement, pendant que Safinaz refermait la porte derrière eux.

— Regarde cette chienne, dit-elle ; un corsage, un jean, du maquillage... Une vraie Occidentale !

Kaboul agrippa Mona par les cheveux et l'obligea à se relever. Le souffle coupé, les yeux embués de larmes, elle se protégea le visage de ses mains. Ce geste dérisoire excita le bourreau ; il la frappa de nouveau au ventre.

— Partez, je vous en supplie !
— Quand tu auras parlé, nous partirons.

Safinaz lut quelques lignes du manuscrit ; rageuse, elle déchira les pages impies et cracha sur Mona.

— Fouille l'appartement, Kaboul ; il faut détruire tous les écrits de cette traînée.

Kaboul ne rechigna pas à la tâche et dévasta le local. Sous le lit de Mona, il dénicha un texte inattendu.

Il revint dans le salon, brandissant sa trouvaille.

— De l'hébreu ! hurla-t-il ; cette salope est juive !

D'un coup de pied dans le visage, il fit éclater les lèvres de Mona ; le sang éclaboussa le chemisier blanc.

— La Thora, constata Safinaz, stupéfaite.

La jeune intégriste feuilleta le livre maudit ; déchiffrant quelques mots d'hébreu, elle ne pouvait se tromper.

— Es-tu juive, Mona ?
— Non, non... Je suis musulmane, comme toi.
— Pourquoi possèdes-tu ce livre satanique ?
— Il ne m'appartient pas.
— Qui te l'a donné ?
— Je... je ne sais pas.

Kaboul la gifla ; Safinaz gratta une allumette, mit le feu à la Thora et la jeta sur Mona.

Brûlée au bras et à l'épaule gauche, la suppliciée hurla.

Secoué par un fou rire, Kaboul piétina les pages qui se calcinaient sur le corps de Mona ; elle se retourna, exposant son dos. Le barbu était aux anges.

— Qui ? répéta Safinaz.
— Mark... Mark Walker.
— Un allié des juifs et un espion sioniste ! J'aurais dû m'en douter. Tu couches avec lui ?

Mona ferma les yeux ; l'odeur du papier brûlé emplissait l'appartement. Kaboul arracha les lambeaux du chemisier.

— Pour quelle raison t'a-t-il confié cette Thora ?
— Il... Il voulait la rapporter en Occident.
— Où est-il ?
— Je l'ignore.
— Tu le sais.
— Non, je...

Du talon de sa chaussure rouge, Safinaz écrasa le sein gauche de Mona dont les cris amusèrent Kaboul.

— Viole-la, ordonna Safinaz.

Mona s'agrippa à la robe noire.

— Non, tu n'as pas le droit !
— Parle.
— Mark... Mark se trouve dans le quartier de la Citadelle.
— Pour quoi ?
— Rencontrer un informateur, à propos de la mort de sa fiancée.
— À quel endroit précis ?
— Il sera contacté à son hôtel.
— Son nom ?
— Le Cléopâtre.
— Qui est cet informateur ?
— Je l'ignore... je l'ignore, crois-moi !
— Je te crois, Mona, mais tu es une mauvaise musulmane. Repens-toi, avant de subir le châtiment d'Allah ; qu'Il te fasse prendre conscience de tes fautes et te ramène dans le droit chemin.

Safinaz cracha une seconde fois sur le corps supplicié.

— Viole-la, ordonna-t-elle à Kaboul, mais fais vite.

38.

La septième nuit du ramadan était aussi animée que les précédentes ; impossible de dormir, à cause des chants, des danses et des récitations du Coran. Dans ce quartier populaire, la rupture nocturne du jeûne donnait lieu à une véritable liesse, répétée tout au long du mois. La chaleur de l'été incitait nombre de familles à manger dehors et à décrire à haute voix les plats succulents qu'elles dégustaient ; les gens se mélangeaient, rieurs, oubliant leurs soucis.

Mark avait renoncé à éteindre la lumière, de peur de faire sortir de leurs cachettes des armées de cafards. Il buvait de l'eau minérale que le patron de l'hôtel Horus lui avait vendue à prix d'or, et tentait de se raccrocher à un avenir heureux : vaincre le barrage, sauver la Vallée des Rois et les chefs-d'œuvre de l'art égyptien, connaître le bonheur avec une femme. Par instants, le découragement le rongeait ; mais il lutterait, pour Farag Moustakbel, pour Mona, pour cette Égypte qu'il voulait sauver des folies de l'intégrisme et de la mort lente propagée par la haute digue.

Vanité d'une fourmi égarée dans un monde de géants qui l'écraseraient du pied, rêverie d'un pion que manipulait Kamel... Mark ne s'illusionnait pas. Mais s'il renonçait, s'il fuyait, son existence aurait été le plus dérisoire des échecs. La trahison d'Hélène l'avait plongé dans une tempête d'où seul un bon marin sortirait vivant ; elle l'obligeait à se révéler lui-même, à savoir s'il était digne de son idéal.

Une violente explosion fit trembler les murs de sa chambre.

Des cris stridents montèrent de la rue ; Mark se rua à la fenêtre.

Sur la gauche, à une cinquantaine de mètres, l'hôtel Cléopâtre n'était plus qu'un tas de ruines ; les trois étages s'étaient effondrés, ensevelissant une vingtaine de personnes. Un nuage de poussière s'abattait sur les sauveteurs, fouillant déjà les décombres. Des femmes gémissaient.

Mark dévala l'escalier et se précipita dans la rue, à la recherche des témoins. Il interrogea des gamins, plus amusés qu'effrayés ; ils avaient vu un homme et une femme voilée, sur une moto. Elle s'était arrêtée devant l'hôtel Cléopâtre, la femme avait jeté un paquet dans le hall. Presque aussitôt, une explosion. Une fillette, heureuse de gagner dix livres égyptiennes, précisa que la femme portait de très jolies chaussures rouges.

Assailli par d'autres enfants qui commençaient à raconter n'importe quoi, Mark se dégagea.

Le Cléopâtre, l'un des deux hôtels dont il avait parlé avec Mona. Elle seule savait qu'il avait choisi l'Horus, mais c'était le Cléopâtre que Safinaz avait fait sauter. Safinaz qui avait interrogé Mona, Mona qui avait eu le courage de lui donner un faux renseignement, afin de le sauver.

Dans quel état Safinaz et son complice, probablement Kaboul d'après les descriptions des gamins, avaient-ils laissé Mona ?

Mark consulta sa montre ; l'heure de son rendez-vous avec Naguib Ghali était arrivée. Il imagina Mona seule, blessée, agonisante... Il n'hésita pas.

Mark allongea doucement Mona sur son lit, nettoya ses lèvres ensanglantées.

Elle s'agrippa à son poignet.

– Mark, il m'a...

Il la serra contre lui.

— Qui ?
— La femme voilée l'appelait Kaboul.

Il continua à la nettoyer avec un gant de toilette, passa une pommade sur ses brûlures et caressa ses cheveux.

— Non, Mark, non ! Je me dégoûte... Tu ne peux plus m'aimer.

Il la serra plus fort, comme s'il pouvait lui faire oublier souillure et blessures.

— Pars, Mark, laisse-moi mourir.
— Je t'aime, Mona.

Elle osa le regarder.

— Tu mens, n'est-ce pas ?
— Je ne suis pas doué pour ce genre d'exercice.

Dans les yeux verts de la jeune femme, un abandon et une douceur qu'il craignait de ne plus retrouver. Enfin, elle pleura. Longtemps, si longtemps qu'elle sembla se libérer de sa souffrance.

— Tu sais, Mark, je comprendrais que tu t'en ailles et que tu ne veuilles plus jamais me revoir.

Il l'embrassa dans le cou, avec la fougue d'un adolescent ; elle l'enlaça.

— Nous devons quitter cet appartement, Mona. Grâce à toi, ils me croient mort, mais l'illusion ne durera pas. Ils reviendront te demander des comptes. As-tu la force de marcher ?

Elle se leva, en s'appuyant sur lui.

— Je dois prendre le temps de me laver.

Il la déshabilla et la porta sous la douche. Bien qu'elle attisât le feu des brûlures, l'eau chaude lui fit l'effet d'une source de jouvence. Mona se débarrassait de la peau d'une femme avilie. Sans cesser de regarder Mark les yeux dans les yeux, elle reprenait confiance en la vie.

Assommée par un calmant, Mona tenait à peine debout.

À trois heures du matin, un moment d'accalmie dans les rues du Caire. Gavés, les gens dormaient ; ils se réveilleraient avant l'aube, afin de se remplir l'estomac en vue d'une journée de jeûne.

Soutenant Mona, Mark se dirigea vers la Mercedes. Le court trajet lui parut interminable. Safinaz savait-elle déjà qu'il n'était pas mort dans l'attentat ? Kaboul remplacerait-il le mounadi chargé de veiller sur la voiture ? Mona lui avait révélé que les intégristes le considéraient comme un partisan des sionistes qu'il fallait supprimer au plus vite.

S'ils l'attendaient, il n'aurait ni la possibilité de se défendre ni celle de sauver Mona.

Pas après pas, il comprenait combien il tenait à elle. Dans ses relations amoureuses, il avait toujours été sincère ; de la plus sensuelle à la plus cérébrale, aucune ne s'était révélée riche de lendemains. Safinaz lui avait offert le feu d'une passion dévastatrice ; Mona lui donnait l'amour.

Le mounadi, ensommeillé, sortit de sa tanière et remit les clés de la voiture à son généreux client ; en marmonnant de vagues remerciements, il retourna dormir.

Malgré la douleur, Mona ne gémissait pas ; pourtant, le corps entier la faisait souffrir. Serrant les lèvres, elle s'allongea en chien de fusil sur la banquette arrière de la Mercedes.

– Où allons-nous ?

– Voir Kamel, l'agent secret chargé de lutter contre les terroristes. Je lui demanderai de te mettre en sécurité.

– Et toi ?

– Je verrai avec lui, mais je dois retrouver mon très cher ami Naguib ; comme Hélène, il m'a menti. Ensuite, je m'occuperai de Kaboul et de Safinaz, tes deux tortionnaires.

– Tu es fou, Mark !

– Il existe des injustices que l'on doit réparer.

– Tu ne referas pas le monde.

– Il faut quand même essayer.

– Reste auprès de moi.

– Il faut arracher la racine du mal... ou quitter l'Égypte.

– Ne me le demande pas.

— Toi aussi, tu veux changer le monde ; donc, nous sommes déjà deux.

Les paupières de Mona s'abaissèrent ; le calmant la plongeait dans la somnolence. Mark roula vite, jusqu'au Vieux Caire, et stationna à l'entrée du réseau de ruelles où se cachait le palais de Kamel.

Ne pouvant abandonner Mona, il sortit de la voiture et s'y adossa, les bras croisés. Quelques minutes plus tard, un gamin lui tira la jambe du pantalon. Mark lui remit un message comportant deux mots : « Très urgent ».

L'endroit était presque calme. Des hommes dormaient sur les trottoirs, des chiens errants fouillaient des tas d'ordures ; un vieillard, enveloppé dans ses haillons, chantonnait. Vigilant, Mark guettait le moindre mouvement anormal ; une voiture approcha, tous feux éteints, ralentit en passant près de la Mercedes, puis s'éloigna. Un âne, que deux hommes frappaient afin qu'il avance plus vite, tirait une charrette d'ordures dont les roues grinçaient.

Le gamin revint.
— Impossible.
— Comment, impossible ?
— Impossible.
— Explique-toi ; on t'a donné une raison.

Le gamin tendit la main, obtenant un bakchich supplémentaire.
— Impossible ! cria-t-il en s'enfuyant.

Désemparé, Mark s'installa au volant. Pourquoi Kamel refusait-il de le recevoir ? Peut-être était-il absent ? À moins qu'il n'ait plus besoin de lui, parce qu'il avait retrouvé Naguib Ghali ou que sa stratégie avait changé... Sur l'échiquier, le pion Mark Walker ne présentait plus d'intérêt. Privé d'un allier aussi puissant, pourchassé par un ennemi implacable, il n'avait plus qu'une seule solution.

La Mercedes roula vers le Mokattam. À l'approche de l'aube du huitième jour du ramadan, la procession des zâbbalin était aussi fournie que d'ordinaire. Chrétiens, les chiffonniers ne jeûnaient pas et continuaient à débarrasser Le Caire de ses ordures. Mark dépassa les charrettes et pénétra dans la cité puante formée de bidonvilles où jouaient des gosses crasseux. Comme la première fois, l'odeur âcre provenant de la combustion des ordures le fit tousser. Sans ralentir, au risque d'écraser un porc ou de percuter des trieuses de déchets, il traversa un rideau de fumée noire et dérapa sur le sol glissant. Le service d'ordre des zâbbalin entoura la Mercedes et la contraignit à s'immobiliser. Armés de bâtons et de barres de fer, ils firent signe à Mark de descendre.

— Je veux voir Youssef.

Plusieurs zâbbalin reconnurent Mark, et le nom de Youssef agit comme un sésame ; on palabra par habitude, puis l'on guida l'arrivant jusqu'à la maison en dur où il avait conversé avec le chef de la mafia des ordures.

Mark prit Mona dans ses bras et pénétra à l'intérieur du bloc de béton. Il déposa la jeune femme sur une banquette recouverte d'un tissu à fleurs. Au mur, la Vierge Marie continuait à veiller sur la pièce proprette ; grâce à un ventilateur, l'atmosphère était presque respirable.

Mona s'éveilla, inquiète ; Mark la calma, elle replongea dans la torpeur.

Le jour était levé depuis plus d'une heure quand Youssef fit irruption dans la pièce. Chemise rouge, pantalon blanc et chaussures vernies dénotaient sa volonté d'élégance ; le visage émacié et grêlé était empreint d'une colère froide.

— Que voulez-vous, Walker ?
— Votre aide.
— Qui est cette femme ?
— Une amie. Les intégristes, Kaboul à leur tête, veulent la tuer.
— Une Copte ?
— Non, une musulmane.
— Ce n'est pas mon affaire.

Mark défia l'Égyptien du regard.

— Mon combat est devenu le vôtre. Gardez Mona

ici, soignez-la et aidez-moi à retrouver Naguib Ghali; il joue un rôle essentiel dans l'organisation terroriste.

Youssef apprécia l'information à sa juste valeur.

— Bokar et sa clique veulent ma peau, poursuivit l'Américain; si je reste seul et sans soutien, ils réussiront. Dans le cas contraire, c'est peut-être moi qui réussirai à démanteler leur réseau. Tout bénéfice pour vous, Youssef.

Le Copte examina Mona, endormie.

— Qui l'a battue ainsi?
— Kaboul.
— Pourquoi aiderais-je un homme en perdition?
— Kamel m'avait promis votre collaboration.
— Êtes-vous en position de réclamer?
— Si nous n'y allons pas de manière franche, si nous ne détruisons pas Bokar, Kaboul et leur bande, ils mettront l'Égypte à feu et à sang; les Coptes tomberont les premiers. Vos frères mourront à cause de votre passivité.

Youssef parut ennuyé.

— Nous avons une hiérarchie...
— Vous critiquiez son manque de lucidité, me semble-t-il, et vous prôniez la lutte armée!
— C'est plus compliqué que vous ne le pensez.
— Je vous croyais indépendant.
— Sans l'accord de mon Église, je ne peux pas briser le pacte de non-agression.
— C'est grâce à vous que les intégristes gagneront.

Youssef blêmit.

— Vous ne songez qu'à venger cette femme!
— Et quand bien même? Vous oubliez la mort de mon ami Farag! Les êtres qui me sont chers tombent sous les coups des fanatiques, ils détruiront la Vallée des Rois et l'Égypte des pharaons, et vous me conseillez de me cacher la tête dans le sable!
— Désobéir aux consignes de l'Église copte me condamnerait à perdre ma position.
— Les Coptes seront exterminés dès la prise de pouvoir des islamistes, vous comme les autres. Quand vous aurez la gorge tranchée, à quoi vous servira votre fortune?

Youssef n'était qu'un matamore, si préoccupé par l'argent qu'il en oubliait le danger. Comme la plupart de ses coreligionnaires, il ne se révoltait que dans les mots.

Le Copte lut dans la pensée de Mark. Vexé, il tenta de sauver la face.

— Si je vous donne un contact dans la hiérarchie, peut-être parviendrez-vous à la convaincre.

— Soignerez-vous Mona ?

— Je connais un bon médecin et il existe une pharmacie avec des produits non périmés, mais ça coûte cher...

— Ne vous en préoccupez pas.

— Protéger une musulmane, ici, ça coûte encore plus cher...

— Vous serez payé, mais j'exige de la retrouver en parfaite santé.

— Je vous ferai un prix d'ami.

— Respectez notre contrat, Youssef; c'est un conseil d'ami.

Le Copte acquiesça; en Égypte, où l'on produisait quantité de films sentimentaux, on savait à quel point un homme amoureux pouvait se montrer dangereux.

— Aujourd'hui et la nuit prochaine, vous resterez ici avec elle ; ainsi, vous rencontrerez le médecin. Demain matin, vous aborderez la hiérarchie. Du moins, je l'espère.

39.

La bombe à retardement, que renforçaient des clous et de la ferraille, explosa à neuf heures trois dans une baraque de chantier, sur une avenue du quartier populeux de Choubra, où des sociétés françaises travaillaient à la construction d'une deuxième ligne de métro. On dénombra une dizaine de morts et une cinquantaine de blessés parmi les passants.

À la même heure était diffusé un communiqué selon lequel les libérateurs du peuple égyptien, conformément à la loi coranique, sommaient une dernière fois les étrangers de déguerpir avant d'entreprendre des actions d'envergure.

Une heure plus tard, des dizaines de milliers de fidèles se pressaient devant les principales mosquées du Caire afin d'entendre les discours des prédicateurs. À la mosquée d'Amr Ibn el-As, le général qui avait indroduit l'islam en Égypte, en 641, on fit appel à la guerre sainte, dans un enthousiasme communicatif; le vieil édifice, bordé de tombeaux sur trois côtés et de maisons en ruine sur le quatrième, serait la base de départ d'une nouvelle conquête. Une ferveur identique enflamma les croyants à la mosquée d'el-Hakim, restaurée par les chiites de l'Inde, et même la mosquée el-Rifai, où reposaient les corps de Farouk, dernier roi d'Égypte, et de Reza Pahlavi, dernier shah d'Iran, dont les plus excités promirent l'exhumation, fut le cadre d'une liesse populaire.

Admirablement secondé par Safinaz, dont le sens de l'organisation faisait merveille, Kaboul avait envoyé ses hommes dans tous les lieux de culte, petits et grands, tandis que des manipulateurs bien entraînés conditionnaient la foule. Quelques idées simples l'enthousiasmaient : l'Occident et le gouvernement étaient la cause de tous les maux, le futur État islamique procurerait bonheur et prospérité aux vrais croyants. Le résultat dépassait les espérances : las de la misère et de la corruption, le peuple suivrait ses nouveaux maîtres.

À onze heures, Mohamed Bokar franchit le seuil du Vatican de l'islam, la mosquée al-Azhar, où l'attendait la fine fleur des cheikhs chargés d'enseigner la vérité à la nation. Leur supérieur, haut fonctionnaire nommé par le gouvernement et révocable, présidait à la rédaction des *fatwas*, « les avis », ayant force de loi dans tout le monde musulman. Aucune révolution, aucune prise de pouvoir ne se passerait de l'approbation d'al-Azhar ; c'est pourquoi Mohamed Bokar espérait beaucoup de ce rendez-vous décisif, préparé de longue date. Hésitant entre le conservatisme nourri de l'étude sans fin du Coran et l'intégrisme actif, al-Azhar, « la brillante », rêvait de devenir l'unique université d'Égypte d'où seraient définitivement exclues les disciplines profanes imposées par le roi Fouad Ier, puis par Nasser.

Mohamed Bokar, comme la plupart des croyants, se révolta contre l'état de délabrement de la mosquée-université qui avait fêté ses mille ans en 1993. Malgré l'apport financier de « fondations pieuses », non dépourvues d'intentions politiques, le Vatican musulman avait triste mine, avec ses minarets médiocres, perdus dans un quartier misérable, sillonné d'autobus dont les pots d'échappement crachaient des fumées toxiques qui rongeaient les vieilles pierres, et cerné par des vendeurs de fruits et légumes dont les déchets s'entassaient contre les murs chargés d'histoire.

La grande cour, les dalles de marbre blanc, les arcs persans ne séduisaient guère le regard ; certaines parties du décor accusaient leur âge, des parois se dégradaient. Debout derrière des colonnes, assis sur leurs talons, allongés sur des nattes, les étudiants apprenaient par cœur les sourates du Coran ; nombre d'entre eux venaient du Soudan.

Lorsque la république islamique serait proclamée, al-Azhar se conformerait à une stricte orthodoxie et renierait ses prises de position en faveur de la contraception et de la paix avec Israël. Grâce à l'intégrisme, la célèbre mosquée se souviendrait qu'elle avait été fondée par une dynastie chiite, avant de basculer dans le sunnisme, moins virulent. Inutile de rappeler que la tête pensante de cette dynastie était un juif, Jacob ben Killis, converti à l'islam ; l'essentiel était d'exalter la puissance de la foi première, capable d'écraser les incroyants.

Un jeune cheikh accueillit Mohamed Bokar, attentif à la présence du « raisin sec » qui ornait le front de l'invité, marque de sa piété, et au maniement du chapelet de grains noirs qu'il tenait dans la main droite.

Dans cette enceinte, le chef du terrorisme égyptien se sentait en sécurité ; aucun policier n'oserait violer le sanctuaire. À l'extérieur, Kaboul veillait.

La réunion se tint dans l'une des salles de cours ; Mohamed Bokar fit face à une vingtaine de religieux, les yeux fixés sur lui.

— Au nom d'Allah le miséricordieux, plein de miséricorde, je salue votre sagesse ; votre accueil est le plus grand des honneurs. Sachant votre temps précieux, je ne vous distrairai pas longtemps de vos savantes études.

Les cheikhs apprécièrent la déférence ; Mohamed Bokar continua sur un ton onctueux pendant de longues minutes, charmant les oreilles de son auditoire.

— L'heure est venue d'agir au nom de la foi. La démocratie n'est pas inscrite dans le Coran ; pourtant, si les peuples musulmans votaient librement, ils éliraient partout les fidèles d'Allah et fonderaient des républiques islamistes Nous n'avons pas le droit de décevoir le peuple égyptien ; il exige l'application de la loi coranique, et je suis ici pour vous aider à réaliser ce grand dessein. Je ne demande rien pour moi-même, sinon d'être l'instrument d'Allah ; la force est sacrée, lorsqu'elle Le sert. Sans elle, nous ne parviendrons pas à vaincre le malheur et l'incroyance.

Les cheikhs égrenèrent leur chapelet pendant que Mohamed Bokar citait les passages du Coran qui justifiaient l'extermination des païens.

Lorsqu'on célébra la prière de midi, la cause était entendue ; al-Azhar ne s'opposerait pas à la révolution islamique et se prononcerait en fonction de l'évolution de la situation.

Le khan el-Khalili, célèbre bazar du Caire et piège à touristes, se morfondait. Dans les ruelles où ne circulaient que des ânes, les portefaix chargés de cageots et de caisses continuaient à livrer des marchandises aux douze mille échoppes privées de la clientèle occidentale, si friande de faux. Seuls les connaisseurs décelaient quelques belles pièces en or ou en argent, ou bien parvenaient à se procurer des métaux précieux à un prix avantageux. Le vieux souk, d'où la lumière du soleil était bannie, sentait la friture et l'urine ; les derniers joailliers et incrustateurs de nacre regardaient d'un mauvais œil leurs collègues vendre des produits importés de Hong Kong.

Malgré son aspect frelaté, Mohamed Bokar aimait le khan el-Khalili, car il lui rappelait le bazar de Téhéran où avait pris naissance la première grande révolution islamique. Convaincre les commerçants qu'un changement de régime accroîtrait leurs bénéfices était l'un des éléments de sa stratégie ; aussi, grâce aux subsides fournis par l'Arabie saoudite, avait-il tissé un réseau de négociants favorables à l'islamisation radicale de la société.

Ni la police ni ses indicateurs n'avaient accès aux venelles les plus secrètes du khan el-Khalili ; un visage suspect eût aussitôt été repéré. Kaboul indiqua à Mohamed Bokar que la journée d'agitation, qui se terminerait par un attentat contre un commissariat de police, serait un franc succès ; dès le lendemain, la province prendrait le relais. Grâce aux mosquées, implantées dans les endroits les plus reculés, les mots d'ordre seraient relayés selon le plan prévu.

La victoire approchait ; il ne restait plus qu'un degré à franchir. Une phase des plus délicates qui risquait de ruiner le projet, un épisode d'autant plus irritant que Mohamed Bokar ne disposait d'aucun moyen d'agir sur les événements. Il venait chercher une réponse qui lui donnerait ou non l'ultime feu vert.

Il serra son chapelet à le briser ; Allah lui refuserait-Il la grâce de devenir le nouveau conquérant de l'Égypte ? Certes, son dossier et ses actions passées plaidaient en sa faveur ; mais ce n'était pas sur ces bases-là que la décision serait prise.

Bokar et Kaboul traversèrent un atelier de joaillier, l'arrière-boutique et montèrent un escalier qui débouchait dans une immense pièce d'un luxe inouï. Marbres rares, tapis persans d'une exceptionnelle qualité, meubles anciens en bois exotique, fauteuils en cuir où étaient assis onze hommes âgés en galabieh blanche. Ils admiraient des femmes superbes, visage découvert, défilant sur un podium ; elles portaient des robes de soie verte, jaune, rouge, plus ou moins courtes sur des pantalons chamarrés, des châles, des manteaux brodés. Maquillées, parfumées, elles arboraient colliers et bijoux ; des fleurs dessinées au henné ornaient leurs mains et leurs pieds.

Un défilé de mode !

Abasourdi, Mohamed Bokar se demanda s'il n'était pas tombé dans un asile de fous ; mais il connaissait la plupart de ces spectateurs, dont le Saoudien chargé de traiter avec les terroristes égyptiens. Lorsque ce dernier s'aperçut de la présence de son hôte, il lui fit signe de s'asseoir à sa droite.

Les jeunes femmes s'éclipsèrent quelques instants derrière un paravent et réapparurent... en maillot de bain ! Non point des drapés enveloppant le corps entier, et seulement autorisés autour des piscines privées, mais d'indécents bikinis qui révélaient les formes épanouies des mannequins arabes, chaussés d'escarpins rehaussés de diamants.

Conscient de la gêne de Mohamed Bokar, le Saoudien lui murmura à l'oreille un passage de la soixante-dix-huitième sourate du Coran : « Aux hommes pieux reviendront un lieu convoité, des vergers et des vignes, des belles aux seins formés, d'une égale jeunesse, et des coupes débordantes. » Les paroles du livre saint ne calmèrent pas « l'émir » ; lorsque l'une des belles dégrafa son soutien-gorge et fit glisser son slip le long de ses jambes, bientôt imitée par ses camarades, Mohamed Bokar se leva, indigné.

— Qu'est-ce que ça signifie ?
— La beauté vous choquerait-elle ? interrogea le Saoudien.
— C'est de la pornographie, une insulte à la loi du Prophète !

Le Saoudien sentit que la colère de l'Égyptien n'était pas feinte et sa réputation de pisse-froid non usurpée ; poursuivre cette petite fête comme il l'avait prévu aboutirait à un grave incident.

— Vous avez raison, Mohamed ; ce sont précisément ces horribles spectacles qu'interdira à jamais l'application de la charia. Pour éradiquer le mal, ne faut-il pas le connaître ?

Un claquement de doigts fit disparaître les jeunes femmes nues et les spectateurs privilégiés ; le Saoudien resta seul face à Mohamed Bokar. Ce dernier recouvra son calme.

— De nouveaux fonds ont été débloqués, révéla le Saoudien ; les sociétés islamiques de placement sont désormais bien pourvues. Dans l'avenir immédiat, leurs dépôts vous serviront.

Mohamed Bokar s'inclina ; pourtant, cette bonne nouvelle n'apaisa pas son anxiété. À quoi servirait cette fortune si l'on endiguait son action ?

— J'ai rencontré nos amis américains, poursuivit le Saoudien.
— *Tous* vos amis ?
— Oui, *tous* mes amis ; le représentant de la CIA [1] faisait partie des négociateurs.

Propriétaire de banques, de compagnies d'aviation,

---

1. Central Intelligence Agency, la plus importante centrale américaine d'espionnage.

de maisons d'édition, de radios, d'hôtels et de sociétés financières, la CIA employait aussi des journalistes, à l'insu des médias dans lesquels ils travaillaient. Aussi habituait-elle l'opinion à des bouleversements savamment préparés.

— Un veto ?

— Non, répondit le Saoudien, tout sourire. Ni la CIA ni les milieux d'affaires ne sont opposés à l'instauration d'une république islamique en Égypte, à condition que les liens commerciaux soient maintenus et que de nouveaux marchés soient ouverts ; avec la caution de mon pays, mes interlocuteurs sont rassurés. Seul compte le business ; peu importe avec qui l'on traite, à condition d'en tirer des bénéfices. Si vous réussissez, Mohamed, les États-Unis ne bougeront pas ; soyez efficace, et tout ira bien.

40.

Le groupe de touristes allemands, arrivé la veille au soir au Caire, se préparait à partir en excursion. Dans le hall du Sheraton, ils croisèrent quelques Français, appareils photos en bandoulière, décidés à mitrailler le plateau de Gizeh. Le guide égyptien, qui n'avait pas travaillé depuis plus de trois mois, était heureux de reprendre ses activités. Le car bleu de la compagnie Misr Travel avait été nettoyé, l'air conditionné le réfrigérait, les visiteurs seraient ravis. Preuve serait administrée que les étrangers pouvaient circuler en Égypte et admirer les antiquités en toute sécurité.

Comme d'habitude, il y avait des retardataires : deux hommes et une femme. Des plaisanteries grivoises fusèrent, on patienta en buvant du thé et de la bière. La langue du guide se colla à son palais ; le respect du jeûne lui interdisait de boire avant le coucher du soleil, ne fût-ce qu'une goutte d'eau. Une Française, énervée, lui demanda pourquoi le groupe ne partait pas, alors qu'elle était prête.

Pendant qu'il tentait de la calmer en dégageant sa responsabilité, une femme jeune, élancée, voilée et vêtue d'une longue robe noire, pénétra dans le hall du Sheraton, une sacoche de médecin à la main.

Les retardataires sortirent de l'ascenseur, le guide regroupa les touristes et leur annonça le programme de visite ; la Française remarqua que la femme voilée s'était immobilisée en face du groupe et qu'elle portait de jolies chaussures rouges.

Safinaz ouvrit la sacoche, en sortit un pistolet-mitrailleur à canon court et tira sur les étrangers. Le guide et la Française tombèrent les premiers ; à cette distance, le carnage était assuré.

La jeune femme abattit un bagagiste qui lui barrait le chemin ; profitant de la confusion, indifférente aux hurlements, elle quitta l'hôtel et monta à l'avant d'une petite Fiat que conduisait Kaboul. Il démarra en faisant crisser les pneus, cria « Allah est le plus grand ! » et disparut dans la circulation.

Mona allait mieux, en dépit de crises de larmes. Un médecin copte avait soigné ses brûlures et prescrit un puissant sédatif ; le praticien s'était montré rassurant, à condition que sa patiente respectât un repos indispensable. Il l'examinerait chaque jour jusqu'à dissipation complète des maux.

D'abord affolée par l'environnement, Mona avait accepté les explications de Mark ; les intégristes ne viendraient pas l'agresser chez les zâbbalin. Malgré l'horreur que lui inspirait cet endroit, elle s'y sentait en sécurité ; en raison de son état de santé, elle n'était pas obligée de respecter le jeûne. Elle absorba une compote de fruits et un thé que lui apportèrent deux fillettes rieuses avec lesquelles elle se lia d'amitié.

La journée durant, Mark demeura auprès d'elle ; ils parlèrent de leur première rencontre, de leurs regards complices, d'un amour qu'ils avaient tenté d'étouffer et qui s'était épanoui à leur insu, comme une plante inconnue dans un jardin secret. Ils se promirent de retourner dans la campagne printanière du Fayoum et de s'y perdre, attentifs au vol des aigrettes et au frémissement des palmes. Le bonheur n'était pas si lointain, puisqu'il suffisait d'être deux et d'oublier la peur.

— Comment va-t-elle ? demanda Youssef.
— Mona dort.
Mark et le chef de la mafia des ordures firent quel-

ques pas dans l'immense décharge à ciel ouvert. Les fumées noires masquaient le soleil couchant ; bientôt débuterait la huitième nuit du ramadan.

— Le rendez-vous avec votre hiérarchie est-il confirmé ?
— Il l'est.
— Vous semblez ennuyé, Youssef.
— Naguib Ghali est bien votre ami ?
— Je lui accordais une totale confiance.
— À présent, vous savez tout de lui, n'est-ce pas ?
— J'ignorais son appartenance au mouvement intégriste.
— Pourtant, vous le connaissiez depuis longtemps.
— Il cachait bien son jeu.
— Sauriez-vous le convaincre de vous parler du réseau de Mohamed Bokar ?
— Je possède une monnaie d'échange ; elle devrait le séduire.
— De quoi s'agit-il ?
Mark hésita à répondre.
— N'auriez-vous pas confiance en moi ?
— On m'a beaucoup berné, ces derniers temps.
— Moi, je ne suis qu'un intermédiaire ; ma hiérarchie se montrera moins conciliante.
— Je prends le risque.
— À votre place, je quitterais l'Égypte avec la femme que j'aime.
— Ni elle ni moi ne fuirons.
— Le courage est un luxe que vous ne pouvez plus vous offrir.
— Chacun ses folies.
— À demain matin.

Mona tremblait.
Rester seule chez les zâbbalin, musulmane isolée au milieu des Coptes... Elle s'agrippa au cou de Mark, mais ne le supplia pas. Rien ni personne ne l'empêcherait d'agir à sa guise ; pleurnicher et se plaindre ne lui procureraient pas les forces dont il avait besoin. Bien qu'elle se jugeât peu séduisante à cause de ses panse-

ments et de ses bleus, elle tenta de lui faire partager, sans un seul mot, sa foi en leur avenir.

Ils se quittèrent en silence.

L'Américain monta dans la voiture de Youssef, une vieille Peugeot aux sièges usés.
— Des ennuis, Youssef ?
— Je n'ai pas envie de me faire remarquer ; toujours désireux de rencontrer la hiérarchie ?
— Démarrez.
— Des touristes ont été massacrés. Au Sheraton.
— Le groupe de Mohamed Bokar ?
— Une femme voilée, avec des chaussures rouges.

Safinaz... Comment cette brillante universitaire, si habile dans les jeux de l'amour, s'était-elle transformée en furie meurtrière ? Entre elle et Mark, il s'agissait à présent d'un duel à mort.

Youssef perçut le trouble de son passager.
— Je vous conduis à l'aéroport ?
— Ne changez rien.
— Les intégristes veulent votre peau. À votre place...
— Roulez, Youssef.

En ce neuvième jour du ramadan, le vent était tombé. La chaleur lourde devenait presque insupportable ; dans les rues, les badauds se déplaçaient avec lenteur.

Sortant du Vieux Caire, une longue procession prit la direction du centre de la ville. À sa tête, le chef spirituel des Coptes, Chenouda III, portant une couronne d'or ornée de rubis, un manteau et une robe d'or décorés de croix pattées. Un bâton dans la main gauche, une grande croix dans la droite, le patriarche avançait d'un pas solennel, à la tête de son saint synode, composé de cinquante-neuf évêques, archevêques et supérieurs de monastère, barbus comme lui. Les évêchés et les églises coptes du Canada, des États-Unis, de la France, du Zaïre, du Liban et même de Jérusalem avaient envoyé des représentants pour participer à la plus grande manifestation copte organisée au Caire depuis bien des années. De nombreux prêtres barbus, une étole sur la tête, avaient revêtu d'éclatantes robes blanches, suivis par un cortège de diacres et des milliers de fidèles.

Les Coptes chantaient des hymnes à la Vierge qui, comme en 1969, venait d'apparaître dans le quartier de Zeitoun. S'adressant à un gamin illettré, elle lui avait affirmé que les disciples du vrai Dieu ne disparaîtraient pas, à condition que leur foi soit éclatante.

L'annonce du miracle, survenu en plein ramadan, s'était aussitôt répandue ; les Coptes n'avaient pas hésité à se rassembler autour de leur patriarche et à sortir au grand jour. Au Caire, dans les villes de province et dans les villages, ils brandiraient de petites croix de bois ornées de losanges.

La vieille Peugeot abandonnée dans une ruelle, Youssef et Mark se glissèrent dans la procession surveillée par des centaines de policiers chargés de repousser des contestataires islamistes, furieux d'être ainsi défiés. Beaucoup de musulmans modérés découvrirent, non sans étonnement, l'importance d'une minorité avec laquelle leurs pères avaient vécu en paix ; la splendeur des costumes du patriarche et de ses évêques impressionna, la ferveur des fidèles aussi. Les agitateurs contrôlés par Mohamed Bokar furent contraints de cesser leurs activités pendant le discours de Chenouda III qui exhorta le peuple égyptien à la tolérance et à l'unité. Pendant plus de deux heures, l'assistance fut subjuguée ; les Coptes crurent de nouveau en leur bonne étoile. Demain, on bâtirait des églises sur le sol d'Égypte, le dialogue pacifique avec les musulmans se rétablirait, l'extrémisme serait vaincu.

Mark était inquiet ; la manifestation copte était une belle occasion, pour les intégristes, de démontrer leur puissance. Il guettait l'apparition d'une moto ou d'une voiture fonçant sur les chrétiens. Comment Safinaz résisterait-elle à la tentation d'en exterminer un maximum ?

Aucun incident ne se produisit.

Les Coptes se dispersèrent dans le calme, beaucoup allèrent prier dans les églises où les prêtres lurent la vie des saints.

Un diacre barbu et massif posa la main droite sur celle de l'Américain.

– Acceptez-vous de me suivre, monsieur Walker ?

Youssef s'était éclipsé.

Aux côtés du diacre, quatre Coptes au visage fermé, armés de gourdins.

41.

Le petit groupe s'enfonça dans les ruelles du Vieux Caire, encore sous le choc de cette manifestation inattendue ; de nombreux musulmans croyaient en l'apparition de la Vierge appelant à la paix civile. Bien que Mark constatât l'habileté stratégique du patriarche copte, il n'en menait pas large ; la rencontre avec la hiérarchie, que lui avait promise Youssef, se déroulait dans des circonstances peu rassurantes. Le diacre marchait d'un bon pas, ses gardes du corps encadraient l'Américain de manière à ne lui laisser aucune chance de s'enfuir.

Ils arrivèrent à l'église Al-Moallaqa, « la suspendue », construite entre deux bastions d'une forteresse romaine, si bien que la nef semblait suspendue au-dessus du passage qui permettait d'accéder à l'intérieur du sanctuaire, consacré à la Vierge et abritant des huiles saintes. Dans la cour intérieure, agrémentée d'un jardinet et de quelques arbres, s'était réfugiée la sainte Famille pendant son séjour en Égypte. Un prêtre, la chevelure nouée en chignon, très strict dans sa longue robe noire, arrosait les précieux végétaux ; dès qu'il vit le diacre et ses acolytes, il s'éclipsa.

Le diacre s'assit sur un banc de bois, invitant l'Américain à prendre place près de lui ; les gardes du corps, leur tournant le dos, interdirent l'accès de la petite cour.

— Ici, monsieur Walker, nous serons tout à fait tranquilles ; êtes-vous chrétien ?
— Je crains que non.
— Quelle est votre religion ?
— L'amour de l'Égypte.
— Je prierai pour que le Seigneur illumine votre âme et vous amène au baptême ; je serais heureux de vous voir renaître à l'esprit par une triple immersion totale dans l'un de nos antiques baptistères.
— Puis-je vous demander qui vous êtes ?
— Un simple diacre et un modeste conseiller de notre bien-aimé patriarche.
— Je crains que vous n'ayez pas conscience du danger qui vous menace.
— Il n'est pas de péril que la foi ne puisse vaincre.
— S'ils prennent le pouvoir, les islamistes vous massacreront et interdiront la pratique de vos rites ; dois-je vous rappeler qu'en Arabie saoudite, pendant la guerre du Golfe, les ambulanciers alliés devaient dissimuler la croix rouge peinte sur leurs véhicules ?
— Notre chef spirituel est un homme de paix et de conciliation ; pendant des siècles, n'avons-nous pas vécu en harmonie avec nos frères musulmans ?
— Aux yeux des terroristes, le passé n'a aucune valeur.
— Vous semblez bien les connaître.
— Ils ont assassiné mon ami Farag Moustakbel, torturé une femme que je chéris, et me considèrent comme un espion à la solde d'Israël.
— Vous menez donc une croisade personnelle.
— Je refuse de voir l'Égypte tomber entre leurs mains ; dussé-je me battre seul, je le ferai. Mais vous pouvez m'aider ; Youssef est prêt à combattre, lui aussi.
— Youssef a tort de croire dans les vertus de la lutte armée ; seuls la prière et l'amour triompheront de la haine.
— L'imminence du péril vous échappe ; le prêtre copte qui devait me marier, le père Boutros, a été sauvagement assassiné, à Assouan. Son existence n'avait

été que charité et dévouement. D'autres sont tombés, d'autres tomberont ; combien vous faudra-t-il de cadavres pour réagir ?

— Musulmans ou chrétiens, nous sommes tous égyptiens et devons coexister.

— Mohamed Bokar, Kaboul et Safinaz balaieront vos rêves avec des rafales d'armes automatiques.

— Ne vous préoccupiez-vous pas de la sauvegarde des antiquités pharaoniques, avant de combattre le terrorisme ?

— Ce dernier est aussi redoutable que le haut barrage d'Assouan ; l'un et l'autre veulent détruire cet héritage spirituel, le plus précieux dont dispose l'humanité. Je n'ai pas changé de ligne de conduite.

Le diacre se tourna vers l'Américain.

— Parlez-moi de Naguib Ghali.

— Il était mon ami et il m'a trahi, à cause des pressions exercées par les intégristes sur sa famille. Il est victime d'un engrenage ; j'aimerais l'en sortir. Aidez-moi à le retrouver et je saurai lui parler.

— L'aviez-vous localisé ?

— Dans le quartier de la Citadelle, où il participait à un trafic de drogue. L'attentat contre l'hôtel Cléopâtre a dû le faire fuir.

— Que lui proposerez-vous ?

En dépit de son ton onctueux, Mark estima que le diacre était un décisionnaire ; aussi se jeta-t-il à l'eau.

— Connaissez-vous un certain Kamel ?

Devant l'absence de réaction du religieux, l'Américain continua.

— C'est lui qui m'a mis le pied à l'étrier et conseillé de rechercher l'appui des Coptes. Grâce à l'intervention de Kamel, Naguib Ghali sortira d'Égypte sain et sauf, et rejoindra sa famille en Espagne. En échange, il me dira tout ce qu'il sait sur le réseau de Mohamed Bokar.

— Marché convenable ; pourquoi tant de passion dans votre voix ?

— L'épouse de Mohamed Bokar, Safinaz, fut ma maîtresse ; c'est elle qui a assassiné mon ami Farag et torturé la femme que j'aime.

— Oublieriez-vous votre fiancée ?
— Elle était leur complice.
— Seriez-vous capable d'abattre une femme ?
— Je l'ignore... Mais je veux la faire arrêter, elle et ses complices.
— Louables desseins, monsieur Walker. Que savez-vous d'autre sur Naguib Ghali ?

Cette insistance étonna Mark ; il évoqua en détail la famille du médecin-taxi, son talent de praticien, le rôle qu'avait joué Koubi dans son éducation. Le diacre écouta avec la plus grande attention.

— Vraiment rien d'autre ?
— Vraiment rien. Mais pourquoi...
— Nous devons être très prudents. En ces temps troublés, l'imprécision est un risque qu'il ne faut pas courir ; c'est pourquoi je suis contraint de vérifier vos dires.

Les quatre gardes du corps entourèrent l'Américain.
— Quelles sont vos intentions ?
— Une simple vérification. Si vous avez dit la vérité, nous serons amis ; sinon...

Les Coptes empoignèrent Mark et l'obligèrent à descendre un escalier interminable qui aboutissait à une crypte où flottait une odeur d'encens mélangée à celle d'une cave humide. Seule une torche l'éclairait.

L'Américain enfonça dans un sol mou ; la nappe phréatique n'était pas loin. Le haut barrage détruisait aussi les fondations des vieilles églises chrétiennes.

Des ténèbres sortit une grosse femme vêtue de noir, tenant des chaînes métalliques aux maillons énormes.

— Seul l'invisible ne ment pas, déclara le diacre ; c'est pourquoi nous allons lui demander la vérité sur votre compte.

La grosse femme couvrit Mark de chaînes ; ligoté, il jugea inutile de se débattre.

— Le sang-froid est une qualité remarquable, apprécia le diacre. Si vous avez menti, les chaînes vous étoufferont ; dans le cas contraire, elles vous communiqueront leur force.

— Qui en décidera ?

— L'au-delà, monsieur Walker.

Le religieux posa devant l'Américain un panier d'osier pourvu de deux anses et recouvert d'un voile blanc ; puis il souleva le voile, et les gardes du corps et la grosse femme s'assirent en rond autour du panier. Le diacre y déposa des morceaux de papier blanc et un crayon.

— Nous allons poser une question à l'au-delà, expliqua l'officiant ; il répondra en écrivant et prononcera votre condamnation ou votre acquittement. Le jugement sera incontestable et sans appel.

Mark basculait dans un monde irrationnel ; aucun argument n'enrayerait la procédure magique. Sa vie dépendait d'une puissance occulte dont il ignorait la nature ; aucun doute n'assaillait ceux qui le soumettaient à cette épreuve.

La voix du diacre résonna dans la crypte.

— Mark Walker a-t-il dit tout ce qu'il savait sur Naguib Ghali ?

Pourquoi le Copte accordait-il tant d'importance à ses relations avec le médecin-taxi ?

De longues minutes s'écoulèrent. Mark commençait à souffrir du poids des chaînes, sa main droite cherchait en vain un chemin pour se libérer.

À l'intérieur du panier d'osier, une sorte de crissement.

Le diacre attendit que le bruit s'éteignît, plongea la main dans le panier et en retira un morceau de papier sur lequel le crayon, mû par l'au-delà, avait écrit un seul mot : *'aywa*, « oui ».

La grosse femme détacha l'Américain et sortit de la crypte, en compagnie des gardes du corps.

— Prions, exigea le diacre ; remercions Dieu de nous avoir répondu.

Mark tenta de se libérer de l'angoisse qui lui avait coupé le souffle au moment d'entendre le verdict. Saurait-il jamais ce qui s'était passé à l'intérieur du panier ?

— Naguib Ghali vous a menti par omission, révéla le religieux.

— Que m'a-t-il encore caché ?
— L'essentiel. Naguib s'est converti.
— Vous ne voulez pas dire...
— Il n'est plus musulman, mais chrétien ; nous sommes fiers de le compter au nombre des adeptes de la vraie foi.
— Cette conversion le condamne à mort.
— Oublieriez-vous qu'il est un des auxiliaires majeurs du mouvement intégriste ? Grâce à lui, nous avons paré un certain nombre de coups, bien qu'il fût obligé de donner des gages de bonne conduite à Mohamed Bokar.
— Comme le rôle qu'il a joué dans l'assassinat de Farag...
— Par exemple. L'influence de Koubi fut déterminante ; c'est lui qui conseilla à son fils adoptif d'ouvrir son esprit à une autre forme de religion. L'amour du Christ a embrasé son cœur.
— Sa situation est intenable !
— Naguib est intelligent et habile.
— On le trahira, si ce n'est déjà fait.
— Tel est bien mon avis, de même que celui de Youssef ; il faut convaincre Naguib de quitter l'Égypte après nous avoir révélé ce qu'il sait de l'organisation terroriste. Qu'il ait gardé quelques éléments pour lui n'est pas condamnable ; à présent, cette discrétion n'est plus de mise. Un homme peut obtenir toute sa confiance et le sauver à coup sûr : vous. Vous, personne d'autre.

Mark se demanda si Kamel était informé de la conversion du médecin-taxi... Oui, bien sûr, il connaissait chacune des pièces du puzzle. Refuser de le revoir, l'obliger à se précipiter chez les zâbbalin, renouer avec Youssef, aboutir ici afin de retrouver la piste de Naguib Ghali : chacune de ces étapes avait été prévue. Kamel demeurait dans l'ombre et continuait à l'utiliser comme un missile à tête chercheuse.

Qui mentait : Kamel, Naguib Ghali, Youssef, le diacre ?

— Vous et personne d'autre, répéta le Copte. Acceptez-vous la mission ou préférez-vous y renoncer ?

Il prit le silence de l'Américain pour un assentiment.

— Naguib Ghali se trouve à Esna, en haute Égypte. Nous aurions aimé lui éviter cette épreuve, mais l'occasion était trop belle. Il doit négocier l'achat d'un stock d'armes avec un vendeur occidental, pour le compte des intégristes qui ont l'intention de mettre à feu et à sang les villages coptes de la région. Ces armes tomberont entre les mains de Youssef qui assurera ainsi la défense des croyants.

— N'êtes-vous pas opposé à la violence ?

— Cas de légitime défense... Et Youssef n'appartient pas à la hiérarchie ecclésiastique. Notre position officielle est une chose, la réalité sur le terrain une autre. Je vous donnerai les indications nécessaires pour joindre votre ami, dont ce sera la tâche ultime ; obtenez ses confidences et faites-lui quitter l'Égypte. Il a mérité d'être heureux en famille ; lorsque la situation se sera améliorée, il reviendra.

— Quand dois-je partir ?

— Demain. Nous vous abriterons dans l'une de nos églises.

— Je veux revoir Mona.

— C'est malheureusement impossible ; personne ne doit être informé de votre mission.

— Je ne lui dirai rien.

— Un homme amoureux est toujours trop bavard ; vous la reverrez à votre retour de haute Égypte.

42.

Mark s'était assis sur un banc de cèdre; la petite église copte, à cinq mètres au-dessous du niveau de la ruelle, sommeillait dans le silence. Il faisait bon y méditer, sous une voûte en pierre, soutenue par des colonnes en marbre, décorées de chapiteaux corinthiens. L'iconostase, ensemble de panneaux d'ébène incrustés d'ivoire dans lequel le sculpteur avait représenté des oiseaux et des fleurs, séparait la nef du sanctuaire, réservé aux prêtres qui célébraient les rites dans le secret. De nombreuses icônes ornaient le lieu saint où avait été creusé un puits dont l'eau possédait des vertus miraculeuses; surgissant des entrailles de la terre, elle guérissait des maladies incurables.

Un miracle sauverait-il l'Égypte de la fatalité? Mark songea au vieux texte qui annonçait la déchéance du pays des pharaons, déserté par les dieux qui l'avaient protégé pendant des millénaires. Comment les attirer de nouveau? Peut-être le monde qu'avaient bâti les hommes du XXe siècle les condamnait-il à l'exil perpétuel. En préservant la Vallée des Rois, Karnak, les pyramides, n'alimenterait-il pas l'ultime lueur d'immortalité qui pouvait encore les attirer?

L'Américain profita de cette retraite forcée pour tenter de freiner le tourbillon dont il était l'otage depuis la mort d'Hélène; jouet de forces extérieures, il nageait tant bien que mal dans un fleuve dont il ignorait la destination. Cette absence de choix lui apparaissait pourtant comme une libération ; il n'avait d'autre chemin que celui-là afin de se montrer digne de Farag, de Mona et de tous ceux pour lesquels leur existence comptait moins que l'accomplissement d'un idéal.

Pourquoi Hélène avait-elle joué jusqu'au bout la comédie du mariage ? Malgré ses liens avec les terroristes, Mark devait encore lui être utile. Aurait-elle osé devenir son épouse, vivre le rite célébré en présence du père Boutros, donné sa parole ? Cette mascarade ne la gênait pas ; l'essentiel, c'étaient ces dessins qu'elle serrait contre sa poitrine en voyant venir la mort. Avait-elle l'intention de les lui montrer ?

Un homme s'assit à sa gauche ; il ne l'avait pas entendu marcher sur le dallage.

— Comment allez-vous ? demanda Kamel.
— Méditation forcée.
— C'est parfois nécessaire.
— Vous avez vos entrées, ici ?
— Mes amis coptes m'honorent de leur estime et veillent sur votre sécurité.
— Pourquoi avez-vous refusé de me recevoir ?
— J'étais absent et je veux être le seul à traiter avec vous ; en cas de fuite, votre vie serait menacée.
— Merci de votre sollicitude, mais c'est déjà le cas : Safinaz me considère comme un allié des sionistes.
— Une partie du commando de Mohamed Bokar a quitté Le Caire, peut-être pour Assiout ; je me trouvais à Rosette pour interroger deux Iraniens entrés en Égypte avec de faux passeports. Par bonheur, ils étaient fichés ; cette arrestation n'est pas une excellente nouvelle.
— Pourquoi, puisque vous les avez interceptés ?
— Ce sont deux gardiens de la révolution, spécialisés dans la guérilla urbaine ; pendant l'interrogatoire, ils n'ont cessé de réciter des versets du Coran. Nous avons quand même appris qu'ils préparaient une livraison d'armes au groupe de Mohamed Bokar ; l'Iran dépense au moins sept milliards de dollars par an pour en acheter à l'Argentine, au Brésil, à la France, aux pays de l'Est... À ma connaissance, seul

l'Islande ne lui en vend pas. Outre leur usage personnel, les Iraniens sont généreux envers les partisans de la révolution islamique; deux propagateurs du terrorisme sont neutralisés, mais il en viendra d'autres que nous n'identifierons pas. La grande offensive est lancée... Aurons-nous les moyens de nous y opposer ?

Kamel demeurait d'un calme surprenant, comme s'il était détaché de la réalité qu'il décrivait.

— Seriez-vous découragé ?

— Mon opinion ne compte pas, monsieur Walker.

— Je ne comprends pas.

— Je relis les écrits de Dhul Nun, le maître soufi [1] né à Akhmim; il prône le détachement, le renoncement, la discipline intérieure et la lutte perpétuelle contre notre ennemi mortel, ce « moi » qui nous aveugle et nous rend sourd.

— Un sage de l'Égypte ancienne ne l'aurait pas désapprouvé.

— Il n'est sans doute qu'une seule sagesse, et autant de folies que d'humains. Vous me pardonnerez de faire ouvrir votre courrier, tant au Caire qu'à Assouan, mais je redoute une lettre piégée.

— Je n'ai rien à cacher.

— Vous venez de recevoir un gros dossier provenant du ministère de l'Intérieur, auquel s'ajoutent des courriers de l'Organisation des Antiquités et d'un cheikh d'al-Azhar.

— Des réponses à mes mises en garde ?

— Les incrustations de marbre de plusieurs mosquées tombent en poussière; certains commencent à accuser le haut barrage, responsable de la montée de la nappe phréatique et des sels. Les autorités civiles, archéologiques et religieuses vous proposent d'organiser un colloque, au Caire, afin d'y exposer votre point de vue et d'envisager des solutions. Bien entendu, chacun sait que vous vous passionnez pour la sauvegarde

---

1. Les soufis, littéralement « ceux qui sont vêtus de laine », forment la branche ésotérique de l'islam, souvent persécutée, et rejetée par les intégristes. Ils travaillent notamment sur l'interprétation symbolique du Coran.

des sites pharaoniques ; néanmoins, accepteriez-vous de prendre sans délai la défense de l'art islamique ?

Mark aurait embrassé Kamel : il avait gagné ! Enfin, les décisionnaires admettaient la nocivité de la haute digue et envisageaient une action concrète.

— Si l'on consent à m'écouter, je me battrai là où on m'appellera et mobiliserai les fortunes nécessaires.

— Vous avez l'esprit large, monsieur Walker ; il n'est pas facile, pour les autorités de ce pays, de reconnaître une erreur historique. À mon avis, elles vous demanderont la plus grande discrétion et vous ne tirerez qu'une gloire médiocre de votre croisade.

— Peu m'importe, si le pays et ses monuments sont sauvés.

— Désolé de vous rappeler votre mission à Esna ; mais peut-être préférez-vous renoncer ?

— J'ai fait un vœu, quand Farag fut assassiné, et ne le trahirai pas. Quand Safinaz aura été arrêtée, j'organiserai ce colloque. L'avenir de l'Égypte s'annoncera plus riant.

— L'espérance est une vertu qui me fascine.

— N'est-ce pas elle qui vous inspire ?

— Je me contente d'être un fonctionnaire égyptien bien payé ; c'est déjà une sorte de miracle.

— Vous vous faites plus cynique que vous ne l'êtes.

— Ne tentez pas d'interpréter mes sentiments, monsieur Walker ; vous vous exposeriez à de graves déconvenues.

— Me mentiriez-vous depuis le début ?

— Vous en savez autant que moi sur certains points, moins ou davantage sur certains autres.

— C'est vous qui tirez les ficelles, pas moi.

— Si c'était le cas, Mohamed Bokar et ses complices auraient été pendus depuis longtemps ; votre rôle est plus important que vous ne l'imaginez. J'ai besoin des renseignements que détient Naguib Ghali ; si vous ne les obtenez pas, les terroristes garderont une longueur d'avance et finiront par triompher.

— La version des Coptes est-elle crédible ?

— Naguib s'est converti, en effet, et le secret fut

bien gardé ; il n'est pas le seul musulman que la religion copte attire, mais lui a franchi le pas.

— Pourquoi me l'avoir caché ?

— Je l'ai appris depuis peu.

— Comment vous croire un seul instant ?

— Faites un effort ; ne poursuivons-nous pas un but commun ?

— Parfois, j'en doute.

— Vous avez tort ; me servir de vous n'exclut pas une alliance. J'aimerais vous voir présider cette commission chargée de supprimer les méfaits du haut barrage.

— Auparavant, il y a Esna.

— La dernière mission de Naguib Ghali est vitale ; à la suite de cette transaction, les Coptes disposeront d'une véritable puissance de feu. Ils pourront défendre les villages du Sud contre les raids des intégristes.

— Qui lui vend les armes ?

— Un dignitaire de l'ex-Armée rouge qui se moque de leur destination ; comme d'autres collègues bien placés, il écoule des stocks afin de se constituer une retraite aisée.

— Êtes-vous certain que Mohamed Bokar a été abusé ?

— Jusqu'à présent, Naguib Ghali a joué le double jeu à la perfection ; oublieriez-vous son rôle dans l'assassinat de Farag Moustakbel ?

— C'est stupide, mais j'aimerais que Naguib s'en sorte ; je ne parviens pas à le haïr.

— C'est l'un de vos défauts, monsieur Walker.

— Bokar doit être informé du départ de sa famille.

— Ghali lui a forcément demandé son autorisation ; comme elle n'a pas été interceptée à l'aéroport, il s'est rendu compte que nos services n'avaient pas fiché le médecin-taxi. Un autre bon point pour lui.

— Safinaz ou Kaboul le surveilleront de près.

— Possible, pas certain. Vous devrez vous montrer très prudent, j'en conviens, même si les Coptes se chargent de votre protection rapprochée.

— La violence ne vous fait-elle pas horreur ?

— Dans la situation présente, votre question n'a aucun sens.
— Avez-vous envisagé un traquenard, à Esna ?
— Bien entendu.
— Et vous me recommandez quand même d'y aller ?
— Vous êtes le mieux qualifié. Si vous aviez refusé, j'aurais été contraint de vous faire expulser ; au moment de réaliser enfin votre rêve, quel gâchis ! Après l'épisode d'Esna, vous oublierez ces drames et ne vous préoccuperez plus que de votre barrage.
— Vous êtes plus cruel qu'un fauve.
— Les fauves ne sont pas cruels, monsieur Walker, ils remplissent leur fonction. Bonne chance, qu'Allah vous protège.

Kamel se leva et quitta l'église sans bruit, comme il était venu.

43.

Il était près de treize heures, en ce dixième jour du ramadan, lorsque le bateau de croisière accosta le quai de la ville d'Esna, en haute Égypte, à cinquante-quatre kilomètres au sud de Louxor. La lourde embarcation à fond plat manœuvra avec habileté ; le capitaine savait jouer avec le courant. Il ne resterait à Esna, cité agricole de quarante mille habitants, que deux ou trois heures, le temps pour sa maigre cargaison de touristes de visiter le temple du dieu bélier et d'acheter des cotonnades dans la rue marchande.

Une vingtaine d'hommes, serrés les uns contre les autres, s'étaient assemblés au débarcadère ; ils sautaient sur place et criaient. Le capitaine crut d'abord à un accueil chaleureux, en raison de la rareté des touristes. Il déchanta en entendant un concert d'insultes, d'anathèmes et de malédictions adressés à une femme. Les vociférateurs furent bientôt quarante, puis cent, puis trois cents, les poings brandis et les yeux levés vers le pont supérieur.

Le capitaine y grimpa, découvrant le scandaleux spectacle : une plantureuse Italienne bronzait, les seins nus, accoudée au parapet. S'emparant d'une couverture, il la jeta sur les épaules de l'exhibitionniste en la priant de regagner sa cabine et de s'habiller de manière décente. La belle protesta ; elle avait payé sa croisière et tenait à profiter du soleil.

Insultée, Esna s'enflammait ; dans les ruelles, on

hurlait « Mort aux étrangers ! ». Insistant sur la menace, le capitaine finit par convaincre l'imprudente de s'éclipser ; mais l'émeute avait pris corps.

Parti dans la nuit, Mark était arrivé à Esna au milieu de la matinée. Vêtu d'une galabieh bleue usée, aux manches longues, tombant jusqu'aux chevilles, la tête couverte d'un turban blanc, il s'était mêlé à la population, traînant dans la fameuse rue des marchands de cotonnades, examinant les fruits sur le marché, buvant un thé dans un café rempli d'hommes ensommeillés fumant le narguilé.

Esna bénéficiait d'une certaine prospérité, due à la générosité de la campagne environnante ; malgré l'accroissement de la population, on y mangeait à sa faim. C'était une journée comme les autres, bruyante et poussiéreuse. Malgré l'absence de touristes, la principale artère commerçante était encombrée de badauds ; couverte de toiles, elle jouissait d'une ombre propice aux interminables palabres entre vendeurs et acheteurs, dont les plus avisés s'attardaient sur les belles cotonnades, celles dont la couleur ne passait pas après le premier lavage. Bien qu'elles eussent la réputation d'être les plus raffinées d'Égypte, la qualité n'était jamais assurée.

Des dizaines de transistors diffusaient sans cesse de la musique arabe, souvent interrompue par des lectures du Coran. Après la prière de midi, Mark s'approcha du temple. L'heure du rendez-vous approchait.

Curieux édifice, en vérité ; réduit à l'état d'une imposante salle à colonnes, en bon état de conservation malgré l'humidité rongeant ses fondations, il trônait au fond d'une fosse profonde de neuf mètres ! Depuis sa fondation, près de deux millénaires auparavant, le sol de la ville s'était exhaussé d'autant, si bien que le haut des colonnes et la toiture atteignaient à peine le niveau des rues voisines. Pour visiter l'édifice, il fallait emprunter un escalier en bois et descendre dans la fosse.

L'environnement était plutôt déprimant : une mosquée délabrée, des magasins aux rideaux de fer baissés et rouillés, d'anciennes demeures coloniales avec des balcons en bois ouvragé sur le point de s'effondrer et des fenêtres murées, une chaussée défoncée avec des trous remplis d'eau croupie. Sous un poteau électrique, à l'inclinaison périlleuse, une enseigne presque illisible : *Hôtel Welcome*.

Peu après treize heures, d'après les indications des Coptes, Naguib Ghali en sortirait pour conclure son contrat d'achat d'armes avec le vendeur qui viendrait de la direction opposée ; sans doute s'accouderaient-ils au parapet dominant le temple et négocieraient-ils en faisant semblant d'admirer le monument.

Mark ne disposerait que de peu de temps pour aborder Naguib Ghali et le convaincre ; il profiterait de l'effet de surprise, lui promettrait la liberté et un départ immédiat pour Le Caire, sous la protection des Coptes, puis l'envol vers l'Espagne et sa famille.

Tendu, mais persuadé qu'il réussirait, l'Américain gardait l'œil rivé sur la porte de l'hôtel. Pour la dixième fois, il vérifia la présence, dans la poche de sa galabieh, du message signé par le diacre ; ces quelques lignes l'aideraient à gagner la confiance du converti.

Des femmes vêtues de robes noires déambulaient, des paquets ou des paniers sur la tête, accompagnées d'une marmaille crasseuse et piaillante ; l'échine ployant sous le poids de charges excessives, les ânes avançaient, comme hier, comme demain.

Deux policiers sortirent de la rue commerçante et discutèrent avec le gardien du temple qui se plaignait du manque de visiteurs ; après avoir écouté ses doléances d'une oreille distraite, ils s'éloignèrent, revinrent sur leurs pas, s'immobilisèrent à l'ombre d'un balcon et allumèrent une cigarette.

Un Occidental, en costume de couleur crème, marcha lentement en direction du Khnoum Bazar, le plus huppé des magasins de cotonnades ; il feignit de s'intéresser à un lot de serviettes de table. Une tête carrée, des cheveux coupés en brosse, de larges épaules : un bel exemple de militaire russe bien entraîné et correctement nourri. Naguib Ghali ne tarderait plus, puisque son interlocuteur venait d'apparaître. Les Coptes avaient dissuadé Mark de contacter son ancien ami dans l'hôtel ; les murs pouvaient avoir des oreilles.

Au loin, des éclats de voix.

D'abord, les échos d'une simple altercation ou d'une discussion commerciale, un peu chaude ; puis un grondement de plus en plus nourri. Les policiers écrasèrent leur cigarette, mais ne bougèrent pas ; affectés à la surveillance des alentours du temple, ils devaient attendre des ordres avant d'intervenir.

On sortait des maisons en courant et l'on se dirigeait vers le quai en proférant des menaces. Des barbus ameutaient la population ; de leurs discours hachés, Mark retint que plusieurs Occidentales se promenaient nues sur le pont d'un bateau en insultant Allah.

La porte de l'hôtel Welcome se ferma.

Un gamin d'une dizaine d'années fit rouler devant lui un pneu imbibé d'essence, l'alluma et lança le projectile enflammé en direction des policiers qui tirèrent en l'air et prirent la fuite. En moins de cinq minutes, l'émeute embrasa la ville.

L'officier russe tenta de se dissimuler à l'intérieur d'une masure ; Mark vit une dizaine d'hommes furieux se précipiter sur l'Occidental, le tabasser, le soulever par les pieds et le faire basculer par-dessus le parapet. Le vendeur d'armes s'écrasa au pied du temple, une dizaine de mètres plus bas.

L'Américain s'immergea dans le flot hurlant qui fonçait vers le quai où les forces de l'ordre tentaient de prendre position, tandis que le capitaine levait l'ancre en toute hâte. Des immeubles les plus proches, on bombardait le pont avec des pierres.

Persuadé que le groupe de Mohamed Bokar avait organisé un guet-apens et que Naguib Ghali était mort, Mark parvint à s'extraire de la foule et marcha en direction de la gare ; afin d'échapper à Safinaz, il prendrait le premier train, quelle que fût sa destination.

Qui l'avait envoyé au massacre, Kamel ou les Coptes ?

La gare était moins encombrée que d'ordinaire ; des garçonnets jouaient au ballon sur les rails, une mère donnait le sein à son bébé, un marchand édenté servait des fèves chaudes dans du papier journal ramassé sur la chaussée.

Mark n'eut pas le loisir d'acheter un billet ; quatre hommes l'entourèrent et le poussèrent à l'intérieur d'un break Peugeot.

À midi, à l'ombre, les thermomètres du Caire indiquaient quarante et un degrés. Sur le pont du 6-Octobre-1973, baptisé ainsi en souvenir du jour glorieux où Sadate avait lancé l'armée égyptienne à l'assaut du canal de Suez, les vendeurs de cacahuètes, de graines de lupin, de galettes et de jus de fruits dormaient sous des parasols troués ; ils tentaient d'oublier que, le matin de ce onzième jour du ramadan, des intégristes avaient détruit au fusil-mitrailleur de petits magasins d'alimentation, coupables d'être restés ouverts à l'heure de la prière.

Le break Peugeot passa devant un couple d'amoureux qui profitait de la torpeur ambiante pour prendre le risque de s'embrasser, puis emprunta plusieurs sens interdits avant de longer la berge du Nil qui, malgré ses huit cents mètres de large, respirait mal entre les buildings à l'américaine. Depuis la mise en service du haut barrage, le béton semblait avoir gagné son combat contre le fleuve-dieu ; les îles enchanteresses de Guézira et de Roda succombaient, comme les autres quartiers de la capitale, sous le poids de la surpopulation. Une felouque, presque incongrue, se glissa entre un bateau à moteur et un autobus fluvial, transportant une centaine de passagers.

Les Coptes demandèrent à l'Américain de descendre ; ils étaient arrivés à destination, une maison flottante amarrée à la pointe de l'île de Zamalek, face au quartier intégriste d'Imbaba, le site où, selon certains érudits, Bonaparte avait remporté la bataille des Pyramides.

La vieille demeure, autrefois occupée par de riches

aristocrates, gardait beaucoup de charme, avec sa véranda de bois ouvragé, ses petites fenêtres surmontées de frises et ses balcons d'apparence fragile. Bien des égyptologues de l'âge héroïque avaient emprunté ce type d'embarcation pour gagner le Grand Sud; une équipe de chercheurs y vivait à l'aise, se régalant même de concerts donnés sur un piano à queue.

Une centaine de kilomètres au nord d'Esna, le break Peugeot avait quitté la grand-route pour s'abriter quelques heures dans un village copte, avant de repartir en direction du Caire. Un autre arrêt, au petit matin, avait permis au moteur de refroidir et aux voyageurs de se restaurer. Personne n'avait consenti à répondre aux questions de Mark qui s'était endormi, malgré l'absence d'amortisseurs.

Avant de s'engager sur la passerelle, il hésita et se retourna; les Coptes s'étaient assis, montant une garde vigilante, indifférents au sort de leur passager.

— Entrez, dit Youssef, apparaissant sur le seuil de la maison flottante; la bière est fraîche, le déjeuner servi.

Dans la salle à manger d'un autre âge, le diacre, à la voix onctueuse, s'empressa de serrer la main de l'Américain.

— Nous avons eu peur pour vous.
— Un guet-apens organisé par Mohamed Bokar?
— Pas du tout, un simple concours de circonstances désastreuses! Une Italienne, inconsciente du danger, a provoqué la population en exhibant ses seins nus sur le pont d'un bateau de touristes. Malgré l'intervention du capitaine, cette apparition diabolique a déclenché une émeute. Pour nous, au plus mauvais moment! On déplore une dizaine de morts, dont deux policiers et l'officier russe qui devait nous vendre des armes; la police enquête sur son compte, mais ne pourra que déplorer la fin affreuse d'un brave touriste. Sur le coup, nous avons cru, nous aussi, à une intervention des terroristes; c'est pourquoi nos hommes ont assuré votre sécurité.

— Ils ne sont pas bavards.
— C'est un gage de longue vie.

— Naguib Ghali ?
— Avez-vous pu lui parler ?
— Non, je ne l'ai même pas vu.
Le diacre sembla ennuyé.
— Il a disparu. Lui aussi a dû croire à un guet-apens terroriste ; sans doute pense-t-il que nous l'avons trahi et que Mohamed Bokar connaît la vérité sur son compte.
— Et si c'était lui qui vous avait trahi en négociant les armes pour les intégristes ?
— Non, monsieur Walker ; il s'agit vraiment d'un incident inattendu. Et vous oubliez sa famille, son trésor le plus cher.
— Naguib a tellement menti ! Sa conversion était peut-être un rideau de fumée ; il faut tant de courage à un musulman pour quitter l'islam... En réalité, il a réussi à pénétrer votre réseau de résistants et à offrir ainsi des renseignements décisifs à Mohamed Bokar. Vous, Youssef, et les partisans de la lutte armée contre l'islamisme êtes désormais identifiés et condamnés.
— Vous vous trompez ; Naguib est un croyant sincère.
— Je l'espère pour lui et pour vous.
— Par dépit, vous noircissez la situation ; mais Naguib se reprendra vite et saura qui sont ses vrais amis.
Mark accepta une bière fraîche qu'il vida d'un trait.
— Pardonnez-moi de ne pas partager votre repas, mais d'autres tâches m'appellent.
Le diacre posa la main droite sur l'épaule de l'Américain.
— Ne soyez pas dépité et ne nous abandonnez pas ; plus que jamais, nous avons besoin de vous. L'amitié qui existe entre vous et Naguib n'a pas disparu ; vous seul saurez le convaincre.
— Désolé, Esna était ma dernière étape dans ce bourbier.
— Quand Naguib aura été localisé, obtenez les informations qu'il détient et sauvez-lui la vie ; Dieu vous en sera reconnaissant.
— J'ai mieux à faire.

44.

Youssef accepta de conduire l'Américain au Mokkatam ; son visage fermé le dissuada d'entreprendre une quelconque conversation.

Au plus fort de la chaleur, les fumées noires montant des tas d'ordures continuaient à obscurcir le ciel ; ici, depuis l'installation des zâbbalin, il n'était plus jamais bleu. La Buick rose clair, couverte d'autocollants au nom des grandes villes américaines, klaxonna pour effrayer un troupeau de cochons noirs que deux fillettes ne parvenaient pas à maîtriser. Pendant la journée, les chiffonniers dormaient à l'ombre de leurs charrettes ; les femmes ne chômaient pas, triant les déchets.

Une quinte de toux déchira la poitrine de Mark ; il ne s'habituait pas à l'odeur âcre régnant dans la décharge.

— Prenez garde en descendant, recommanda Youssef ; le sol est glissant.

Un vieillard repeignait des croix coptes sur les portes des taudis où s'entassaient les familles. Youssef fit un détour par la grande baignoire remplie de détergents, s'assura de son bon fonctionnement et grimpa vers la maison en dur où Mona se reposait.

Devant la porte, un nouveau monceau d'immondices ; le chef de la mafia des déchets le dispersa avec un bâton et franchit le seuil.

La grande pièce peinte en vert sombre était plongée

dans les ténèbres ; Youssef alluma. Sur la banquette recouverte de tissu à fleurs, au-dessous du portrait de la Vierge Marie, gisait un homme torse nu, la bouche entrouverte.

— Où est Mona ? interrogea Mark, agressif.
— Je n'en sais rien, je vais me renseigner...

L'Américain saisit Youssef à la gorge et le plaqua contre le mur.

— Vous mentez.
— Non, je vous jure que non !
— Qui est ce type ?
— Je l'ignore.
— Vous n'auriez pas dû toucher à Mona.
— Elle devait être ici... Venez avec moi, nous allons nous renseigner.

Plusieurs zâbbalin firent irruption dans la pièce, armés de couteaux ; Mark ne desserra pas sa prise.

— La femme ? demanda Youssef.
— Partie, répondit un chiffonnier.
— Quand ?
— Ce matin.
— Où est-elle allée ?
— Elle n'a rien dit ; nous, on n'avait pas d'ordres. Alors...
— Et ce cadavre ?
— Un autre espion musulman ; on voulait l'interroger, mais il nous a claqué entre les doigts. Normalement, vous n'auriez pas dû le trouver là ; on s'apprêtait à l'emporter.

Mark lâcha Youssef.

— Si je ne retrouve pas Mona, je reviendrai et tu finiras sur un tas d'ordures.

Elle répondit à l'Interphone.
— Qui est là ?
— Mark.
— Monte vite !

Il ne s'était pas trompé ; Mona était bien rentrée chez elle, incapable de supporter l'atmosphère de la décharge. Sans doute les chiffonniers chrétiens n'avaient-ils pas été mécontents de voir disparaître cette musulmane encombrante.

En pantalon, pieds nus, les cheveux libres, elle était plus séduisante que jamais. Malgré ses blessures, sa beauté envoûtait ; une beauté lumineuse, abandonnée, rassurante.

Mark et sa maîtresse s'étreignirent longuement, comme deux amants se retrouvant après une interminable absence.

– Je n'en pouvais plus, Mark... Ces odeurs, cette saleté ! Dieu exige de nous la propreté, Il n'accepte pas les prières d'un être sale... Je me suis lavée pendant des heures, j'ai purifié chaque parcelle de mon corps, j'ai... Tu m'en veux ?

– J'ai eu peur, Mona, si peur.

– J'ai profité d'une voiture qui partait pour la ville. Personne ne m'a retenue.

– Tu as pris un énorme risque.

– Je ne voulais pas finir sous la crasse.

Enlacés, ils sortirent sur le balcon d'où ils contemplèrent le Nil, dont l'antique majesté ne sortait pas indemne de la concentration urbaine et des masses de béton. À cette date, autrefois, la crue recouvrait le pays, transformé en une mer féconde peuplée d'îlots habités ; Mark songea aux paroles du général Amr Ibn el-As, alors qu'il venait de conquérir l'Égypte, au VIIe siècle, et de la faire entrer dans le monde arabe :

L'heure arrive où toutes les sources du monde acquittent leur tribut à ce roi des fleuves que la Providence a placé au-dessus des autres. Alors les eaux sortirent de leur lit, inondant la plaine et y déposant leur limon fertilisant ; tous les villages sont isolés, ne communiquant les uns avec les autres que par des barques innombrables comme les feuilles du palmier. Mais, en sa sagesse, le fleuve rentre ensuite dans les limites que le destin lui a tracées, afin que les hommes recueillent le trésor qu'il a confié à notre mère la terre.

Mona lut dans sa pensée.

– Tu rêves des fêtes d'autrefois, lorsque le Nil nous apportait la richesse ?

– J'ai gagné, chérie ; les autorités me confient l'organisation d'un colloque sur les effets nocifs du haut barrage.

Les tendres yeux verts se troublèrent.

– Ma fille m'a de nouveau téléphoné, de Londres ; j'ai honte, mais elle m'a presque convaincue.

– De partir ?

– Mark, si je te demandais... De venir avec moi ?

Il l'aimait, elle en était sûre ; sa force la rassurait.

– Je crois que je suis à bout, Mark... Trop de coups, trop de danger. À présent, je veux être heureuse ; et je ne le serai pas sans toi.

On sonna.

Mona sursauta.

– Ne répondons pas.

Mark utilisa l'Interphone ; la voix qu'il entendit ne le surprit guère.

– C'est Kamel ; laissons-le monter.

– Non, je...

– Il ne nous lâchera pas.

– Comme tu voudras.

L'homme des services secrets était toujours aussi élégant : costume bleu, cravate rouge en soie, pochette brodée lui donnaient une allure d'aristocrate détaché des contingences.

– Dois-je me retirer ? demanda Mona.

– Au contraire, répondit l'Égyptien, votre présence est indispensable.

– Ne la mêlez pas à vos combines, exigea Mark.

– Désolé, mais la situation a beaucoup évolué.

– Asseyons-nous, proposa Mona ; si vous respectez le ramadan, je ne peux rien vous offrir.

– Je le respecte.

– Ce n'est pas le cas de Mark.

– Permets-moi de m'associer à vous.

Mona avait recouvert de housses plusieurs sièges du salon, comme si elle s'apprêtait à quitter son appartement.

— Un voyage en vue ? interrogea Kamel.
— Peut-être.
— Ma course folle s'est arrêtée à Esna, déclara Mark ; à présent, je désire organiser le colloque et sauver l'Égypte à ma manière.
— J'ai localisé votre ami Naguib Ghali.
— Si vite ?
— Les Coptes ne vous ont pas tout dit ; si la transaction d'Esna échouait, pour une raison quelconque, une solution de remplacement était prévue.
— Je m'en moque.
— Ce luxe vous est interdit ; ne m'obligez pas à vous rappeler les termes de notre accord.
— Suis-je à jamais votre prisonnier ?
— Je vous considère comme un collaborateur privilégié dont j'utilise les compétences ; lorsque je les aurai épuisées, vous n'entendrez plus parler de moi.
— Me croyez-vous aussi naïf ?
— J'ai toujours pratiqué ainsi ; vous ne serez pas une exception. Terminez votre travail et vous serez libre de reprendre votre lutte contre le barrage.

Mona se tourna vers Kamel.

— Dans votre métier, on a coutume de se débarrasser des gens inutiles et gênants ; je suppose que Mark sera victime d'un accident, dès que vous aurez obtenu satisfaction.
— J'y ai songé, avoua l'Égyptien, mais je suis persuadé que M. Walker peut être très utile à notre pays ; le haut barrage est un réel danger qu'il faut combattre avec force et finesse. Dans ce domaine, je suis incompétent et il est le mieux placé. N'est-il pas réconfortant de constater qu'un idéal peut vous sauver la vie ?
— Où se trouve Naguib ? interrogea l'Américain.
— À Louxor. Cette fois, j'interdis aux Coptes d'intervenir ; mes hommes assureront votre sécurité et vous protégeront lors de votre prise de contact avec votre ancien ami.
— Quand aura-t-elle lieu ?
— Je l'ignore encore, mais notre cher diacre finira

par me l'apprendre. Vous partez tous les deux pour Louxor.

Mark s'insurgea.

— Pourquoi, tous les deux ?

— Un couple égyptien, sous un faux nom, ne devrait pas attirer l'attention des terroristes. Voici vos billets d'avion ; on vous attendra à l'aéroport.

— Vous n'avez pas le droit de disposer ainsi de l'existence de Mona.

— Qui, mieux que vous, assurerait sa sécurité ? Safinaz et ses alliés recherchent un Occidental isolé, pas un couple d'autochtones.

Mona prit le bras de Mark et regarda Kamel droit dans les yeux.

— Je pars avec lui.

45.

La villa blanche, noyée dans les palmiers, avait été construite par un architecte égyptien prenant modèle sur les monastères des premiers siècles où la disposition des ouvertures assurait, au cœur de l'été, une merveilleuse circulation d'air.

Dès le lendemain de leur arrivée à Louxor, Mona se sentit régénérée ; la beauté des lieux, le calme de cette vaste demeure entourée de palmiers, la luxuriance du jardin l'enchantèrent. Deux domestiques, d'une discrétion exemplaire, satisfirent les moindres besoins du couple.

— Je m'attendais à l'enfer, dit-elle, et c'est le paradis.

— Tu m'obliges quand même à respecter le ramadan.

— Pourquoi tant de bonheur ?

— Parce que Kamel est un grand seigneur, plutôt imprévisible.

— Je dois te l'avouer... Je n'étais jamais venue à Louxor ! Mon mari estimait que séjourner dans une petite ville de province ne seyait pas à son rang.

— Petite ville de province, la Thèbes aux cent portes des pharaons, la capitale qui fut le centre du monde civilisé !

— Et si tu me servais de guide ?

— Je doute que notre protecteur nous autorise à sortir d'ici.

Mark se trompait.

Les hommes de Kamel, chargés de la surveillance de la villa, laissèrent le couple emprunter une felouque dont la haute voile blanche se déploya. Sans bruit, elle glissa sur le Nil, profitant du vent chaud et jouant avec le courant qui, par endroits, formait de petits tourbillons. Des jacinthes d'eau, dévoreuses d'oxygène, dérivaient ; s'agglutinant en îlots, elles étaient périodiquement détruites par des produits chimiques, mais ne cessaient de proliférer, jusqu'à obstruer des canaux. Inconscients de la pollution, des gamins nageaient, en bordure du fleuve.

Le dieu Nil envoûta le couple. Le soleil d'été lui conférait une majesté d'un bleu profond ; au cœur de sa puissance vivait encore Hâpy, le génie du flot, androgyne aux mamelles pendantes qui montait à l'assaut des rives afin de les féconder.

Des dizaines de bateaux de croisière, désarmés, étaient disposés le long des quais principaux.

La felouque progressait avec une sage lenteur ; Mark, nostalgique, songea à l'époque où les moteurs n'existaient pas. Ni le bruit ni la vitesse ne polluaient la terre et le cerveau des hommes ; dans le fleuve, hippopotames et crocodiles obtenaient un équilibre acceptable pour chaque clan. Les pêcheurs sortaient de l'eau une nourriture abondante et variée, le poisson séché étant l'aliment le plus quotidien et le moins onéreux.

– Le Nil meurt, Mona ; à cause du haut barrage, il ne se régénère plus. Telle une artère bouchée, il provoquera la déchéance du corps qu'il habite. L'humanité a commis l'un de ses plus grands crimes en empêchant le flot nourricier de vivre son rythme originel.

– L'Égypte ne doit pas mourir.

Dans les yeux vert tendre, une énergie indomptable, cette même énergie qui animait Mark depuis qu'il avait entamé sa lutte contre un ennemi tout-puissant.

– Emmène-moi dans le passé, Mark ; fais-moi découvrir cette capitale fabuleuse.

L'Américain commença par l'immense temple de Karnak, d'ordinaire livré en pâture à des milliers de touristes. Pas un seul car ne stationnait sur l'esplanade précédant le grand pylône qui marquait l'accès du palais des dieux ; l'allée des sphinx était déserte.

Silencieux, Mark et Mona franchirent le seuil, traversèrent la grande cour écrasée de soleil, puis parcoururent à pas lents l'immense salle à colonnes de Ramsès II ; assis à l'ombre des chapiteaux géants, ils contemplèrent les scènes d'offrande, brusquement transplantés dans un univers paisible et éternel. Soulagés de leur fardeau, ils cheminèrent jusqu'à la porte d'Orient, splendide et solitaire, précédée d'herbes coupantes. Ruiné, souffrant de graves blessures infligées par les hommes, Karnak préservait la mémoire des sages et des initiés qui avaient vécu dans ce temple afin de maintenir les liens entre le ciel et la terre. Mark évoqua les rituels de l'aube, la célébration de la lumière divine, la rencontre de Pharaon avec la divinité, dans le secret du naos.

Lorsque le jour déclina, un vent léger les rafraîchit ; Mona pria son Dieu, Mark se noya dans l'orangé du coucher de soleil. La rupture du jeûne proclamée, un gardien leur apporta de l'eau ; à regret, ils sortirent du temple.

Sous les ombrages mêlés d'un palmier et d'un tamaris, Mark rédigea un projet d'organisation du colloque. Mona joua l'avocat du diable en prenant la défense du haut barrage ; l'Américain démonta chaque argument et insista sur le danger mortel que couraient les monuments ; en passant d'un climat chaud et sec, propice à la conservation des œuvres, à un milieu humide, l'Égypte verrait son patrimoine se dégrader très vite. Sans lui, que deviendrait-elle, sinon un pays misérable, proie facile pour le fanatisme ?

Mona corrigea quelques fautes d'arabe et ajouta des formules de politesse, vantant les mérites innombrables et infinis des destinataires du document. Elle le relut, satisfaite.

– C'est convaincant et bien charpenté.
– Suffisant pour déclencher une action ?

– Ne sois pas pressé, à la manière d'un Occidental ignorant de nos coutumes ; il faut d'abord palabrer, échanger des discours, emporter l'adhésion. Ensuite, on agit.

– Cet après-midi, je t'emmène sur la rive ouest.

– Celle des morts ?

– Non, celle des ressuscités.

En l'absence de consignes, ils se sentaient libres comme deux jeunes mariés savourant sans retenue les plaisirs de leur lune de miel.

La felouque les traversa à son rythme ; au débarcadère des paysans, ils louèrent un taxi, ravi de transporter enfin deux touristes, et prirent soin de ne parler qu'en arabe. Le chauffeur connaissait mal les sites, Mark lui indiqua la route.

Grâce à son guide, Mona découvrit le temple de Deir el-Bahari, construit sous le règne de la reine-pharaon Hatshepsout ; disposé en terrasses montant à l'assaut d'une falaise que dominait la montagne d'Occident, domaine de la déesse du silence, il aspirait l'âme vers l'éternité de la roche. En regardant les bas-reliefs, le couple revécut les épisodes du voyage des marins de la reine vers le merveilleux pays de Pount d'où ils avaient rapporté des arbres à encens, plantés devant le temple, autrefois dissimulé dans un écrin de verdure.

Les amants terminèrent la journée dans les tombes des nobles dont les couleurs vives et les personnages éternellement jeunes affirmaient la victoire sur le trépas ; Mark et Mona les sentirent très proches, comme si leur voix, que transmettaient les hiéroglyphes, ne s'usait pas en traversant les siècles. La jeune femme éprouvait le sentiment d'explorer un continent inconnu, peuplé d'êtres chers qu'elle regrettait de n'avoir pas fréquentés plus tôt.

Ce soir-là, ils traversèrent le Nil au couchant ; la felouque se fondit dans les ors argentés du fleuve qui retournait dans l'océan d'énergie d'où il renaîtrait à l'aube. Il devenait leur confident et leur allié, capable de faire croître un amour dont il préserverait la pureté.

Mark se jura de combattre de toutes ses forces afin de sauver le fleuve-dieu de l'asphyxie.

Comme la veille, le dîner fût somptueux, digne des meilleures tables orientales ; Mark ne doutait plus que la villa blanche fût une résidence secondaire de Kamel, tant le raffinement imprégnait chaque pièce. Le propriétaire avait choisi des tapis iraniens, des sièges du Moyen Âge marocain et des gravures originales du peintre anglais David Roberts qui, au XIXe siècle, avait offert une vision romantique des monuments et des paysages d'Égypte, avec une précision inégalée. Dans cette demeure, l'homme des services secrets devait oublier soucis et dossiers, croire que son pays vivait dans la paix et la prospérité.

Comme aucune directive ne leur était imposée, Mark et Mona savourèrent les journées suivantes avec gourmandise ; levés avant l'aube afin d'absorber un substantiel petit déjeuner, ils gagnaient la rive ouest en felouque, visitaient les « demeures d'éternité » des anciens et se reposaient sous l'acacia du Ramesseum, le temple de Ramsès II.

Vint le matin où Mark demanda au chauffeur de taxi de prendre la route de la Vallée des Rois, son site fétiche, le plus menacé. Lorsque la voiture passa entre des falaises surchauffées, dépourvues de toute végétation, Mona frissonna.

Ce monde minéral l'effraya ; implacable, il n'accordait aucune place au rêve. Percevant le trouble de la jeune femme, Mark la serra contre lui, comme s'ils s'apprêtaient à subir une épreuve terrifiante.

A cause de la forte chaleur et des menaces islamistes, les touristes avaient déserté la Vallée où, d'ordinaire, ils déferlaient par milliers, se précipitant à l'intérieur des tombes qu'ils visitaient en quelques minutes, bruyants et peu attentifs ; d'aucuns se frottaient le long des parois, abîmant peintures et bas-reliefs que la sueur et l'humidité contribuaient à dégrader. Seule parade, laide et dérisoire : des panneaux de verre, vite poussiéreux, que le Service des antiquités installait dans les tombes les plus fréquentées.

Mark laissa à Mona le temps de s'habituer à la puissance de la Vallée ; lorsque son souffle redevint régulier, il l'entraîna dans la dernière demeure de Toutankhamon, qui bénéficiait d'un privilège remarquable : reposer dans son sarcophage. Toutes les autres momies des monarques du Nouvel Empire survivaient en exil, dans une salle du musée du Caire.

Il fit remarquer à l'Égyptienne l'état de dégradation des murs de la tombe ; mais elle fut fascinée par le regard du masque d'or, empreint de la sérénité d'un au-delà lumineux. Le jeune roi ressuscité dissipa les craintes de la jeune femme devenue, comme tant d'autres, une adepte de la Vallée.

Séthi Ier, Horemheb, Amenhotep II, Thoutmosis III, Ramsès VI... Mona avait le cœur empli de visages de pharaons, de déesses souriantes, de scènes magiques qui clamaient la certitude de la résurrection des êtres de lumière. Ces pharaons n'étaient pas morts ; en rencontrant leurs images peintes et gravées, en participant à leur rituel de renaissance, Mona comprit la passion de Mark. Préserver ces trésors de la destruction était aussi essentiel que de nourrir la population.

Pendant le dîner, les deux amants ne parlèrent que du plan de sauvetage de la Vallée, comme si nulle autre mission n'existait.

Mona n'avait pas sommeil ; elle se doucha, heureuse de constater que l'eau chaude ne la faisait plus souffrir. Tendant la main, elle attira Mark, encore vêtu de son pantalon.

– Ma famille m'a obligée à épouser Zakaria et je fus mère à seize ans ; aujourd'hui, grâce à toi, mon passé est mort. Je veux vivre très fort, avec toi.

Il l'embrassa, pendant qu'elle dégrafait sa ceinture ; trempés, unis, ils s'aimèrent.

Ils étaient assis dans la chambre de résurrection de la tombe de Ramsès IV, celle-là même où Champollion avait élu domicile pendant son séjour thébain. Les murs du couloir, couverts de hiéroglyphes bleus sur fond blanc, et le plafond, orné d'une immense déesse du ciel avalant le soleil du soir par la bouche afin de le transformer en soleil du matin, rendaient la tombe lumineuse et gaie.

— Je ne savais pas, Mark ; je ne savais pas que mon propre pays abritait de telles splendeurs.

— Pour combien de temps ?

— Tu les sauveras, n'est-ce pas ?

— Il reste un grand nombre de fonctionnaires à convaincre.

— Je t'aiderai, tu en auras la force.

Ces paroles lui rappelèrent celles d'Hélène, si enthousiaste, si sincère... Mona perçut le trouble de son amant.

— À quoi penses-tu ?

— À l'attitude d'Hélène. Je ne comprends toujours pas pourquoi...

— N'était-elle pas amoureuse, tout simplement ?

— T'ai-je déjà parlé de la prophétie ?

— Non.

— Je l'ai découverte dans une tombe d'Assouan ; un vieux sage annonce le règne du crime et de la violence. N'est-elle pas en train de se réaliser sous nos yeux ?

Un bruit de pas.

Mona et Mark se levèrent, surpris ; ils s'étaient habitués à la solitude, comme si la Vallée des Rois leur appartenait.

Kamel s'immobilisa devant l'énorme sarcophage de Ramsès IV.

— Quel admirable chef-d'œuvre... Jamais nous ne parviendrons à égaler nos anciens. On passerait sa vie dans ces tombes... Mais les vacances sont terminées. Le contact avec Naguib Ghali est prévu pour demain soir.

46.

Dès que la rupture du jeûne avait été proclamée, en ce dix-huitième jour du ramadan, les rues de Louxor s'étaient vidées, chacun se précipitant chez soi pour boire et se restaurer. Vers dix heures du soir, elles s'étaient de nouveau remplies ; les uns faisaient une promenade digestive, les autres discutaient. Les commerçants étaient ouverts, avec l'espoir d'attirer un badaud qui profitait de la douceur de la nuit pour flâner.

Mark, en galabieh bleue, s'était adossé à un mur, près de la célèbre bijouterie Philippe, proche du Nile Hotel ; un tapis rouge conduisait à la porte vitrée qui s'ouvrait automatiquement. En vitrine, des croix de vie en or, des colliers, des amulettes en ivoire et une petite tête de Néfertiti en jaspe.

Des calèches passaient, vides ; assis sur des chaises branlantes, des vieux fumaient et palabraient. Mark se prit au jeu, goûtant cette paix nocturne et buvant le temps à petites gorgées. Seule fausse note, les pétarades de motos, conduites à toute allure par des jeunes fiers de leurs montures, au risque de renverser les cyclistes qui évitaient à grand-peine les bosses et les trous de la chaussée. Au bazar Van Gogh, on achetait des bouteilles de Baraka, l'eau minérale du pays, du Coca-Cola et des jus de fruits. Un vendeur ambulant cassait les prix sur les boissons fraîches.

Après avoir photographié les scènes de rue, deux

Japonaises s'intéressèrent à la vitrine d'un magasin qui exposait des plateaux de cuivre de diverses dimensions et des imitations, en faux albâtre, de sculptures égyptiennes, bien visibles derrière un grand panneau vitré. Tout sourire, le vendeur parvint à accrocher les Asiatiques ; elles entrèrent dans la boutique dont la porte fut aussitôt refermée afin de préserver l'air conditionné. Mark préférait celui de la rue, heureux d'échapper à la folie américaine qui imposait au monde entier cette invention dangereuse, propagatrice de microbes et de virus. De son poste d'observation, il assista à la discussion animée entre le vendeur, qui fit appel au patron, plus âgé, et les deux Japonaises. Malgré une belle résistance, elles s'avouèrent vaincues et achetèrent un plateau décoré d'un visage délabré du malheureux Toutankhamon.

Kamel avait obtenu des Coptes les renseignements qu'il exigeait ; à partir de onze heures, Naguib Ghali pouvait apparaître à tout moment. Depuis une dizaine de minutes, Mark suivait des yeux un Européen qui ressemblait comme un frère à l'officier russe tué à Esna. Carré, raide, il semblait inquiet et mal à l'aise ; bien qu'il fût vêtu d'une chemisette et d'un pantalon de toile, on l'aurait cru en uniforme.

Un acrobate à vélo le frôla ; fier de sa bicyclette neuve, il choisissait une cible, fonçait sur elle en zigzag, lâchait les mains du guidon et l'évitait au dernier moment. Le jeu n'amusa pas le Russe qui faillit assommer l'adolescent au passage. Irrité, il traversa la rue et heurta le vendeur de plateaux en cuivre qui commença aussitôt à l'entreprendre ; afin d'amadouer le client, il lui offrit une tasse de thé. Assoiffé, le marchand d'armes accepta, entrant ainsi dans l'engrenage ; il fut entraîné dans le magasin et convié à regarder les merveilles à petit prix.

Dès qu'il fut à l'intérieur, la porte se referma.

Le Russe était à présent entre les mains des hommes de Kamel qui l'obligèrent à se tenir contre la vitre et à regarder la rue ; lorsque Naguib Ghali le repérerait, il penserait que son interlocuteur avait tué le temps en faisant du shopping. Mark se porterait à la hauteur du médecin-taxi et lui parlerait.

Les minutes s'écoulaient ; un vendeur de pâtisseries s'était endormi sur sa chaise, les transistors débitaient des chansons populaires.

Naguib Ghali portait une galabieh marron et réglait son pas sur celui des badauds, mais l'Américain le reconnut aussitôt. Il s'immobilisa à la hauteur du bazar Van Gogh et alluma une cigarette. Lorsqu'un jeune homme lui demanda du feu, Mark eut envie de bondir, redoutant le pire ; mais il s'éloigna en chantonnant.

Sans hâte, Mark marcha en direction de son ami.

Leurs regards se croisèrent, lorsque l'Américain passa sous un lampadaire ; intrigué, presque effrayé, Naguib ne prit pas la fuite. Mark sentit qu'il avait envie de dialoguer ; sa mission serait moins difficile que prévu.

Un vélo freina brusquement, séparant les deux hommes ; le cycliste sortit un revolver de la poche de son pantalon, tira trois fois sur Naguib Ghali à bout portant et, debout sur les pédales, tenta de s'enfuir. Mark le percuta et le renversa ; le tueur se releva et visa son adversaire.

Les deux policiers en civil, chargés de la protection rapprochée de Mark, furent plus rapides que l'intégriste et l'abattirent de plusieurs rafales de pistolet-mitrailleur ; le sang gicla sur les roues du vélo qui tournaient dans le vide.

Prises de frénésie, les forces de sécurité tirèrent en l'air, provoquant une panique ; en moins d'une minute, la rue commerçante fut vide et le quartier bouclé.

Mark, indifférent au tumulte, se pencha sur le cadavre de Naguib Ghali ; l'assassin avait visé à la tête, ne lui laissant aucune chance. Mille souvenirs lui serrèrent le cœur, comme si cette mort tragique effaçait les fautes de Naguib pour ne laisser subsister que l'amitié et les moments heureux.

L'intégrisme avait tué Farag, le penseur de l'avenir, et Naguib, le compagnon du quotidien ; Mona et lui-même étaient les prochains sur la liste. Croire qu'il pouvait sortir du champ de bataille n'était qu'illusion.

Kamel s'approcha.
- Avez-vous eu le temps de lui parler ?
- Non.
- Désolé.
- Il devait en sortir indemne, n'est-ce pas ?
- Il nous reste son interlocuteur.
- Je veux assister à l'interrogatoire.
- Ce n'est pas très régulier, monsieur Walker.
- Ce sont mes amis qu'on assassine sous mes yeux.
- Venez.

Ils entrèrent dans le magasin où les hommes de Kamel retenaient l'Européen ; sur ses lèvres, un léger sourire. Mark remarqua la présence, sur son front, d'une petite bosse circulaire, le « raisin sec » des musulmans les plus pieux.

- Votre nom ? demanda Kamel.
- Cheikh Abass.
- Votre véritable nom ?
- Je n'en ai pas d'autre.
- Quel type d'armes comptiez-vous vendre à Naguib Ghali ?

Le converti éclata de rire.

- Votre petit traître n'avait aucune chance de s'en sortir... Si vous ne m'aviez pas intercepté, c'est moi qui l'aurais abattu ; Allah châtie sans pitié les renégats ; soumettez-vous à Sa loi, ou vous périrez. Si vous me remettez immédiatement en liberté, je plaiderai votre cause.
- Vous êtes russe, n'est-ce pas ?
- Je suis le cheikh Abass et je milite pour que la vraie foi règne enfin sur ce pays. Soumettez-vous, ou nous ferons sauter tous les ministères avant d'exécuter le président, coupable d'impiété et de corruption.

Le prisonnier cracha au visage d'un des policiers égyptiens ; Kamel l'empêcha de frapper le Russe.

- Je veux votre vrai nom, vos contacts et la filière qui vous permet de livrer des armes aux intégristes.
- Je suis le cheikh Abass ; Dieu m'a chargé de répandre la vérité.
- Vous m'obligez à vous confier à des spécialistes ; je vous conseille de leur répondre.

— La souffrance ne m'effraie pas ; Allah me soutiendra dans mon martyre.

Kamel ramena Mark à la villa ; l'air était doux et parfumé.

— Dans quelques heures, nous saurons tout ; inutile de vous faire assister à une séance de torture, n'est-ce pas ?

Quand Mark descendit de la voiture, Mona courut vers lui et se suspendit à son cou.

— J'étais si angoissée...

— Naguib a été tué, le marchand d'armes arrêté.

La jeune femme s'était assoupie. Assis dans des fauteuils de jardin, Mark et Kamel buvaient un café.

— J'adore la senteur du jasmin, déclara l'Égyptien ; elle évoque un paradis perdu où les hommes se nourrissaient d'essences subtiles.

— Avez-vous tiré toutes les conséquences de ce drame ?

— Hélas, oui, monsieur Walker ! Non seulement les terroristes de Mohamed Bokar étaient parfaitement informés de la trahison de Naguib Ghali, mais encore les Coptes ont-ils été abusés ; de plus, il est clair que mon propre service est gangrené. La mort de votre ami me prive d'une source d'informations essentielle, les fanatiques agiront désormais à leur guise. J'ignore le nom des traîtres qui reçoivent mes ordres et préviennent les intégristes de mes projets. Aujourd'hui, je suis un homme seul et n'ai confiance qu'en une seule personne : vous.

— Moi aussi, j'apprécie ce parfum ; si ce pays échappait au fanatisme, il deviendrait un paradis retrouvé.

— Vous êtes libre, monsieur Walker ; retournez à votre barrage. Je n'ai plus aucune raison de vous manipuler.

— Renonceriez-vous ?

— Je suis un fonctionnaire bien payé, et un fonctionnaire bien payé doit s'acquitter de sa tâche jusqu'au dernier moment, qu'elle soit utile ou non. Le destin a choisi ; ma dernière chance de contrer Mohamed Bokar s'est évanouie.

— Ce découragement ne vous ressemble pas.
— Je suis lucide ; la machine infernale fonctionne à plein régime, et je n'ai plus la capacité de l'enrayer. Le peuple se trompe, une fois de plus, et fera son propre malheur en accordant sa confiance aux intégristes.
— N'est-il pas capable de se réveiller ?
— Trop tard ; le corps de l'État est atteint d'une maladie mortelle. Naguère, mon service était cohérent et efficace ; aujourd'hui, les anciens adversaires des islamistes les considèrent comme des libérateurs. Le peuple allemand avait applaudi l'avènement du nazisme ; depuis cette époque, la conscience de l'humanité n'est plus qu'un tissu déchiré qui laisse passer les hordes barbares.
— La communauté internationale réagira.
— Qui s'est préoccupé des génocides, petits ou grands ? Personne n'a arrêté les Khmers rouges, qui ont massacré des millions d'hommes, personne n'empêche des tueurs d'exterminer les dernières tribus sauvages d'Amazonie. Quelques articles de journalistes plus ou moins indignés, une ou deux émissions de télévision vite oubliées, et le massacre continue. Personne, pas même le président des États-Unis d'Amérique, ne s'est opposé à l'instauration d'une république islamique en Iran, la première manifestation visible du cancer qui ronge le monde musulman.
— Les Américains ne laisseront pas l'Égypte devenir un nouvel Iran.
— Si les intégristes leur donnent les garanties commerciales qu'ils exigent, le business fleurira. Votre pays, comme les autres, n'a d'autre morale que les intérêts financiers de ses milieux d'affaires ; notre monde ne sent pas le jasmin.
— Quand Mohamed Bokar frappera-t-il ?
— S'il respecte sa propre logique, le dernier jour du ramadan qui, cette année, se confond avec notre fête nationale. Il ne vous reste plus beaucoup de temps pour organiser votre colloque ; vous n'ignorez pas que les intégristes ont promis de détruire les monuments pharaoniques, symboles d'un paganisme haï et des liens avec l'Occident.

— Un colloque mort-né, si je vous suis...
— Quittez l'Égypte et emmenez Mona avec vous.
— Pourquoi ne partez-vous pas ?
— Supposez que la chance tourne et que je parvienne, grâce à un miracle, à retarder l'action des terroristes.
— Vous n'y croyez pas vous-même.
— L'utopie a parfois bien des charmes.
— Une fois de plus, vous ne me laissez pas le choix.
— Je le répète, monsieur Walker : vous êtes libre et vous n'entendrez plus parler de moi.
— Fuir comme un lâche, oublier le sacrifice de Farag, l'assassinat de Naguib, abandonner le pays que j'aime et la civilisation à laquelle j'ai consacré mon existence... C'est cela, votre liberté ?
— En avez-vous une autre ?
— La fatigue vous aura empêché d'y penser ; ne suis-je pas la prochaine cible de Safinaz ? Si je m'expose davantage, elle ne résistera pas à la tentation. La tenir, c'est remonter à Mohamed Bokar.
— L'aime-t-il vraiment ?
— Elle est devenue sa fierté.
— Solution risquée, surtout pour vous.
— Pour vous aussi ; si je suis à vos côtés, elle ne vous considérera pas comme un témoin innocent. Supposez que votre... interrogatoire fournisse des indications exploitables, nous serions dans une position moins catastrophique que vous ne l'estimez.
— Seriez-vous en train de m'apprendre mon métier, monsieur Walker ?
— Oublions les susceptibilités ; mon plan est valable, à condition d'en exclure Mona.
— Croyez-vous qu'elle approuvera votre décision ?
— Je ne lui mentirai pas.
— Vous lui demandez beaucoup.
— Mona est une femme exceptionnelle.
— Avez-vous encore le loisir de songer au bonheur ?
— Ce n'est pas votre cas ?
— Je ne suis qu'un rouage de l'administration, peut-être le lointain héritier d'un scribe qui contrôlait la ren-

trée des céréales dans les greniers, aimait voir les ventres bien remplis et les cœurs épanouis. Quel bonheur oserait se comparer à celui-là ? Nous devrions dormir un peu ; la prochaine journée du ramadan s'annonce rude.

47.

Ni Mark ni Kamel n'apprécièrent les plats raffinés qui leur furent servis avant l'aube ; malgré leur manque d'appétit, ils se forcèrent à manger pour accumuler de l'énergie. Mona ne toucha à rien.

— Pourquoi m'enfermer ici ?
— C'est la meilleure solution, estima Mark ; ne trouves-tu pas cet endroit merveilleux ?
— Je préfère retourner au Caire.

Kamel n'émit aucune objection.

— Chez moi, reprit-elle, les yeux dans le vague, j'attendrai la nouvelle de ta mort. Et puis je servirai d'appât, comme toi ; peut-être mes tortionnaires reviendront-ils achever leur travail.
— Mes hommes surveilleront votre appartement jour et nuit, affirma Kamel ; je vous félicite pour votre courage.
— Une Égyptienne peut se montrer aussi folle qu'un Américain.

Fière, intraitable, elle ressemblait à l'une de ces nobles dames de l'ancienne Thèbes qui avaient façonné la grandeur de l'État pharaonique.

Mark la prit dans ses bras.

— Est-il nécessaire de t'exposer ainsi ?
— Si Safinaz me hait encore plus que toi, elle interviendra.

Un domestique prévint Kamel qu'on le demandait

au téléphone ; il s'excusa et s'éclipsa, laissant les deux amants en tête à tête.

Sur la rive d'Occident, la montagne sortait peu à peu de la brume de chaleur, alanguie sur les eaux du Nil ; l'écharpe rose de l'aube se dissolvait dans une frange d'un bleu éclatant. Le dix-neuvième jour du ramadan s'annonçait aussi ensoleillé que les précédents.

— Quelle est ta véritable maîtresse, moi ou l'Égypte ?

— L'exil me serait insupportable.

Les yeux verts ne pleurèrent pas, ne se révoltèrent pas ; Mark y découvrit tendresse et confiance.

— Tu as raison, ni toi ni moi n'avons le droit d'abandonner notre terre. Le bonheur est ici, nulle part ailleurs.

— Je suis persuadé que nous pouvons réussir ; décapiter le réseau de Mohamed Bokar portera un coup très dur à l'intégrisme.

— Le haut barrage, les terroristes... Ne choisis-tu que des adversaires hors de portée ?

— Est-ce vraiment moi qui décide ?

— Ton destin te guide, tu n'as pas envie de lui désobéir.

— Je t'aime, Mona.

Ils marchèrent sous les palmiers et les tamaris, comme si l'avenir leur appartenait ; des huppes se promenaient sur l'herbe, enfonçant leur long bec dans la terre, à la recherche d'un ver. Un jardinier avait arrosé pendant la nuit.

— Je n'ai aucun regret, confessa-t-elle ; l'un et l'autre, nous devions suivre notre chemin pour nous rencontrer dans ce jardin. Que Dieu me permette de graver cet instant dans chaque parcelle de ma chair, qu'il en fasse mon unique souvenir.

Des papillons bleu et rouge voletèrent autour du couple ; bientôt, la caresse du soleil deviendrait brûlure. Mona enferma les mains de Mark dans les siennes, les posa sur son cœur et retint sa respiration. Ainsi, elle s'emparait du souffle de son amant, dont elle vivrait à jamais.

Kamel brisa la magie.
— Le prisonnier a commencé à parler.
Mona s'écarta.
— J'aimerais partir sans tarder.
— Une voiture vous emmènera à l'aéroport; mes hommes vous accompagnent.

Elle regarda Mark comme si elle ne devait plus le revoir et monta à l'arrière du véhicule.

— C'est mieux ainsi, murmura Kamel.
— Elle ne m'a pas quitté.

Mark écouta le bruit du moteur; la voiture s'éloignait.

Respectant la méditation de l'Américain, Kamel fuma une cigarette mentholée.

Mark songeait à ces années d'effort pendant lesquelles il s'était préparé à une lutte sans merci contre le haut barrage, accumulant les preuves, étoffant ses dossiers, scrutant chaque détail; lui, qui pouvait se vanter d'être le meilleur connaisseur des vices du barrage, était happé dans un tourbillon d'une violence inouïe au moment même où il disposait d'une occasion inespérée d'entamer les défenses du monstre de béton, à l'instant où l'amour fou dont il rêvait s'offrait à lui.

— Vous n'avez pas réussi à la dissuader.
— Mona est l'espérance.
— Qu'Allah vous entende.
— Qu'avez-vous appris?
— Notre cheikh est un officier russe converti à l'islam le plus radical, comme son collègue d'Esna. Les deux hommes ont fait la guerre en Afghanistan, furent horrifiés par leur propre conduite et sont passés dans le camp de Mohamed Bokar. C'est le remords qui les a conduits vers l'intégrisme, mais il n'a pas amoindri leur sens commercial.
— A-t-il dévoilé les projets des terroristes?
— Les menaces habituelles: attentats contre les ministères et assassinat du président.
— Rien de plus précis?
— Le personnage est coriace et résistant; nous le laissons récupérer avant de reprendre l'interrogatoire.

Un détail m'intrigue : son refus obstiné de nous donner son véritable nom. Pourquoi, sinon parce qu'il s'agit d'un élément essentiel ? J'ai transmis des photographies à mes homologues américains, anglais et français qui m'ont promis une réponse rapide ; j'ai même contacté Moscou dont l'attitude est plutôt positive.

— Où logeait-il, à Louxor ?
— Au New Winter Palace.
— Qu'a donné la fouille de sa chambre ?
— Rien de passionnant, sauf un vêtement bizarre : un pantalon avec le chiffre neuf.
— Explications du Russe ?
— Un achat dans un grand magasin.
— Des indications sur les caches de Safinaz et de ses alliés ?
— Il n'a parlé que d'Assiout, donc d'une ville inaccessible ; si les terroristes n'en sortaient pas, nous dormirions tranquilles.
— Rien de concret, par conséquent.
— Pas encore, mais la résistance humaine a ses limites. En constatant que nous n'insistons pas, il se détendra ; même s'il prévoit un nouvel assaut, il aura baissé sa garde. Nous exploiterons cette faiblesse.
— Avez-vous été marié, Kamel ?

La question étonna l'Égyptien, mais il ne manifesta aucun signe de surprise.

— Je n'éprouve qu'un seul amour, monsieur Walker, celui de mon pays ; le servir est mon unique passion. C'est tout à fait désuet, j'en conviens, mais je suis un homme du passé, attaché à de vieilles valeurs qui n'ont plus cours.
— Pourquoi n'êtes-vous pas entré dans le jeu politique ?
— Parce que je suis affligé d'un vice irrémédiable, une sorte d'honnêteté stupide ; j'ai préféré agir dans l'ombre, en luttant contre un mal que je jugeais très pernicieux. Je ne me suis pas trompé, mais j'avais sous-estimé sa vitesse de propagation. Une erreur fatale, je le crains.
— L'intégrisme n'a pas encore gagné.

— Les épidémies de l'âme sont les plus graves, nos remèdes infantiles. Les anciens parlaient d'une fenêtre du ciel par laquelle passait la parole de Dieu ; je redoute qu'elle soit fermée et qu'aucun gouvernement ne connaisse les moyens de la rouvrir. Les anciens Égyptiens étaient-ils plus optimistes ?

— Ils avaient prédit une période de malheur, c'est vrai ; mais si un homme juste gouvernait de nouveau, le bonheur reviendrait.

— Allons voir notre cheikh russe, voulez-vous ? La seconde partie de l'interrogatoire me revient.

L'homme avait été emprisonné dans un ancien palais colonial, proche du temple de Louxor ; malgré l'état de délabrement de la façade, souillée de déjections de pigeons, on percevait encore le charme d'une époque policée qui avait eu le tort de croire que le cours du Nil ne serait jamais interrompu.

Avant d'entrer dans la bâtisse, Kamel contempla les colonnes de la grande cour du temple, élevées par le pharaon Amenhotep III.

— C'est étrange... On jurerait que ces ruines ne sont pas de ce monde. Je suis souvent venu me recueillir dans ce sanctuaire avant de prendre une décision importante.

— Vous voulez parler de la mosquée érigée dans la première cour ?

À plusieurs reprises, des archéologues avaient demandé au gouvernement de déplacer cette mosquée qui défigurait Louxor ; à présent, les intégristes exigeaient de raser le monument égyptien pour dégager la mosquée.

— Non, monsieur Walker, j'évoquais bien le lieu saint des pharaons ; on peut être un musulman sincère et ressentir la présence du sacré à l'intérieur d'un édifice païen. Jusqu'à présent, l'Égypte avait su vivre en paix avec ses anciens dieux ; en les reniant, n'a-t-elle pas déclenché leur colère ?

Un policier sortit du palais colonial en courant, aperçut Kamel et se rua vers lui.

— Un incident, patron, un grave incident...

Les trois hommes s'engouffrèrent à l'intérieur de la bâtisse.

Devant la porte de la pièce où était enfermé le Russe, un cadavre, la tête ensanglantée.

— Un des deux gardiens, expliqua le policier ; il s'est fait surprendre.

— Le prisonnier ?

Le policier baissa la tête ; Kamel poussa la porte et entra dans un salon dont les murs étaient couronnés de frises en stuc représentant des grappes de raisin, inspirées de la « tombe des vignes ».

Assis dans un fauteuil vert, parsemé de taches brunâtres, le cheikh russe paraissait dormir, la tête penchée sur l'épaule gauche. Au milieu de sa tempe droite, un trou bordé de rouge d'où s'écoulait un filet de sang.

— Qui a fait ça ?

— On ne sait pas, patron ; on a été pris par surprise, il y a une dizaine de minutes.

— L'autre gardien ?

— Dans la pièce, à côté.

Kamel passa dans un autre salon ; sa dernière recrue, un étudiant qui avait quitté la faculté de droit, agonisait sur un canapé d'époque victorienne.

Il se pencha sur le mourant.

— Ce n'est pas ma faute, patron, ni celle de mon collègue... Quelqu'un de chez nous lui a ouvert la porte.

— Tu as vu l'assassin ?

— Une femme voilée, en robe noire, portant des chaussures rouges.

— Qui a trahi ?

— Le seul qui avait la clé de la porte de derrière, c'est Omar... Rattrapez-la, patron.

— Je te le jure.

Kamel prit la main du jeune homme et ne la lâcha qu'au moment où il s'éteignit, sans protester.

Omar, l'élément le plus expérimenté de son équipe d'intervention, le dernier qu'il eût suspecté... Ils travaillaient ensemble depuis plus de dix ans.

Kamel alluma une cigarette, ordonna de transporter les cadavres à la morgue, pria Mark et Omar de le suivre dans un bureau où n'avaient subsisté que deux fauteuils Regency. Il tourna le dos à son subordonné, un homme élancé d'une cinquantaine d'années, veuf, père de deux fils partis travailler dans les émirats du Golfe et de trois filles restées dans son village natal du Delta. Jusqu'alors, Omar n'avait connu d'autre religion que l'obéissance absolue aux ordres.

— Pourquoi m'as-tu trahi, Omar ?

L'accusé garda le silence pendant une longue minute.

— Et moi, qui m'a trahi ?
— Le jeune type qui est mort à cause de toi.
— Ce Russe ne devait pas survivre ; sinon, il aurait parlé.
— Tu as rejoint les intégristes, toi aussi ?
— Il n'y a pas d'autre solution ; serez-vous le dernier à comprendre ?
— Où se cache Safinaz ?
— Je n'en sais rien.
— M'obligeras-tu à te torturer ?
— À votre guise... Je ne sais rien.
— Pourquoi a-t-elle tué le prisonnier ?
— Il aurait fini par craquer.
— Tu seras pendu ou emprisonné à vie.
— C'est le prix à payer pour la liberté et la justice... Mais on ne me laissera pas tomber. Le pouvoir actuel n'en a plus pour longtemps.
— Tu as piétiné toutes ces années au service de ton pays.
— Des années d'égarement au service des incroyants... Maintenant, je suis en paix avec ma consience.

Kamel recontacta ses interlocuteurs occidentaux et russes en les priant d'accélérer l'identification de celui qui se présentait comme un cheikh intégriste. Puis il lança toutes les forces de police disponibles sur la piste de Safinaz en promettant d'importantes récompenses pour ceux qui obtiendraient des renseignements comme pour ceux qui en donneraient.

L'appât d'un gain facile, doublé de l'habitude de la délation, aboutit à un résultat rapide ; au milieu de l'après-midi, il fut établi que Safinaz s'était réfugiée dans un village reculé de la rive est.

48.

Deux kilomètres avant le village, la route s'interrompit ; Kamel et Mark durent abandonner la Toyota.
— Il faudra finir à pied.
— Je connais l'endroit, avoua l'Américain ; dans ce bourg, j'ai recruté plusieurs ouvriers, lors de mes campagnes de recherche dans la nécropole thébaine. Patientez quelques instants.

De nouveau vêtu à l'occidentale pour être facilement repérable, Mark revint avec un marchand de tomates, heureux de retrouver l'ennemi du barrage. Il accepta de laisser monter les deux hommes dans sa carriole.

Pendant le trajet, il se plaignit de la raréfaction des poissons dans le Nil, de l'excès d'engrais chimiques déversés sur les champs et de l'absence de la crue ; il regretta le temps béni où l'eau rougeâtre, venue du fond de l'Afrique, déposait le limon fertilisant sur les terres assoiffées et réjouissait le cœur des habitants de la vallée.

Ils progressèrent lentement dans une campagne paisible, sommeillant sous le soleil d'été. Un vieillard à califourchon sur un âne, des enfants courant sur un chemin poussiéreux, un bosquet de palmiers, des chameaux chargés de luzerne et marchant d'un pas auguste, des paysannes engoncées dans leurs longues robes noires, paniers et jarres sur la tête, de petits hérons blancs picorant le dos des *gamousses*, les bovins originaires d'Inde, des chiens jaunes assoupis à l'ombre d'un tamaris étaient les notes d'une partition immuable, enfermant le temps dans sa mélodie.

Combien de policiers chargés de leur protection ? Comment les suivraient-ils ? De quelle manière interviendraient-ils ? Mark l'ignorait. Lui et Kamel joueraient au mieux leur rôle d'appât, avec l'espoir que Safinaz s'était juré d'abattre elle-même l'Américain, sans confier cette tâche à un tueur anonyme.

— Avez-vous peur ? demanda Kamel.
— Ça ne se voit pas ?
— Vous ne manquez pas de cran, pour un Occidental.
— De l'inconscience, rien de mieux ; si nous arrêtons Safinaz, j'espère encore la convaincre de renoncer à sa folie.
— Illusion dangereuse ; elle a pris le goût du meurtre.
— Elle était cultivée, intelligente et libre ; pourquoi a-t-elle sombré dans l'intégrisme ?
— Parce qu'il correspond à sa véritable nature ; le temps d'incubation est plus ou moins long selon les êtres, mais la perversion finit par se révéler. À votre place, je n'hésiterais pas à tirer le premier ; désirez-vous une arme ?
— C'est vous, le professionnel.

Une enceinte de terre battue, montant à hauteur d'homme, entourait le village, caché dans une palmeraie. À l'entrée, des acacias ; sous leur ombrage, des garçonnets répétaient la journée durant le même verset du Coran afin de le graver dans leur mémoire. En moins d'un an, le bourg agricole était devenu un fief islamiste.

La carriole s'arrêta ; continuant à marteler les mots du livre saint, les gamins jetèrent un regard hostile aux arrivants.

— Ce n'est pas prudent d'aller plus loin, estima le marchand de tomates ; les choses ont changé, ici.
— Je dois voir le maire, objecta Mark ; il me connaît. Mon ami restera avec vous.
— Hors de question, rétorqua Kamel.
— Vous savez bien que c'est la seule solution.
— Prenez une arme ; si Safinaz vous menace...
— Son cadavre ne nous apprendra rien.

— Avez-vous l'intention de vous suicider ?
— Mona m'attend, au Caire ; et le haut barrage n'a pas fini d'entendre parler de moi. Je déploie simplement une stratégie ; Allah et vous me protégerez.

L'Américain était plus têtu qu'un vieux grison ; Kamel n'insista pas, songeant déjà à la meilleure manière de mettre en place son système de sécurité.

Un jeune homme, qui reconnut Mark, accepta de le conduire à la demeure de l'*omdeh*, le maire. Ils passèrent devant l'esplanade de terre battue où chaque fellah déposait sa récolte, examinée par un agent du fisc, longèrent la mare insalubre où se baignaient enfants et animaux, et empruntèrent une ruelle si étroite que le chargement d'un âne frottait les murs des maisons en brique, blanchies à la chaux. Sur certaines façades, des dessins naïfs représentaient les bateaux et les avions qui avaient emmené les pèlerins à La Mecque. Sur les toits s'entassaient des tiges de maïs, du bois mort et de la boue séchée, autant de combustibles utilisés dans les cuisines, dont certaines en plein air.

Le maire était un homme riche, puissant et redouté. Il possédait une grange, plusieurs bufflesses, une boulangerie, de nombreuses terres et trois maisons, dont la plus belle du village, et prélevait sa dîme sur chaque transaction. Gras, paresseux et malhonnête, assisté en permanence de serviteurs zélés, seul villageois exempté d'impôts, il rançonnait ses ouailles avec l'accord tacite des autorités, lesquelles exigeaient en retour le maintien de l'ordre. Comme beaucoup d'omdehs, celui-là respectait le sens du vent en s'entourant d'intégristes qui, désormais, feraient la loi.

Un gardien armé tenta d'interdire à l'étranger l'entrée de la demeure du maire ; mais son guide le persuada d'annoncer l'arrivée de l'Américain, pour lequel nombre de villageois éprouvaient de l'amitié.

Mark fut introduit dans un vestibule qu'éclairait une minuscule lucarne ; il s'assit sur une banquette, face à un réfrigérateur flambant neuf.

Le maire le fit patienter plus d'une heure, afin de bien marquer sa supériorité. Quand il daigna apparaître,

Mark se leva, s'inclina et le salua avec les formules rituelles que l'imposant personnage déclama à son tour, priant son hôte de se rasseoir.

— Je ne pensais pas vous revoir, monsieur Walker ; votre travail n'était-il pas terminé ?

— Quand en aura-t-on fini avec les effets nocifs du haut barrage ?

— Je suis très occupé : la surveillance des champs et des jardins, les maladies des animaux, les plaintes des villageois, la réparation du four à pain... Personne n'imagine la charge qui pèse sur mes épaules.

— Vous remercierai-je jamais assez de m'accorder cet entretien ?

— Voulez-vous boire un Coca-Cola ?

— Seulement si vous en prenez un.

Le maire ouvrit le réfrigérateur, en sortit deux bouteilles, les décapsula et en offrit une au visiteur. Lui-même la vida d'un trait.

— Le village se porte-t-il bien ?

— Grâce à mon labeur incessant, personne ne manque de rien ; j'ai même réussi à faire venir un médecin une fois par mois sans trop augmenter les impôts ; qui se montrerait plus généreux ? Mais les gens sont méchants et ingrats ; bien peu reconnaissent mes mérites.

— L'expérience nous apprend à supporter l'injustice.

Le maire se leva, sortit dans une courette et urina en gémissant. De retour dans le vestibule, il s'affala sur une banquette.

— Avez-vous besoin d'ouvriers ?

— Pas cette fois.

— Simple visite de courtoisie ?

— Pas exactement.

— Que désirez-vous ?

— Il s'agit d'une affaire très délicate.

— Je n'aime pas ça ; ici, on vit tranquille.

— Je sais que vous détestez le désordre.

— Je le combats sans relâche.

— Le crime trouverait-il grâce à vos yeux ?

— Un crime... dans mon village ?

— La présence d'une criminelle avérée n'est-elle pas un délit ?

– Que voulez-vous dire ?
– Elle appartient au groupe terroriste le plus féroce, celui de Mohamed Bokar, et s'est réfugiée dans votre village.
– Vous vous trompez.
– Je crains que non.
– Qu'est-ce qui vous permet d'être aussi affirmatif ?
– La police antiterroriste a mené son enquête.

Le maire s'éclipsa pour uriner ; lorsqu'il réapparut, l'inquiétude creusait son visage.

– J'espère que vous n'êtes pas sérieux, monsieur Walker.
– Sinon, vous aurais-je importuné ?
– Je ne suis pas responsable.
– La police en est persuadée.
– J'ignore l'endroit précis où se dissimule cette criminelle.
– C'est peu probable, monsieur le maire ; rien de ce qui se passe au village ne vous échappe.
– Je suis parfois obligé de baisser les yeux.
– Pas cette fois.
– Je vais vous demander de sortir.

Mark se leva, évitant de regarder le potentat.

– Voilà plusieurs années que vous souffrez de bilharziose, monsieur le maire ; en marchant dans l'eau polluée d'un canal, vous avez exposé votre épiderme aux assauts d'un ver microscopique qui, après y avoir pénétré, s'est multiplié dans votre sang et a pondu sur les parois de la vessie et des reins. D'où des urines douloureuses, puis hémorragiques... Suivre un traitement médical devient indispensable.

Aucun fellah ne parvenait à croire qu'il suffirait de ne plus être au contact d'eaux polluées pour éviter la terrible maladie ; mais l'omdeh supportait de plus en plus mal une fièvre constante, des douleurs articulaires, une fatigue accablante et des urines sanglantes.

– J'y songe, mais Le Caire, un hôpital... trop de frais.
– La police est prête à payer un renseignement de qualité.

Mark devait pousser le petit tyran local dans ses derniers retranchements, même si la méthode préconisée par Kamel était peu reluisante. Seule une tractation commerciale bien conduite aboutirait, et s'emparer de Safinaz vivante s'imposait comme une priorité.

— Que personne ne soit au courant... J'ai votre parole ?

— Vous l'avez.

— L'école coranique, près de la mosquée, révéla l'omdeh à voix basse.

Pendant qu'il débouchait une autre bouteille de Coca-Cola, Mark sortit dans la ruelle.

Un homme en galabieh le menaça d'un revolver.

Un instant, il crut être tombé dans un traquenard ; mais le canon de l'arme s'abaissa.

— Nous sommes déployés dans le village, indiqua l'homme de Kamel ; savez-vous où se cache la cible ?

— Suivez-moi.

De l'école coranique montait une psalmodie entêtante ; sous la conduite de leur professeur, des garçons d'une dizaine d'années apprenaient à réciter, avec les bonnes intonations, le début de la première sourate du Coran. À l'entrée, sandales et chaussures ; au milieu, une paire d'élégantes chaussures rouges.

Mains croisées derrière le dos, serein, Kamel se porta à la hauteur de l'Américain.

— Félicitations ; vous nous avez permis de retrouver l'épouse de Mohamed Bokar sans violence et sans perturber la population.

— Le maire écornera votre budget.

— Il se montrera raisonnable, j'en suis persuadé. Je suis heureux de vous voir indemne.

— Le plus difficile reste à faire.

Kamel eût aimé attendre la sortie des enfants, mais la leçon durerait jusqu'à la prière du soir. Les villageois ne tarderaient pas à s'attrouper, un intégriste alerterait Safinaz, déclenchant une réaction imprévisible.

Les policiers prirent position autour de l'école ; la terroriste n'aurait aucune possibilité de s'enfuir. Encore fallait-il la prendre vivante...

Mark perçut l'embarras de Kamel, qui hésitait à se décider.

— Si j'entre le premier, l'effet de surprise jouera.
— Elle est armée, Mark.
— Que vos hommes passent par la porte de derrière, sans aucun bruit ; entre elle et moi, il y aura les enfants. Elle ne tirera pas. Si je parviens à échanger quelques mots, elle perdra de son agressivité. Dès qu'elle sera excédée, elle s'enfuira par cette porte-là ; les policiers la ceintureront.
— Scénario des plus optimistes... Je suppose que vous avez conscience du risque.
— J'ai bien connu Safinaz ; elle ne devrait pas se comporter autrement.
— Qui peut se vanter de prévoir les réactions d'une femme comme celle-là ?
— Avons-nous le temps de nous lancer dans une discussion philosophique ?
— Dans vingt secondes, vous serez peut-être mort, monsieur Walker.
— *Inch'Allah.*
— Deviendriez-vous fataliste ?
— Que proposez-vous ?
— Votre inconscience m'arrange, j'en conviens.
— Eh bien, allons-y.
— N'oubliez pas de vous déchausser.

Dans les ruelles du village, on commençait à murmurer ; les hommes de Kamel devenaient nerveux. Si l'écho d'une quelconque agitation touchait Safinaz, l'entreprise tournerait mal.

Mark se déchaussa et franchit le seuil de l'école coranique.

49.

Concentrés, recueillis, les écoliers n'avaient d'yeux et d'oreilles que pour leur professeur, la jeune femme qu'ils considéraient comme leur imam, puisqu'elle connaissait le texte sacré, les rites, et savait diriger la prière. Safinaz posa sur ses joues les paumes de ses mains gantées de noir, affirma : « Allah est le plus grand » ; les enfants reprirent en chœur se paroles. Puis elle leur apprit à se prosterner, en adoptant la meilleure courbure du corps afin de toucher le sol du nez et du front, dans un mouvement souple et harmonieux, tout en proclamant à trois reprises la grandeur d'Allah et en louant Sa perfection.

Alors qu'elle se redressait, Safinaz découvrit Mark, à l'entrée de la salle de classe.

Pendant quelques secondes, ils se contemplèrent.

La robe noire et le voile ne parvenaient pas à occulter la beauté de Safinaz ; ses sourcils de biche et ses grands yeux noirs en faisaient la plus fascinante des séductrices. Elle était la femme d'un instant, capable d'embraser les sens d'un homme par une seule attitude, un simple sourire ; même dissimulée sous ses vêtements sinistres, elle conservait son pouvoir d'attraction.

Mark avait redouté qu'elle n'utilisât son arme d'instinct ; mais il avait misé sur son passé d'intellectuelle, habituée à réfléchir et à prendre en considération les données d'un problème avant de réagir. Jusqu'à présent, Safinaz avait tué de manière froide et organisée, sans accorder la moindre place à l'impulsivité.

Dans la main droite, elle tenait un magnifique chapelet de quatre-vingt-dix-neuf perles, dont trente-trois devaient être égrenées pour la perfection d'Allah, trente-trois pour Le louer et trente-trois pour Sa grandeur.

En arabe, Safinaz ordonna aux écoliers de réciter le début de la première sourate du Coran ; elle s'adressa à Mark en anglais.

— Que viens-tu faire ici ?
— Te demander de te rendre sans violence.
— Toi, un espion juif, tu oses me défier dans mon village !
— Ne raconte pas n'importe quoi.
— Tu nies ?
— J'aime l'Égypte autant que toi ; cesse de croire tes propres mensonges.
— J'ai trouvé des preuves, chez ta maîtresse !
— J'avais promis à un vieux juif de remettre sa Thorah, son bien le plus précieux, à des membres de sa famille.
— Comme je suis heureuse d'avoir détruit ce texte maudit !
— L'islam n'implique-t-il pas le respect des autres croyances ?
— Il n'existe qu'une seule vérité.
— Peut-être, mais pourquoi refuser ses multiples expressions ?
— Tu es un faible, Mark ; c'est pourquoi tu te réfugies dans le camp des vaincus.
— Ce n'est pas toi qui parles, Safinaz, mais une mécanique sans âme que ton mari a implantée dans ton cerveau.
— Tu es jaloux... Je dors avec le futur maître de l'Égypte et je lui donnerai des fils courageux qu'il placera à la tête des légions d'Allah.
— Redeviens toi-même.
— Combien de policiers autour de l'école ?
— Elle est cernée, tu n'as aucune chance de t'échapper.

— Et toi, à quoi sers-tu ?
— J'aimerais te convaincre de renoncer à la violence.

Un écolier leva la tête ; Safinaz l'obligea à se concentrer.

— Es-tu heureux, avec ta traînée ?
— Mona est une femme merveilleuse.
— Moi, je suis inoubliable !
— Je garde le souvenir de la Safinaz que j'ai aimée, c'est vrai ; quel démon s'est emparé d'elle ?
— Tu blasphèmes !
— Si Dieu engendre la haine et la volonté de tuer, ne s'agit-il pas du meilleur déguisement du diable ?

Safinaz parut ébranlée ; en elle s'affrontèrent la jeune femme en quête de liberté et la militante intégriste convaincue d'avoir fait le bon choix. La lutte fut de courte durée.

— Je devrais t'abattre.
— Pourquoi hésites-tu ?
— Je n'hésite pas ; je veux que tu assistes au triomphe de mon mari. Lorsque l'Égypte sera entre ses mains, je m'occuperai de toi.
— Tu es prisonnière, Safinaz.
— Que peuvent quelques policiers contre un village entier, contre un peuple entier ? C'est toi et tes alliés qui êtes prisonniers !
— Ne commets pas une nouvelle erreur.

Les yeux de l'intégriste devinrent de glace.

— Merci du conseil.

Elle sortit un revolver de sa poche, agrippa un gamin par le col de sa galabieh et appuya le canon sur sa tempe.

— Si on tente de m'arrêter, je le tue.
— Ton propre élève... Tu ne seras pas aussi cruelle.
— Il mourra pour Allah et entrera au paradis.

Elle recula, tenant fermement son otage. Le gosse pleurnicha ; terrorisés, ses camarades se serrèrent les uns contre les autres.

Alors qu'elle sortait dans la ruelle, un policier tenta d'assener une manchette sur l'avant-bras, afin de lui faire lâcher son arme; Safinaz évita le coup, tira à bout portant et menaça de nouveau l'enfant qui hurlait de peur.

— N'essayez plus de m'intercepter, cria-t-elle, ou je le tue et je me tue!

Les policiers s'abritèrent; Mark la suivit, aussitôt secondé par Kamel.

— Vous la connaissez mal.
— Je vais...
— Ne tentez rien, monsieur Walker; elle a compris que nous la voulions vivante et préférera se suicider plutôt que de se rendre. Nous ne la lâcherons pas d'un pouce; à un moment ou à un autre, elle commettra un faux pas.
— Ne soyez pas trop optimiste.
— Remerciez Dieu d'être encore en vie et priez-Le de perpétuer votre chance.

Safinaz avança, bouscula un âne attaché à un piquet, rattrapa son petit otage qui tentait de lui échapper et, sans le vouloir, lui cogna la tête contre une pierre dépassant d'un mur; l'arcade sourcilière éclata, le sang coula sur le visage du garçon. Elle lui ordonna de se comporter en fidèle serviteur de son imam, s'il voulait échapper à la damnation.

La nouvelle de la prise d'otage se répandit à la vitesse de la course d'un lévrier; malgré les supplications de ses conseillers, le maire refusa d'intervenir. Souffrant trop de la vessie, il était incapable de se déplacer.

Hurlant des imprécations, la mère du gamin prit la tête d'un cortège de femmes déchaînées; elles barrèrent la sortie du village. Quand elles virent le visage martyrisé, elles poussèrent des cris de douleur.

Safinaz s'immobilisa.

— Dégagez mon chemin.
— Nous sommes pieuses, comme toi, déclara la mère; mais personne n'a le droit de supplicier un enfant.
— C'est un accident, je n'ai pas cherché à le blesser.
— Relâche mon fils.

– J'ai besoin de lui ; il est d'accord pour m'aider.
– Relâche-le !
– Grâce à lui, j'échapperai à la police.
– C'est mon fils.
– Allah l'a choisi ; ne t'oppose pas à Sa volonté.
– C'est toi qui le tortures, personne d'autre !

La mère avança, les autres femmes l'entourèrent.

Safinaz se retourna ; venaient vers elle les hommes du village, armés de fusils, de pioches et de bâtons. À leur tête, un quinquagénaire vigoureux, aux cheveux gris.

– Je suis le père du petit ; libère-le.
– Obéissez-moi ou Mohamed Bokar vous punira !

L'argument porta ; le village avait conclu un pacte avec le chef terroriste pour abriter ses envoyés et leur permettre d'échapper à la police.

– Personne ne doit toucher à un enfant, déclara le père, et celui-là est mon fils.

Les hommes de Kamel tentaient de se frayer un passage dans la masse des villageois qui obstruaient la ruelle ; Safinaz progressa vers le groupe de femmes.

– Écartez-vous et protégez ma fuite.
– Je veux mon fils !

La mère courut vers la terroriste.

Safinaz tira dans la jambe droite ; la mère s'écroula et s'agrippa à la robe noire de la terroriste. Levant son bâton, le père vola au secours de sa femme, tandis que le gamin s'échappait. Safinaz tira de nouveau, l'agresseur s'effondra.

L'assassinat déclencha la curée.

Femmes et hommes du village se ruèrent sur la criminelle.

Le corps ensanglanté de Safinaz avait été déposé dans la maison du maire qui protestait de son innocence et de sa bonne foi auprès de Kamel ; il regrettait cette tragédie, mais comment aurait-il pu l'éviter ?

Un médecin, venu de Louxor, examina la blessée et la jugea intransportable. Piétinée par une foule hurlante, les os broyés, elle agonisait ; le praticien ne comprenait pas pourquoi elle respirait encore.

Mark s'approcha d'elle; son visage n'était qu'une plaie. Bouleversé, il apostropha le médecin.
— Atténuez au moins ses souffrances.
— Puisse Allah reprendre son âme au plus vite.
— Avez-vous de la morphine ?
— Rien qu'un calmant qui sera inefficace.
— Administrez-le quand même.
— Je vous assure...
— Faites-le et disparaissez !
La piqûre sembla soulager Safinaz.
— Mon voile, murmura-t-elle, remets mon voile...
Le morceau de tissu avait disparu, déchiqueté; Mark déploya un mouchoir dont la présence rassura la mourante.
— Aide-moi à sauver des innocents, Safinaz; quels sont les attentats prévus par ton mari ?
— Allah régnera bientôt sur l'Égypte...
— Ne règne-t-il pas déjà dans le cœur de ses fidèles ? Il ne souhaite pas la mort et la destruction. Parle, je t'en supplie; ne pars pas avec la haine au cœur.
Dans un spasme, son corps se tendit; les yeux se révulsèrent. Mark crut qu'elle était morte, mais un souffle très court l'animait encore.
— Je vais... je vais te dire ce que veut Mohamed... Supprimer les ministres impies, exécuter le président qui assassine les croyants, faire sauter le métro... Et puis...
La voix s'éteignait; Mark se pencha.
— Et puis... Kaboul et lui te tueront de leurs mains.
Une ultime convulsion, et le corps cessa de lutter.

Kamel et Mark dînèrent dans l'ancien palais colonial, après la rupture du jeûne.
— La presse est jugulée, révéla l'Égyptien, mais Mohamed Bokar ne tardera pas à apprendre la mort de son épouse. J'ai mis en place une protection du village dont le maire est parti pour Le Caire; une erreur, à mon avis. Bokar le considérera comme le principal responsable; dans la capitale, il n'a aucune chance d'échapper aux intégristes. La seule information nou-

velle concerne le métro ; j'ai donné des ordres pour assurer la sécurité.

Mark ne parvenait pas à manger.

— Et si Safinaz avait menti ?

— Une mourante ?

— Safinaz n'avait pas peur de mourir ; elle combattait pour sa foi et serait récompensée.

— Le paradis des guerriers... Deviendriez-vous musulman convaincu, monsieur Walker ?

— Même la trahison des villageois qu'elle considérait comme des alliés n'a pas ébranlé ses convictions ; pourquoi m'aurait-elle dit la vérité, alors qu'elle me haïssait ?

— Dans un moment comme celui-là, le passé resurgit ; ne vous a-t-elle pas aimé ?

— Elle aimait son mari.

— Pour un groupe de terroristes bien entraînés, le métro du Caire est un bel objectif ; il y aura un nombre considérable de victimes, l'opinion sera traumatisée, le pouvoir rendu responsable. À moi d'empêcher ce désastre ; cette fois, monsieur Walker, votre mission est terminée. Vous pouvez retourner à votre barrage et rendre Mona heureuse. Moi, j'intercepterai Bokar et ses hommes.

— Dans le style rassurant, vous n'êtes pas fameux ; il reste beaucoup trop de points obscurs, à commencer par les dessins auxquels Hélène tenait tant.

— Dois-je conclure que vous ignorez vraiment leur signification ?

— Exact.

— Seriez-vous le premier être sincère et loyal que je rencontre depuis plus de vingt ans ?

— Il en existait donc un autre.

— Mon grand-père, qui croyait en un monde meilleur.

— Très honoré de lui être comparé.

— À sa manière, il était un héros, comme Farag Moustakbel ; il aimait la liberté à en mourir. Depuis sa disparition, je n'ai rencontré que le mensonge et l'hypocrisie. C'est sans doute pourquoi vous me surprenez.

— Avez-vous reçu des informations sur l'identité du Russe que Safinaz a supprimé ?

— Non, mais des promesses formelles pour demain ; ces tribulations ne vous concernent plus.

— En êtes-vous certain ?

— Je le souhaite.

Mark passa une partie de la nuit sur le toit de l'ancien palais ; il avait besoin du calme de la nuit d'été. La lumière drapait d'argent les colonnes du temple de Louxor, sentinelle des anciens dieux au bord du Nil ; combien de temps résisterait-elle aux assauts du fanatisme ?

50.

Mark se leva tard, trop tard pour prendre un petit déjeuner. Ne voulant pas choquer les hommes de Kamel, qui pratiquaient tous le jeûne rituel, il se priva de nourriture et utilisa la dernière douche de l'ancien palais qui fonctionnait encore.

Dehors, le soleil brûlait.

En l'absence de Kamel, qui avait promis de revenir au milieu de l'après-midi, Mark téléphona à Mona. Elle répondit à la cinquième sonnerie.

— Mark! As-tu réussi?
— Safinaz est morte.
— La police?
— Non, un lynchage; elle avait pris un enfant en otage.
— Pourquoi... Pourquoi tant de folie?
— Es-tu en sécurité?
— On me surveille sans cesse. Je t'attends, Mark.
— Le climat, au Caire?
— Les gens ont de plus en plus peur; de nouveaux tracts menacent les étrangers et les impies. Dans les mosquées de quartier, c'est l'effervescence.
— Ne sors plus de chez toi.
— Je refuse de vivre en prison; quand reviendras-tu?
— Dès que Kamel m'aura donné le feu vert.
— Enrayera-t-il la montée du terrorisme?
— Il est optimiste.

— Je t'aime, Mark.
— Ne commets aucune imprudence.
— Je te le promets.

Les rues de Louxor étaient désertes, écrasées de chaleur et de lumière ; à l'heure où les trop rares arbres ne donnaient plus d'ombre, seules les colonnes du temple se dressaient fièrement vers le ciel où quelques nuages attentaient au bleu absolu de l'été. Le lac Nasser entretenait une humidité inconnue naguère, agent insidieux de la mort lente des monuments d'éternité.

Mark rédigea plusieurs pages sur les mesures d'urgence à adopter, afin de sauver les peintures de la Vallée des Rois et des tombes des nobles ; outre les traitements appropriés et les restaurations, il préconisait la construction de répliques photographiques et une surveillance constante des modifications climatiques résultant de la mise en eau du haut barrage. Il lui manquait des tableaux de chiffres qui se trouvaient dans le coffre de son bureau, à Assouan.

Le souvenir de ses deux compagnons de route, Farag et Naguib, lui serra le cœur ; dans quel univers voguaient leurs âmes, la mort de Safinaz suffirait-elle à les venger ? Mark se sentit vieilli. Il avait subi des épreuves auxquelles il n'était pas préparé ; certes, il aurait dû poursuivre la lutte contre Mohamed Bokar, ne pas laisser s'éteindre le flambeau transmis par Farag Moustakbel, mais en avait-il la capacité ? Il eût été ridicule de se croire supérieur à Kamel.

Lui, l'idéaliste, qu'une Hélène Doltin avait berné si aisément... Il l'avait aimée, espérant bâtir un couple, fonder une famille, créer un clan dont chaque membre se serait engagé dans la quête du bonheur.

Sans Mona, sans l'espoir qu'elle incarnait, Mark se serait effondré. Grâce à elle, il apprenait à apprivoiser le destin, à puiser dans ses erreurs la vérité de demain. Il aurait le courage d'affronter des autorités partiales, malhonnêtes et corrompues afin de vaincre le monstre de béton qui obstruait le cours du Nil ; le retour de la crue devenait sa raison de vivre.

Kamel interrompit sa méditation.

Hautain et élégant dans son costume beige clair, l'Égyptien semblait préoccupé.

– Puis-je partir pour Le Caire ?

– Je crains que non, monsieur Walker.

– Vous estimez pourtant que...

– Des faits nouveaux me contraignent à reconsidérer ma position.

– Lesquels ?

– Mes correspondants américains et russes m'ont enfin fourni les renseignements demandés ; Français et Anglais sont désolés d'avoir échoué dans leurs recherches. Américains et Russes alliés... Qui l'aurait prédit ?

– En quoi ces faits nouveaux me concernent-ils ?

– Je connais l'identité des deux Russes tués à Esna et à Louxor. Ils se fréquentaient, avaient suivi des études d'ingénieur à Moscou, étaient considérés comme des techniciens de premier ordre. L'armée avait aussitôt recruté ces brillants éléments pour des tâches délicates. L'homme d'Esna était le responsable des quarante mille tonnes de matériel mécanique utilisées lors de la construction du haut barrage d'Assouan ; il maîtrisait la technologie des vingt excavateurs électriques géants capables de déblayer cent mètres cubes à l'heure et celle des perforeuses attaquant les roches les plus dures.

– Et il était intégriste...

– Un douloureux séjour en Afghanistan l'avait convaincu d'épauler les islamistes afin de rétablir la justice divine en ce bas monde ; son camarade, en vertu d'une expérience identique, était du même avis.

– Avait-il, lui aussi, collaboré à la construction du barrage ?

– Belle intuition : le Russe de Louxor était l'un des spécialistes des plans, dressés par l'Institut des projets hydrauliques d'URSS.

– Vous... Vous en êtes sûr ?

– Je savais que ces révélations vous passionneraient. Est-il utile de préciser que nos deux techniciens ont rencontré Mohamed Bokar en Afghanistan et que son discours les a séduits ? Autre fait non négligeable : voici trois mois, nos deux ingénieurs ont séjourné à Téhéran où ils ont conversé avec Reza Amrollahi, chargé du développement de l'énergie nucléaire. Selon les experts, l'Iran est sur le point d'obtenir sa première bombe atomique opérationnelle. Tabriz, au nord-ouest du pays, produit de l'uranium ; la centrale nucléaire ensevelie près de Tabas travaille à plein régime. Elle emploie de nombreux techniciens de l'ex-Union soviétique, attirés par de confortables salaires.

— Vous ne voulez quand même pas dire...
— Ce n'est pas tout, monsieur Walker ; une autre personne se trouvait à Téhéran, en compagnie des deux ingénieurs.
— Qui ?
— Votre fiancée, Hélène Doltin.
— À quel titre ?
— Sa vraie spécialité : le trafic d'équipements pouvant servir de détonateur à des armes atomiques. De ses bases américaines et anglaises, elle a fait partir des caisses cataloguées comme... « matériel de bureau ». Où furent-elles livrées ? En Iran, au Pakistan et peut-être... en Égypte.
— Hélène aurait appartenu à un réseau terroriste international décidé à...
— À faire sauter le haut barrage d'Assouan : telle est ma conviction.
— Impossible, Kamel. Le barrage est indestructible.
— Pendant la Seconde Guerre mondiale, les Allemands croyaient indestructibles leurs barrages sur le Rhin ; les bombardements en sont pourtant venus à bout.
— La comparaison n'a aucune valeur !
— Vous oubliez un bombardement atomique.
— Qui pourrait violer votre espace aérien ?
— Notre aviation de combat est en alerte rouge, le gouvernement a prévenu Israël pour lui demander son aide dans le domaine de l'observation et du repérage. Les Américains sont informés. A priori, nous ne risquons rien, mais...

– Que redoutez-vous ?

– Les terroristes, surtout quand le fanatisme religieux les anime, sont capables de déjouer les défenses les mieux conçues. Si le haut barrage cède, une gigantesque masse d'eau déferlera sur l'Égypte et détruira tout sur son passage ; une vague haute de douze mètres submergera Le Caire. Personne n'aura le temps de s'échapper, car ce torrent monstrueux poussera devant lui une masse d'air comprimé qui provoquera une brutale augmentation de l'azote dans le sang, d'où une sorte d'ivresse et l'incapacité de se mouvoir. Un peuple entier sera anéanti.

– Impossible.

– Vous savez bien que non, vous, l'un des meilleurs spécialistes du barrage.

Kamel ne délirait pas.

Si une bande de fous parvenait à faire sauter le haut barrage, le cataclysme se produirait. Une civilisation millénaire disparaîtrait à jamais.

– Le projet des terroristes est insensé.

– Ce sont des professionnels, monsieur Walker ; ils prennent des risques mesurés et n'agissent pas à la légère. Il me paraît certain que le commando venu du Soudan a pour objectif Assouan et non Le Caire, comme nous l'avons cru jusqu'à présent.

– Avez-vous pris toutes les mesures nécessaires ?

– Je l'espère, mais nous sommes en Égypte ; les ordres les plus impérieux se perdent souvent dans les méandres de l'administration et ne sont pas exécutés. Mohamed Bokar le sait mieux que quiconque.

– Il faut vérifier sur place !

– J'allais vous le proposer ; je veux tout savoir de cet amas de béton.

– Les services techniques du barrage...

– Supposons qu'ils soient infiltrés ; on me communiquera de faux renseignements afin de m'égarer. Vous, on ne vous abusera pas ; je ne croirai qu'en vos dossiers et en votre jugement sur le terrain. Mais peut-être préférez-vous regagner la capitale et ne plus prendre de risques.

— Je suis à votre disposition.

Une ombre d'émotion passa dans les yeux de Kamel.

— Merci, monsieur Walker.
— Les dessins auxquels tenait tant Hélène...
— J'y ai songé : les plans du barrage ?
— Non.
— À quoi correspondent-ils ?
— Il faut le découvrir.
— Votre documentation suffira-t-elle ?
— Je l'ignore.
— Si nous découvrons la signification de ces dessins, nous pourrons peut-être contrer les terroristes.

Mark se concentra en vain ; sans cesse réapparaissait le visage ironique d'Hélène. Ainsi, c'était pour exploiter sa connaissance du barrage qu'elle avait décidé de l'épouser ; en jouant les femmes amoureuses, elle aurait obtenu sans peine les renseignements dont ses complices avaient besoin.

— Puisque vos hommes ont tué Hélène, elle n'a pas rempli sa mission jusqu'au bout ; sa disparition aura découragé ses complices.

— Retardé, tout au plus ; ils auront emprunté d'autres sentiers afin d'atteindre leur but. Retrouver les fonctionnaires corrompus qu'ils ont achetés et leur faire avouer ce qu'ils ont transmis au groupe de Mohamed Bokar prendrait trop de temps. Partons pour Assouan ; c'est le barrage lui-même qu'il faut ausculter.

— Kamel...
— Oui, monsieur Walker ?
— Vous saviez depuis le début, n'est-ce pas ?
— Qu'importe le passé, puisque l'avenir de l'Égypte est entre nos mains ?

51.

À Der Dronka, village proche d'Assiout, en haute Égypte, le vingt et unième jour du ramadan promettait d'être exceptionnel ; les habitants, coptes ou orthodoxes, ne respectaient pas le jeûne musulman mais préparaient le pèlerinage de la Vierge qui verrait plus de un million de fidèles se diriger vers le grand monastère bâti à flanc de colline autour d'une grotte miraculeuse où avaient séjourné Marie, Joseph et Jésus.

C'était à Der Dronka, dont chaque habitant était armé d'un vieux fusil datant de l'occupation britannique, que Youssef comptait mettre sur pied des commandos capables d'assurer la protection des chrétiens du Sud. Arrivé la veille, le chef de la mafia des ordures ne cachait pas son inquiétude.

Au Caire, la situation devenait alarmante ; un fou d'Allah avait tué, dans le bar de l'hôtel de luxe Sémiramis, trois juristes étrangers séjournant dans la capitale égyptienne pour un congrès. Les islamistes tenaient leurs promesses ; bientôt, ils s'attaqueraient aux Coptes considérés, eux aussi, comme des étrangers.

Devant l'église du village, dont les deux hautes tours s'ornaient de croix coptes, le service d'ordre local contrôlait l'identité des pèlerins, dont la dévotion s'accompagnait d'une farouche volonté de guerroyer contre les fanatiques qui voulaient les anéantir. Malgré les exhortations au calme provenant de la hiérarchie religieuse, les esprits s'échauffaient et ne croyaient plus aux vertus de la tolérance. Ici, on maintiendrait le culte catholique ou l'on mourrait l'arme au poing.

Youssef s'effrayait de sa propre témérité ; habitué aux joutes commerciales, il redoutait la violence et craignait de commettre une erreur fatale en s'engageant dans un combat qui le dépassait. Pour se rassurer, il regarda le chef de la milice locale, un colosse de un mètre quatre-vingt-dix, habillé d'une galabieh bleu pâle, une étoffe blanche autour du cou, un bonnet marron sur la tête ; dans la main droite, il tenait un fusil équipé d'une baïonnette. Sourcils épais, moustache noire et pommettes saillantes donnaient à son visage un aspect d'une rare férocité. L'homme, craint et obéi, examinait lui-même chaque pèlerin avant de le laisser pénétrer sur son territoire.

Rassuré, Youssef pensa à l'Américain ; sans qu'il s'en doutât, c'était lui qui l'avait convaincu de sortir de son confort et de sa routine pour défendre son clan. Sa bravoure, proche de l'inconscience, avait réveillé chez le chef de la mafia des ordures des pulsions chevaleresques, héritées de ses ancêtres mamelouks. Si les musulmans avaient le courage de se sacrifier pour Allah, n'aurait-il pas celui de mourir pour le Christ ?

Étonné de sa propre démarche, Youssef se sentait prêt à partir en croisade ; il faudrait d'abord ramener sur le bon chemin les villages chrétiens qui, comme Bourtubate, avaient voté pour un candidat islamiste aux élections municipales, espérant ainsi échapper aux foudres des intégristes. Cette fuite en avant conduirait à l'extermination des Coptes ; qui se voilait la face n'échapperait pas à l'ennemi. Ensuite, il conviendrait de susciter l'approbation de la hiérarchie religieuse et d'obliger le président à prendre des mesures assurant l'égalité de droits entre musulmans et Coptes.

Un adolescent se présenta devant le chef de la milice qui vérifia la présence, sur le dos de sa main, d'une croix bleue tatouée. Il le laissa passer mais, pris d'un doute, le rattrapa par l'épaule.

– Curieux, ton tatouage... Montre-le-moi encore.

— Pourquoi ?
— On jurerait qu'il est récent.
— Bien sûr que non ! Je...
— Montre.

Il saisit la main de l'adolescent et la retourna.
— Il est récent.
— Mais non !
— J'ai l'habitude ; tu n'es pas chrétien.
— Tu te trompes !
— Qui es-tu ?

Affolé, l'adolescent brandit un couteau et tenta de l'enfoncer dans le ventre du Copte ; plus rapide, ce dernier lui cassa le bras et le souleva de terre.
— Tu vas parler, crapule, tu...

Le regard du chef de la milice se figea, sa bouche s'entrouvrit et il tomba en avant, sans lâcher sa proie qu'il écrasa sous son poids ; de ses reins sortait le manche d'un poignard enfoncé jusqu'à la garde. Le meurtrier, un Copte du village de Bourtubate vendu aux islamistes, s'enfuit à toutes jambes. Une dizaine de balles le clouèrent au sol.

L'incident ne prit pas au dépourvu Kaboul, le fidèle lieutenant de Mohamed Bokar ; dissimulé dans un groupe de faux pèlerins qui patientaient à l'intérieur d'un car délabré, il donna l'ordre de passer à l'offensive.

Les terroristes lancèrent des grenades et tirèrent des rafales de kalachnikov, abattant des dizaines de Coptes dont la riposte fut dérisoire. Femmes, enfants et vieillards furent pris pour cibles et tombèrent les uns sur les autres.

En moins de dix minutes, les terroristes, bien entraînés, firent un massacre. Ils ne comptèrent que deux blessés dans leurs rangs.

Lorsque le car et plusieurs voitures particulières les emmenèrent, à vive allure, loin de Der Dronka, la poussière, soulevée par un vent chaud, recouvrait déjà le cadavre de Youssef.

Le monastère copte de Saint-Paul de Thèbes vivait au rythme des offices et des prières ; barbus et moustachus, vêtus d'une longue robe noire, la tête couverte d'un bonnet noir orné de motifs brodés en forme de croix, les moines œuvraient au salut de l'Égypte et du monde. Conscients du danger que représentait l'intégrisme islamique, ils avaient la conviction que leur foi était la meilleure arme contre la violence. Plus d'un millier de moines coptes, répartis dans une vingtaine de monastères implantés dans les déserts arabique et libyen, menaient leur combat pacifique avec la même conviction depuis qu'avait débuté, le 29 août 284 après Jésus-Christ, l'« ère des martyrs » dont personne n'envisageait la fin dans un proche avenir.

Depuis cette époque lointaine, le mode de vie des communautés n'avait guère changé ; le désert imposait sa loi et ses exigences. Survivre dans des conditions hostiles impliquait une force intérieure qui se développait au contact des frères, chacun accomplissant une tâche précise.

Le plus jeune moine de Saint-Paul de Thèbes élevait des poules, comme il l'avait appris dans son village avant d'opter pour une existence au service du Seigneur ; il éprouvait une certaine fierté à offrir des œufs frais à ses frères plus âgés, tout en prenant garde de ne pas franchir les bornes de la vanité. Lui qui avait eu si peur du terrorisme, dans le monde profane, se sentait ici en sécurité ; le plus fanatique des islamistes n'agresserait pas des hommes sans défense, voués au sacré.

Pendant le prochain hiver, il tenterait de rendre cultivable une portion de désert, au sud du monastère, qu'un très vieux texte conservé dans les archives décrivait comme fertile ; si Dieu le voulait, des légumes sortiraient de terre. Un beau projet, certes, qui ne devait pas lui faire oublier les sept heures de prières quotidiennes, garantes des liens de la communauté avec le Ciel. En préservant les reliques de saint Paul, datant de mille six cents ans, l'Église copte maintenait une tradition dont l'Égypte était l'héritière ; les Coptes avaient vécu sur cette terre avant les musulmans et n'avaient nulle intention de la quitter. En affirmant leur identité et les valeurs du passé, ils briseraient la violence des islamistes.

À force de cohabiter à longueur d'année avec les mêmes êtres, on parvenait à interpréter le moindre de leurs gestes et à percevoir leurs plus infimes intentions. L'ancien qui approchait, la tête courbée, adoptait une étrange démarche. Étonné, le jeune moine ne parvenait pas à identifier son frère ; était-il malade ? Non, il s'agissait d'un inconnu, d'un moine venu d'un autre monastère ; mais pourquoi venait-il au poulailler ?

– Mon frère, qui...

Hilare, Kaboul rejeta en arrière le capuchon dissimulant son visage lunaire.

– Ton existence insulte Allah, moinillon ! Moi, je suis le diable qui doit te châtier.

Épouvanté, le jeune moine recula, se heurtant au mur. Secoué d'un rire hystérique, Kaboul le poignarda, appela les membres de son commando et se rua à l'intérieur du monastère.

L'extermination d'une communauté de moines coptes aurait un énorme retentissement ; cette fois, la minorité chrétienne saurait qu'elle était indésirable sur le sol d'Égypte.

Avant le début des troubles, des hordes de touristes venues du monde entier prenaient d'assaut le musée d'archéologie égyptienne du Caire afin d'admirer les collections, entassées dans un bâtiment trop exigu.

En ce vingt et unième jour du ramadan, plusieurs classes d'écoliers égyptiens, des Japonais et quelques Anglais traversaient les jardins aux pelouses jaunies et grimpaient les marches conduisant à cette caverne d'Ali Baba où tant de trésors inestimables, dont ceux de Toutankhamon, avaient trouvé refuge.

La police veillait à ce que les trop rares visiteurs étrangers ne fussent pas importunés par les marchands à la sauvette, de plus en plus déprimés ; comme les autres commerçants vivant du tourisme, ils pestaient parfois contre l'intégrisme, mais se résignaient. Quand le pouvoir changeait de mains, le peuple ne pouvait que s'incliner.

À l'entrée du musée était pratiquée une fouille tatillonne ; même les sacs à main des dames n'y échappaient pas. Les islamistes n'avaient-ils pas promis de détruire les antiquités égyptiennes, traces honteuses du paganisme ?

En face du musée stationnaient les autocars de tourisme, de tailles diverses, dont la plupart étaient inutilisés. Ceux qui avaient la chance de transporter des voyageurs laissaient leur moteur tourner, afin de maintenir l'air conditionné.

Le chauffeur du véhicule ultramoderne réservé à un groupe de Japonais sommeillait à son volant ; ses clients ne ressortiraient du musée que dans une heure, ce qui lui laissait le temps de savourer les plaisirs de la sieste, malgré les bruits de la ville.

Lorsque la bombe explosa, déchiquetant le car et projetant des débris métalliques qui tuèrent et blessèrent de nombreux passants, le chauffeur ne se vit pas mourir.

Une heure après l'attentat, le communiqué signé des Gamaat Islamiyya expliquait que le mouvement avait « vengé les fidèles désarmés, massacrés dans la mosquée al-Rahma d'Assouan » ; il répondait ainsi à un acte de barbarie perpétré contre de fidèles musulmans et continuerait à frapper n'importe où ; ni les hôtels de luxe, ni le siège de la Ligue arabe, ni même l'immeuble de la police nationale ne se trouvaient hors d'atteinte. Certains commentateurs justifièrent l'attitude des intégristes ; ne luttaient-ils pas pour l'établissement d'une société plus juste et plus respectueuse des lois d'Allah ?

Furieuse, Mona éteignit la radio ; la voix des musulmans modérés était ignorée, voire étouffée. L'assassinat de Farag Moustakbel avait été une grande victoire pour les intégristes ; sa disparition dissuadait les intellectuels désireux, au nom du Coran et de la tradition islamique, de s'opposer aux thèses des extrémistes. Les uns après les autres, les médias se ralliaient à Mohamed Bokar, sans que son nom fût prononcé.

Mona déchira les pages de son manuscrit consacré aux revendications des femmes égyptiennes et à leur exigence de liberté ; personne n'oserait les imprimer. Pour la première fois, elle eut peur, peur de tout son être, peur de voir sombrer son pays dans une nuit d'épouvante.

Elle pria Dieu.

Il ne voulait pas le règne de quelques fanatiques assoiffés de pouvoir. Il dissiperait le cauchemar et permettrait à un islam pacifique de s'épanouir dans la tolérance.

La prière de la jeune femme monta vers Lui comme un chant grave et doux, façonné par des siècles de mysticisme.

Une heure après la rupture du jeûne, les chaînes de télévision et de radio interrompirent leurs programmes pour diffuser un communiqué spécial des Gamaat Islamiyya ; les islamistes exigeaient la libération de tous les fidèles d'Allah emprisonnés à cause de l'affirmation de leur foi ; si, dans un délai d'une semaine, la porte des cellules n'avait pas été ouverte, des bombes exploseraient dans la capitale et dans les principales villes d'Égypte. Le gouvernement impie serait responsable de la mort de milliers d'innocents.

52.

Sur la route menant de Louxor à Assouan, plusieurs barrages de l'armée et de la police étaient la cause d'énormes embouteillages ; les forces de sécurité fouillaient chaque véhicule et ses occupants. Les ordres de Kamel avaient été exécutés avec un regrettable esprit de compétition ; entre la police et l'armée s'engageait une course aux arrestations, qui se traduirait par des primes et des promotions.

Bloqués dans un magma de camions, de cars, de camionnettes, de voitures et de motos, Kamel, ses hommes et Mark passèrent la nuit à franchir les barrages l'un après l'autre. Malgré son insistance, Kamel ne parvint pas à obtenir un hélicoptère ; tous les appareils, à l'exception des avions de ligne, étaient réquisitionnés par l'armée. Dans chaque vol intérieur prenaient place des policiers en civil, après un contrôle très strict de l'identité des passagers et du personnel navigant, afin de prévenir toute tentative de détournement.

Ce luxe de précautions, qui se retournait contre lui, ne rassurait pas Kamel ; il suffisait d'un pilote et de quelques militaires passés à l'intégrisme pour transformer un Boeing en bombardier ou en avion-suicide. Certes, les pilotes de chasse pourraient l'abattre en quelques secondes, mais recevraient-ils à temps l'ordre de décoller ? La pagaille dans laquelle il se trouvait englué prouvait que l'Égypte entière, otage de fonctionnaires trop nombreux, souvent incompétents ou corrompus, n'était plus capable d'assurer sa propre sécurité, d'autant que le danger venait de l'intérieur. Profitant du système dont ils connaissaient les rouages, les islamistes l'avaient gangrené afin qu'il s'effondre de lui-même.

À chaque barrage, Kamel montra des papiers qui convainquirent les gradés de le laisser passer. On n'avait arrêté que de petits délinquants, aucun terroriste n'avait été pris dans les mailles du filet.

Au petit matin du vingt-deuxième jour du ramadan, le cortège de Mercedes pénétra enfin dans Assouan. Mark eut le cœur serré ; il vénérait ces lieux où, malgré l'urbanisation, le Nil et ses îles célébraient leurs noces avec le Grand Sud. Le rêve d'une civilisation perdue s'imposait encore avec la puissance du soleil d'Afrique.

Il suffisait de tourner le dos à la rive est et de contempler les tombeaux des gouverneurs d'Éléphantine sur la rive d'Occident, pour oublier les laideurs du présent ; sur le dôme des vents, comme l'appelait la tradition, soufflait l'esprit des anciens nobles, épris d'aventure et de grandeur. L'or des sables conservait le souvenir de ces êtres rudes, sévères, aux paroles rares et puissantes, qui vivaient leur mort dans un site sublime, dominant la cité moderne.

Martyrisé, le Nil demeurait envoûtant ; il continuait à se frayer un passage entre les roches granitiques comme si, le barrage franchi, le fleuve goûtait de nouveau à une liberté impossible. Les hommes lui avaient ôté à jamais les élans de la cataracte, ses passes dangereuses et ses sombres rochers. Mais le paysage, rose à l'aube, blanc brillant à midi, violet le soir, se nourrissait encore de la lumière qu'avaient adorée les pharaons.

Ébloui, Mark crut quelques instants que la paix était revenue et que la douceur de vivre d'Assouan avait écarté le spectre du fanatisme ; un barrage le ramena à la réalité. Une nouvelle fois, Kamel fut obligé de prouver son identité et de répondre à un interrogatoire qu'il avait lui-même mis au point. Sa tâche terminée, le capitaine chargé de filtrer les voitures se répandit en excuses fleuries.

— Des troubles, dans la ville ?
— Nous contrôlons la situation.
— Pas le moindre incident ?
— Nous sommes très vigilants.
— Des suspects arrêtés ?
— Trois personnes, transférées à la prison.

Kamel passa au gouvernorat, Mark l'attendit dans la deuxième Mercedes que surveillaient ses hommes, plutôt nerveux ; ils épiaient chaque passant et ne laissaient personne s'approcher.

L'Égyptien sortit de l'immeuble administratif une demi-heure plus tard, pressé de se rendre à la prison où il questionna les suspects interpellés depuis la veille.

Un fiasco.

— Aucun terroriste, révéla-t-il à Mark ; le groupe de Mohamed Bokar est passé à travers les mailles du filet. Le pays est en feu : de nombreux Coptes ont été massacrés, à Der Dronka, pendant le pèlerinage en l'honneur de la Vierge. Youssef est au nombre des victimes... Un allié de moins. Les intégristes n'ont pas hésité à brûler un monastère et à exterminer sa communauté. Au Caire, devant le musée, un attentat à l'explosif a détruit un car de tourisme, tué le chauffeur et des passants. Et pour corser l'addition, le gouvernement est soumis au chantage : ou bien libérer les islamistes emprisonnés, ou bien porter la responsabilité des violences prochaines. Si le président cède, l'armée sera démoralisée et les derniers remparts contre l'intégrisme s'effondreront.

— Allons chez Gamal Shafir.

— Le superviseur du haut barrage ne reçoit pas aujourd'hui, déclara le secrétaire du puissant personnage.

— C'est urgent et important, précisa Kamel.
— Le superviseur ne reçoit pas.
— Prévenez-le de notre présence, recommanda l'Américain.

– Revenez demain.
– Avez-vous reçu mes instructions ? demanda Kamel.
– J'ai les miennes.

Des milliers de petits fonctionnaires bornés, comme celui-là, rendaient inefficace la machine administrative ; les directives s'enlisaient dans leur bureau, les réformes pourrissaient dans leurs dossiers.

– Si nous ne voyons pas le superviseur dans la minute, je vous fais accuser de haute trahison et vous serez pendu.

Bien qu'il ignorât la fonction exacte de Kamel, le secrétaire comprit qu'il ne plaisantait pas. Il abandonna aussitôt son ton cassant.

– Le superviseur est souffrant... Il se repose chez lui.
– L'adresse.

Gamal Shafir habitait une villa de six pièces, cachée dans une palmeraie, entre l'ancien et le nouveau barrage ; deux domestiques nubiens veillaient sur son bien-être. Ils ne s'opposèrent pas longtemps à l'intrusion des policiers et conduisirent Kamel et Mark au salon où se reposait le maître de maison, l'abdomen épanoui dans son ample galabieh. Massif et carré, il fumait un narguilé.

Surpris, il se redressa.

– Je ne veux voir personne ! Monsieur Walker... On m'avait dit que vous étiez parti pour Le Caire.
– Je suis revenu.
– Qui vous accompagne ?

Kamel alluma une Dunhill mentholée et la ficha dans son fume-cigarette en or.

– Contentez-vous de répondre à mes questions et collaborez sans détour.
– On ne me parle pas sur ce ton !
– Je suis chargé d'assurer la sécurité de cette région et d'éliminer les éléments dangereux ; cette explication vous suffit-elle ?

La présence de plusieurs hommes armés, dans le

hall, convainquit le superviseur que son hôte, élégant et raffiné, appartenait au service spécial dépendant directement du président. Il avait affaire à l'un de ces hommes de l'ombre qui ne figuraient sur aucun organigramme, portaient dix noms et agissaient en dehors de toute légalité sans redouter le moindre blâme. Mieux valait ne pas le contrarier.

— Je suis à votre service.
— La police locale vous a-t-elle communiqué mes ordres ?
— J'étais souffrant.
— Ils n'ont donc pas été exécutés.
— Simple contretemps... De quoi s'agit-il ?
— De la sécurité du haut barrage.
— Soyez rassuré.
— Il est en danger.
Le superviseur sursauta.
— Vous plaisantez !
— Les islamistes vont tenter de le détruire.
— Impossible ! Demandez-le à M. Walker, il connaît le barrage aussi bien que moi. La haute digue est indestructible.
— Je veux m'en assurer.
— Mais... De quelle manière ?
— Sous le contrôle de M. Walker, faites-moi visiter le site et ses installations ; nous examinerons chacun des points faibles.
— C'est un long travail et il fait très chaud... Nous devrions nommer une équipe d'experts et recueillir leurs conclusions.
Le regard de Kamel se durcit.
— Refuseriez-vous de coopérer ?
— Non, bien sûr que non...
— Auriez-vous partie liée avec les terroristes ?
— C'est faux ! Je suis fonctionnaire et je ne me mêle pas de politique. Le barrage est en parfait état, aucune défaillance n'a été constatée et ma gestion ne souffre d'aucun défaut. De plus...
— De plus ?
— Ce sont des installations secrètes, je n'ai pas le droit de...

Kamel décrocha le combiné du téléphone et composa un numéro. Par chance, le secrétariat de la présidence répondit aussitôt. Il échangea quelques mots anodins avec un haut fonctionnaire et tendit le combiné au superviseur.

— Écoutez bien.

La conversation fut brève. Gamal Shafir raccrocha.

— Je suis à vos ordres, dit-il avec humilité.
— Guidez-nous.
— Maintenant ?
— Maintenant.
— Avec cette chaleur, je redoute un malaise.
— Je prends le risque ; dépêchons-nous.
— Ce luxe de précautions me paraît inutile ; je vous assure que le barrage est hors d'atteinte.
— Êtes-vous conscient de l'ampleur d'un éventuel désastre ?
— On a beaucoup exagéré et...
— Non, intervint Mark, les calculs sont fiables ; c'est la survie du pays et de ses habitants qui est en jeu.
— Passons à mon bureau.

Gamal Shafir leur montra les derniers rapports d'inspection qui ne décelaient aucune anomalie inquiétante et préconisaient l'entretien habituel. Pourtant, ni Kamel ni l'Américain ne furent satisfaits ; ce dernier connaissait bien les formules stéréotypées destinées à éviter un ennui administratif. À contrecœur, suant et soufflant, le superviseur se résolut à faire visiter les installations.

Mark haïssait le monstre de béton qui étouffait le Nil et menaçait à court terme la survie du legs pharaonique, mais dut cependant résister à la magie malsaine qui émanait de l'énorme masse et tentait d'anéantir toute résistance. Par son seul poids, le barrage anesthésiait la conscience ; il s'imposait au regard, le capturait et l'empêchait de s'élever. Dévorant le paysage, la haute digue s'était nourrie de la folie et de la vanité des hommes, certaine de ne jamais manquer d'aliments.

L'Américain savait que nul ne parviendrait à l'apprivoiser ; elle était trop puissante, trop sûre de sa force, trop enracinée dans l'ancienne cataracte dont elle avait absorbé l'énergie.

Étrange, en vérité ; alors que le superviseur en personne lui permettait d'approcher au plus près de son ennemi et d'en déceler les failles, il devait en assurer la protection !

Les intégristes contraignaient Mark à devenir le sauveur du barrage, le monstre qu'il voulait tant vaincre.

53.

Peu avant l'aube du vingt-troisième jour du ramadan, une felouque, lourdement chargée, accosta la rive ouest d'Assouan, au bas des tombes des nobles de l'Ancien Empire. Elle ne ressemblait pas aux esquifs élégants qui emmenaient les touristes en promenade sur le Nil ; véritable bateau de transport, elle était équipée d'un moteur que le capitaine n'avait pas utilisé, préférant se glisser dans le vent favorable de la fin de nuit.

Les marins ne se pressèrent pas pour décharger les sacs de ciment provenant de l'usine d'Hélouan et les caisses contenant des vitres qui serviraient à protéger les bas-reliefs ; les travaux de restauration et de protection des vénérables tombeaux, qui seraient fermés tout l'été, avaient été ordonnés par le Service des antiquités, soucieux de protéger un site illustre.

Muni de la liasse d'autorisations officielles, Mohamed Bokar et ses hommes avaient subi sans angoisse un contrôle de la police fluviale ; l'intégriste avait fait remplacer les gardiens par des fidèles d'Allah, honorés d'accueillir le seul homme capable de redonner le bonheur au peuple.

Les porteurs grimpèrent lentement le sentier menant aux tombes que fermaient de lourdes portes métalliques ; quelle meilleure cachette pour les armes et les explosifs qui serviraient à attaquer la ville, pendant que Kaboul remplirait sa mission sur la rive est ?

De ce promontoire païen, Mohamed Bokar dominait Assouan ; la victoire acquise, il raserait les sépulcres et bâtirait une mosquée géante.

Mark avait accordé l'hospitalité à Kamel, dans sa villa blanche édifiée en bordure du désert, sur un piton rocheux d'où il contemplait la première cataracte du Nil et le haut barrage. Personne ne s'aventurait dans cette zone aride et surchauffée, à l'exception de quelques Nubiens déracinés, auxquels l'Américain avait confié ses clés et la garde de la maison ; aussi ne redoutait-il aucune tentative de vol.

La demeure se composait d'une série de bureaux remplis de documents consacrés au barrage. Dans les chambres, des photos représentaient des paysages d'Égypte sous les eaux de la crue, avant que le monstre ne la tarisse.

En contemplant l'un d'eux, il avait longuement appelé Mona afin de la rassurer et de l'informer des derniers événements ; de son côté, la jeune femme n'avait aucun incident à signaler. Elle supportait mal cette séparation, impatiente de retrouver son amant.

— Votre villa, remarqua Kamel, ressemble à celle de l'archéologue Howard Carter, le découvreur de la tombe de Toutankhamon ; vous en êtes-vous inspiré ?

— Peut-être de manière inconsciente ; je l'ai visitée, très jeune, et elle m'a fait rêver.

— La vue est angoissante. Ce mur de béton brisant le Nil, qui se fraie un chemin entre des rocs hostiles... Il ne doit pas être facile de vivre ici.

— Pour combattre un adversaire de cette taille, il faut bien le connaître.

— Qu'ont donné vos investigations ?

— Rien. J'ai pourtant compulsé mes dossiers la nuit durant ; les dessins d'Hélène n'ont pas le moindre rapport avec les plans du barrage.

— Elle faisait bien partie du commando décidé à l'endommager et les tenait serrés contre elle au moment de mourir.

— Inutile de me le rappeler.

– J'ai longtemps cru que vous me cachiez un élément essentiel.
– Le pensez-vous encore ?
– Qu'importe mon avis.
– J'aimerais le connaître.
– Nourrir l'espoir que nous deviendrons amis me paraît illusoire.
– Pourquoi, Kamel ?
– Vous êtes un idéaliste, je suis un fonctionnaire chargé d'une mission ; notre alliance n'est que momentanée.
– Nous luttons contre les maux qui menacent l'Égypte, nous aimons le même pays de tout notre être, nous sommes prêts à donner notre vie pour qu'il ne sombre pas dans les ténèbres ; cette communion d'objectifs n'implique-t-elle pas confiance et amitié ?
– Vous rêvez éveillé, monsieur Walker ; dans mon métier, ces deux mots sont bannis. Si j'avais cédé à cette tentation, je ne serais plus de ce monde depuis longtemps.
– Vous me considérez encore comme un adversaire.
– Tirez les conclusions qui vous plaisent. Retournons au barrage ; Gamal Shafir ne m'inspire pas confiance.

Le superviseur attendait Kamel et l'Américain près du monument en forme de fleur de lotus qui commémorait l'inauguration du barrage et la coopération égypto-soviétique.
– Avez-vous bien dormi, malgré la chaleur ? demanda-t-il, onctueux.
– Résultat de vos recherches, exigea Kamel.
– J'ai d'excellentes nouvelles ; les rapports de mes subordonnés, qui travaillent sans relâche, sont déjà rédigés. J'aimerais avoir le vôtre... avec un jugement positif sur mes services.
– Notre inspection n'est pas terminée.
– L'Égypte n'a rien à craindre, assura Gamal Shafir ; en cas de conflit, tout a été prévu. Le niveau d'eau sera ramené à la cote 150, c'est-à-dire quarante-six mètres au-dessous de la montagne artificielle.

— Il ne s'agit pas d'une guerre classique, objecta Mark, mais d'un attentat terroriste ; si la haute digue explose, le pays sera totalement inondé.

— Tout à fait impossible ; mes techniciens me l'ont confirmé hier soir, lors d'une réunion plénière. Un barrage-poids de cette taille est indestructible ; sa largeur à la base lui confère une résistance presque totale à n'importe quel type de bombardement. Aucune force connue ne peut compromettre sa stabilité ; le lit sur lequel repose le barrage a été consolidé, l'ensemble est une véritable montagne.

Mark croyait entendre un discours de Nasser ; le superviseur défendait le monstre comme s'il était son fils. À ses yeux, il ne souffrait d'aucun défaut.

Le trio fit quelques pas sur la route tracée sur le sommet du barrage. Mark appréciait la lumière crue, le superviseur s'épongeait sans cesse le front ; pas une goutte de sueur ne perlait au front de Kamel dont l'impeccable costume blanc n'était affligé d'aucun faux pli.

— D'après la documentation de M. Walker, il existe au moins deux points faibles.

— Je n'y crois pas.

— Le canal d'amenée et la centrale hydroélectrique.

Gamal Shafir sourit.

— Les racontars des éternels détracteurs de la haute digue... Le canal de dérivation, profond de quatre-vingts mètres, est creusé dans le granit ; il permet aux eaux du Nil d'alimenter la centrale d'une puissance de deux millions cent mille kilowatts, mais ni l'un ni l'autre ne sont en péril. Ils font l'objet d'une surveillance permanente ; leur destruction, quoique impossible, ne compromettrait d'ailleurs pas l'intégrité du barrage lui-même.

— Les turbines ? s'inquiéta Mark.

— Les ingénieurs ont pensé à tout ; seuls fonctionnent trois ou quatre postes de turbines sur douze, de manière à éviter une détérioration précoce et à minimiser les frais d'entretien. À la différence de l'ancien barrage, il n'existe pas de vannes de décharge à la base de l'ouvrage qui, elles, auraient été un réel point faible. Soyez tranquilles, messieurs; la haute digue survivra aux pyramides.

Le superviseur récitait une leçon bien apprise qui décrivait le monstre en termes idylliques; combien de chroniqueurs l'avaient décrit comme la huitième merveille du monde, capable d'apporter progrès et bonheur aux fellahs?

Triomphant, Gamal Shafir emmena ses hôtes aux points névralgiques où des spécialistes se relayaient pour détecter une éventuelle anomalie. Mark se montra pointilleux, presque agressif, n'acceptant aucune explication toute faite; la journée s'écoula, irritante.

Le superviseur se montra d'une patience inébranlable; il tenait à prouver sa bonne foi et sa compétence afin d'obtenir un rapport élogieux qui se traduirait par une augmentation de salaire.

Un impressionnant service d'ordre interdisait l'accès de la zone sensible à toute personne dont la présence n'était pas justifiée; les identités des ouvriers, des techniciens et des ingénieurs faisaient l'objet d'au moins deux contrôles quotidiens.

La haute digue ne courait aucun risque.

— Rassuré, monsieur Walker?
— Et vous?
— Je devrais l'être.
— Pourquoi doutez-vous encore, Kamel?
— Un instinct de chasseur.
— Le superviseur n'a pas menti et ne nous a rien caché.
— Peut-être sommes-nous incapables de voir.

Mark contempla le barrage et ses alentours; restait un bâtiment sans intérêt qu'ils n'avaient pas inspecté: le château d'eau, près du début de la route tracée sur la crête du monstre. Le gardait un militaire endormi, assis sous une tente verte en mauvais état. Derrière elle, des bidons rouillés.

L'Américain s'élança à grands pas; Kamel le rattrapa.

– Un instant ; pas de risques inutiles.

L'Égyptien fit signe à ses hommes d'investir le château d'eau. Réveillé en sursaut, le garde les menaça de son fusil avant de se laisser désarmer. Paniqué, il parla d'abondance, répondant à des questions qu'on ne lui posait pas.

La moisson fut fructueuse ; à l'intérieur de la bâtisse, les policiers découvrirent une dizaine de caisses d'explosifs miniaturisés de forte puissance, de fabrication tchèque. Le soldat fut stupéfié ; il ne connaissait pas les hommes qui, la nuit précédente, avaient entreposé là des sacs de plâtre en vue d'une réparation dont, de toute évidence, le château d'eau avait le plus grand besoin.

Le spécialiste des explosifs appartenant à l'équipe de Kamel fut perplexe.

– Matériel récent et de bonne qualité.
– Suffisant pour faire sauter le barrage ? interrogea son chef.
– Certainement pas.
– Causerait-il de graves dommages ?
– Des professionnels de talent feraient du dégât. À mon avis, ces explosifs ne sont pas destinés au barrage lui-même, à moins que...
– Explique-toi.
– Il manque un détonateur spécial, de belle taille, qu'utilisent les Coréens du Nord et les Chinois quand ils font sauter des montagnes. C'est un peu archaïque, mais ça fonctionne.

Le haut barrage d'Assouan était si souvent comparé à une montagne... Et d'aucuns prétendaient que les terroristes se fournissaient, en partie, chez les Coréens du Nord. Mark frémit. Le médiocre château d'eau, la tente usagée et les bidons rouillés lui apparurent soudain comme les messagers d'un désastre.

Face au désert, dans la direction de La Mecque, Kamel termina la prière rituelle du soir. Non loin de lui, Mark contemplait le couchant ; pour lui, c'était l'instant de grâce où le sacré déployait ses fastes colorés, au-delà de toute croyance.

L'Américain offrit de l'eau à l'Égyptien.

— Pourquoi respectez-vous nos rites, alors que vous n'êtes pas musulman ?

— Parce qu'ils sont respectables.

— Comment convaincre les islamistes qu'ils dénaturent l'islam ? Mes ancêtres ont bâti une civilisation brillante et raffinée, dont la poésie était le plus beau fleuron. Nous pourrions vivre dans un paradis, à l'ombre des palmes, dans des jardins parfumés, en écoutant les conteurs et en contemplant le Nil. Mais nous croupissons dans des bidonvilles et nous nous entre-déchirons.

— Vous oubliez le haut barrage ; même si la paix civile se rétablit, même si une apparence de prospérité revenait, il continuera à ronger le pays.

— Ne sommes-nous pas ici pour le protéger ?

— Il me faudra de longues années pour le vaincre sans le détruire.

— En disposerez-vous, monsieur Walker ?

— Grâce à des hommes comme vous, je l'espère.

— Des centaines de suspects ont été interrogés... en vain. Inutile de vous le cacher plus longtemps : j'ai perdu la maîtrise des événements. Les terroristes gardent une longueur d'avance parce que, dans mon propre service, certains traînent les pieds.

Les deux hommes sortirent sur la terrasse ; à une centaine de mètres sur la gauche, une mosquée en construction.

— Elle sera peut-être terminée pour la fin du ramadan, dans quelques jours, constata Kamel ; quel besoin de l'édifier ici ? Dieu était plus discret, dans ma jeunesse, mais plus présent dans les cœurs.

— Une prédiction m'a troublé, révéla Mark.

— Laquelle ?

— Un texte hiéroglyphique, signé du sage Ipou-Our, que j'ai découvert dans une tombe, près d'ici, avant d'être emporté par cette tourmente. Il annonce que le Nil deviendra un fleuve de sang et qu'il servira de sépulcre pour de nombreuses victimes.

— À cause de la destruction du haut barrage ?

— Comment ne pas y songer ?
— Espérons que les anciens voyants se sont trompés. S'asseoir sur cette terrasse, lire un texte de sagesse, goûter la paix du désert... Est-il forme plus accomplie du bonheur ? À Alexandrie, on reste agrippé au monde moderne ; au Caire, il vous étrangle. Mais ici, dans le Sud, la vieille Égypte vous dépouille du présent et de vos masques. La terre rouge décape l'âme.
— Songeriez-vous à abandonner ?
— Si j'étais raisonnable, monsieur Walker, je remettrais ma démission au président et lui conseillerais de se réfugier au plus vite à l'étranger ; mais il subsiste dans mes veines du sang de cavalier arabe se ruant seul, sabre au clair, sur une armée entière. Le renier s'apparenterait à une faute de goût que je ne me pardonnerais pas. Vous devez apprécier notre calligraphie ; les lettres sont admirables, parce que la main du dessinateur s'est formée, pendant des années, aux courbes et aux volutes en se déplaçant dans l'espace. Si le destin me l'avait permis, je serais devenu calligraphe et n'aurais pas quitté mon atelier avant d'avoir tracé la lettre parfaite qui aurait réjoui le regard de Dieu. Mais le destin en a décidé autrement, et il convient de le respecter.

54.

Kamel passa la nuit à dialoguer avec le désert. Depuis plusieurs années, il n'avait pas pris le temps de se laisser absorber par un paysage de roches et de sable où l'homme n'avait aucune place.

Dans la chambre de l'Américain, la lumière ne s'éteignit pas ; il compulsait ses dossiers, obsédé par les dessins d'Hélène.

Lorsque Mark avait appelé Mona, elle lui avait paru tendue et inquiète ; au pied de son immeuble, le service de sécurité avait arrêté un rôdeur dont l'interrogatoire n'avait rien donné. Sous surveillance, la jeune femme s'était pourtant rendue au marché. Malgré son insistance, Mark n'avait pu lui donner aucune date de retour.

Avant l'aube du vingt-quatrième jour du ramadan, un Nubien apporta des galettes de pain chaudes, du fromage, des fruits et des œufs frais. Lorsque le soleil se leva, l'Égyptien et l'Américain avaient fini de se restaurer. L'un et l'autre convinrent de dormir trois heures avant de repartir pour le barrage.

La journée durant, ils se penchèrent à nouveau sur ce qu'ils considéraient comme les rares points faibles de la haute digue, s'entretinrent avec les techniciens chargés de la surveillance et de l'entretien, relurent les rapports les plus récents, mais ne remarquèrent rien d'inquiétant. Aucun danger interne ne menaçait la haute digue.

Les radars militaires ne cessaient de scruter le ciel, à l'affût d'un appareil suspect qu'ils auraient immédiatement signalé aux batteries antiaériennes et aux avions de chasse, dissimulés dans des abris souterrains, près de l'aéroport d'Assouan.

À seize heures, un officier supérieur de l'armée de l'air demanda à voir Kamel. Ce dernier reconnut l'un des responsables de la sécurité du pays au plus haut niveau ; il n'avait pas l'habitude de se déplacer par courtoisie.

— Une nouvelle inquiétante : Le Caire vient d'être informé de l'arrivée de deux Mig 29 russes à Khartoum.

— La république islamique du Soudan serait-elle assez riche pour s'offrir de telles merveilles ?

— Certains de nos frères arabes sont généreux et subventionnent des fous dangereux. Les Mig 29 sont d'excellents avions, rapides et bien armés, quoique les Américains les jugent un peu rustiques ; ils sont dotés d'un canon de 30 millimètres, peuvent larguer cent cinquante obus et tirer six missiles. Or, ils ne sont pas arrivés seuls ; deux pilotes russes très expérimentés, en échange d'une meilleure rétribution que dans l'ex-Armée rouge, ont accepté de les piloter.

— Une attaque aérienne venue du Sud ?

— Possible.

— Le barrage court-il un risque sérieux, d'après vos experts ?

— Ils sont divisés.

— Puisque vous êtes prévenus, vous les abattrez dès qu'ils pénétreront dans notre espace aérien.

— En théorie, oui.

— Pourquoi cette restriction ?

— L'une de nos unités de pilotes de combat attendait équipements et nouveaux uniformes ; à la suite d'une regrettable erreur d'intendance, elle n'a reçu que des vêtements civils.

— Malveillance ?

— Ces uniformes ne seront pas perdus pour tout le monde.

— Autrement dit, des terroristes pourraient les utiliser.

— Je pourrais vous citer d'autres exemples du même genre ; dans l'armée, la situation devient préoccupante. Certains généraux, et non des moindres, estiment qu'il faudrait entamer un dialogue avec les islamistes, seuls capables d'entreprendre des réformes en profondeur.

— Ils seront balayés, comme en Iran.

— La rumeur prétend que les intégristes ont su convaincre les officiers qui se rallieraient à leur cause ; plusieurs corps d'armée suivraient leurs chefs. L'assassinat du colonel Zakaria nous a porté un coup très rude ; personne n'était aussi efficace que lui dans la lutte contre les fous d'Allah.

— Tendance irréversible, à votre avis ?

— Je le crains ; les terroristes n'auront peut-être pas besoin d'attaquer le barrage pour atteindre leurs objectifs. Vous devriez songer à assouplir votre position ; le nouveau régime saura utiliser les hommes de valeur, à condition que leur foi soit indéniable. La situation évolue très vite ; vous êtes assez intelligent pour l'apprécier. En certaines occasions, chacun pour soi.

Dans *sharia* es-soukh, la « rue du soukh », parallèle à la corniche, les habitants d'Assouan aimaient à se promener à la nuit tombée. Les commerçants déploraient l'absence des touristes qu'ils parvenaient souvent à séduire, au terme de négociations souriantes ; cotonnades, sacs en peau de lézard, vanneries, poteries, coquillages de la mer Rouge attendaient en vain des clients. Les épices étaient à l'honneur : paprika, safran, poivre, coriandre, cumin exhibaient leurs couleurs vives, à côté d'herbes médicinales et de feuille de henné. Dans les ruelles perpendiculaires à *sharia* es-soukh, des tailleurs, courbés sur leur machine à coudre, reprisaient des galabiehs.

Les badauds marchandaient citrons verts et bananes ; des gamins jouaient au football avec un ballon fait de chiffons. Un employé municipal balayait sans conviction, humant l'odeur du maïs que grillait en plein air un marchand d'armes nubiennes traditionnelles, des poignards et des casse-tête.

Mark flânait, s'attardait ici et là, échangeait des propos avec les fumeurs de narguilé, assis sur des chaises provenant des hôtels particuliers qu'avaient habités les Anglais. Des hommes de Kamel surveillaient l'Américain qui avait tenu à prendre le pouls de la population, certain de recueillir des informations auprès des marchands qu'il connaissait depuis des années.

L'humeur était sombre. L'absence de touristes plongeait des milliers de gens dans une misère que le soleil du Sud rendait encore supportable ; l'horizon demeurait bouché, les agences n'avaient enregistré aucune réservation de groupe pour l'hiver prochain. Comment survivraient les guides, les chauffeurs de taxi et de car, le personnel hôtelier, les vendeurs de faux et de souvenirs, et tous les autres dont le quotidien dépendait des visiteurs étrangers ?

Sans s'émouvoir, chacun avait remarqué le déploiement des forces de sécurité autour du barrage ; de temps à autre, l'armée montrait sa force. Depuis les événements sanglants qui avaient coûté la vie à de nombreux Coptes et au père Boutros, la police quadrillait la ville et n'autorisait aucun rassemblement suspect. Nombre de policiers, trop mal payés, vêtus de loques et résidant dans des baraquements insalubres, ne cachaient plus leur sympathie à l'égard des islamistes qui, tôt ou tard, prendraient le pouvoir ; puisqu'ils promettaient de lutter contre la corruption et d'offrir des emplois, les jeunes les suivraient.

Kamel avait désapprouvé la démarche de Mark qu'il jugeait inutile et dangereuse ; mais l'entêtement de l'Américain écartait toute forme de raisonnement.

Malgré la poussière et la pauvreté, l'Égypte des petits métiers se parait d'un charme prenant ; dans le geste de certains artisans résonnait encore le lointain écho des mains géniales qui avaient taillé le bois et la pierre, construit temples et palais.

Une main lourde se posa sur l'épaule de Mark.

Il tourna la tête et découvrit un Nubien âgé, au visage d'une rare noblesse.

— Un ami souhaiterait te voir.
— J'ai beaucoup d'amis, dans cette ville.
— Celui-là t'a sauvé la vie.
— Soleb !
— Ne prononce pas ce nom à haute voix.
— Que lui est-il arrivé ?
— La police le recherche ; il est accusé de rébellion.
— C'est insensé !
— Soleb parle trop fort.
— Je veux l'aider ; où se cache-t-il ?
— Va à la poste et demande au premier guichet une collection de timbres nubiens.

Mark sema les hommes de Kamel en passant par l'arrière-boutique d'un marchand d'épices ; il ne devait compromettre d'aucune manière la sécurité de Soleb.
L'été, la poste d'Assouan restait ouverte tard dans la soirée ; les horaires variaient en fonction de l'humeur du chef de centre. À l'entrée, un soldat dormait, le béret rabattu sur les yeux, son fusil posé à côté de lui. Un marchand ambulant vendait des jus de fruits et des pâtisseries. À l'intérieur du bâtiment lépreux, une odeur de grésil et d'urine ; des ventilateurs de l'entre-deux-guerres brassaient l'air. De longues queues progressaient lentement vers les guichets ; Mark prit son tour et parla des rigueurs de l'été avec un paysan qui tentait, une nouvelle fois, de percevoir une modeste indemnité bloquée au Caire.
Une heure plus tard, l'Américain fut face au guichetier, un Nubien que protégeait une grille à bout de forces.
— Je voudrais acheter une collection de timbres nubiens.
— Ça n'existe pas.
— Pour moi, si.
— Êtes-vous bien décidé à l'acquérir, quel que soit son prix ?
— Je le suis.
— Le vendeur se trouvera demain au mausolée de l'Aga Khan, une heure après le lever du soleil.

Bâti en grès rose sur la rive ouest, au sud des tombeaux anciens et face à l'île d'Éléphantine, le mausolée du sultan Mohamed Al-Husain, Aga Khan III, quarante-huitième imam d'une secte ismaélienne comptant quatre millions d'âmes, dominait le site ancien. Mort en Suisse en 1957, le chef religieux avait exigé de reposer au sommet d'une des plus belles collines d'Égypte.

Au début de la matinée du vingt-cinquième jour du ramadan, l'endroit était désert ; comme le loueur d'ânes dormait, Mark monta à pied vers l'édifice surmonté d'une coupole. Il longea la villa de la Bégum dont les volets étaient fermés ; la veuve avait effectué de longs séjours dans l'élégante demeure entourée d'arbres et de fleurs. Chaque jour, elle faisait déposer une rose rouge sur le sarcophage de marbre blanc.

Un parvis de marches semi-circulaires précédait l'entrée ; Mark se déchaussa et pénétra à l'intérieur du mausolée, maintenu dans un remarquable état de propreté. Dans la salle à coupole aux parois en granit rose d'Assouan reposait le fameux sarcophage, derrière lequel avait été creusée une niche en direction de La Mecque.

Un bruit d'aspirateur troublait le repos de l'Aga Khan ; dissimulé par une colonne de granit, un employé traquait la poussière. Souple, délié, racé, le colosse nubien maniait l'engin comme un jouet.

— Je suis venu, Soleb.
— Je vous en remercie, monsieur Walker.

La voix grave et douce n'avait pas changé ; royal dans sa longue galabieh bleue, le colosse noir avait plus que jamais l'allure d'un chef. Mark s'approcha.

— Des ennuis ?
— Les Arabes persistent à nier les droits de mon peuple. Comme j'ai exigé un retour au pays, on m'accuse de rébellion contre l'État ; lorsque je croupirai au fond d'une prison, ma voix n'indisposera plus les autorités.
— La Nubie a disparu sous les eaux du lac Nasser.

— Ce que l'homme a fait, l'homme peut le défaire.
— Que veux-tu dire ?
— Moi et mon peuple, nous refusons l'exil ; n'êtes-vous pas le plus farouche adversaire du barrage ?
— C'est vrai, mais...
— Auriez-vous changé d'avis ?
— Non, Soleb, mais les circonstances...
— Prendriez-vous la défense du monstre ?
— On redoute une attaque terroriste. Des experts, dont moi-même, avons examiné la haute digue pour déceler d'éventuels points faibles.
— Avez-vous réussi ?
— Non.
— Moi, si.
Mark ne cacha pas sa stupéfaction.
— Acceptes-tu de les dévoiler ?
— Depuis cinq ans, les meilleurs sorciers nubiens envoûtent le barrage ; il nous a rendu peu à peu la force qu'il nous avait volée. Parfois, nous nous sommes découragés ; chez nous, nous n'avions jamais lutté contre une bête inerte. Son âme se cachait dans le cœur de la pierre, mais nous avons fini par la dénicher ; il ne reste plus qu'à lui porter le dernier coup.
— Le dernier coup...
— Les sorciers nubiens détruiront ce maudit barrage, monsieur Walker ; il nous a trop fait souffrir et ne produit que du malheur.
— Pas de folie, Soleb ; le service d'ordre t'empêchera d'approcher.
— Les fusils n'arrêteront pas la magie.
— Les soldats sont en état d'alerte ; ils ont reçu l'ordre de tirer sur toute personne suspecte.
— Ils ne nous effraient pas.
— Tu es un homme intelligent et courageux, Soleb ; n'emmène pas tes amis au massacre.
— Notre sort nous inquiète peu ; seule compte la destruction du barrage.
— C'est une montagne que rien ne saurait ébranler.
— Nous tuerons la bête qui a noyé nos terres et nous empêche de vivre chez nous.

Le Nubien avait sombré dans la folie ; la souffrance d'un exil sans espoir le privait de la lucidité la plus élémentaire.

— Reprends-toi, Soleb, écoute-moi ; ton pays est à jamais perdu. Je te jure que je passerai ma vie à me battre contre les effets nocifs du barrage. Écoute-moi, permets-moi de sauver ta vie comme tu as sauvé la mienne.

— Vous êtes un homme généreux, monsieur Walker ; ce monde ne l'est pas. Il ne vous laissera pas le temps de réaliser votre rêve, parce qu'il vous a repéré et catalogué comme personnage dangereux. Moi et les miens, nous n'existons plus ; pourquoi se méfierait-on de nous ? Dans l'ombre, nous avons sapé les fondations de la haute digue ; bientôt, nous la renverserons.

Un homme en galabieh blanche entra dans le mausolée, porteur d'une rose rouge, et se dirigea vers le sarcophage de marbre blanc. Soleb s'éloigna de Mark Walker et continua à passer l'aspirateur.

55.

Kamel fumait une cigarette mentholée en regardant le barrage ; le col ouvert, il n'avait pas encore noué sa cravate.

Assis sur un fauteuil en rotin, Mark Walker, lui aussi, fixait le monstre.

— Pourquoi avoir semé mes hommes ?
— Un impératif de discrétion.
— Qui avez-vous rencontré, dans le mausolée de l'Aga Khan ?
— Un ami.
— Son nom ?
— L'ignorez-vous ?
— J'aimerais l'entendre de votre bouche.
— Puisque vous êtes informé, vous savez que cet homme est inoffensif.
— Vous a-t-il appris quelque chose d'essentiel sur les terroristes ?

Mark sourit.

— Non, vraiment non.
— J'ai réfléchi, monsieur Walker ; ma conviction est que le groupe de Mohamed Bokar tentera ici un coup d'éclat.
— Une preuve ?
— Un faisceau d'indices et mon intime conviction. Le barrage est sans doute un leurre ; en nous braquant sur lui, nous oublions le reste de la région.

Malgré la chaleur, des ouvriers, grimpés sur des

échafaudages, continuaient à bâtir la nouvelle mosquée.

— La police a tué des intégristes dans une mosquée d'Assouan, rappela Kamel ; ils prendront leur revanche dans la ville même. Oublions l'idée d'un cataclysme et reprenons notre travail de fourmi habituel ; puisque les terroristes circulent avec de faux papiers, vérifions de nouveau et tentons de recueillir des informations auprès de nos indicateurs.

— À mon échelle, j'ai échoué.

— Recommençons, avec la totalité de mes effectifs ; des professionnels finiront par noter un détail significatif.

Kamel semblait calme, presque détaché, mais Mark sentait qu'il livrait un baroud d'honneur, sans espoir de couper les tentacules de la pieuvre qui étouffait l'Égypte. Il se prêta néanmoins au jeu et, en sa compagnie, passa Assouan au crible, pendant que s'effectuaient de nouveaux contrôles d'identité. Au milieu de l'après-midi, ils explorèrent même les anciennes carrières de granit, d'une exceptionnelle qualité, dont les bâtisseurs égyptiens s'étaient servis pour bâtir des temples et tailler des obélisques dans un seul bloc.

Dans ce chaos de roches brûlantes, il eût été facile de dissimuler des caisses remplies d'armes ou d'explosifs ; encore fallait-il franchir l'obstacle que formaient le gardien du Service des antiquités et les deux policiers chargés de protéger les touristes. Ils n'avaient rien d'anormal à signaler.

Kamel contempla un gigantesque obélisque couché, en partie dégagé de la roche.

— S'il avait été érigé, dit Mark, il aurait pesé mille deux cents tonnes et dépassé quarante mètres de haut.

— Pourquoi les constructeurs l'ont-ils abandonné ?

— Une fissure a rendu cet énorme bloc inutilisable.

— Une erreur des tailleurs de pierre ?

— Non, un tremblement de terre.

L'Égyptien regarda l'Américain droit dans les yeux.

— Lorsque la terre a tremblé, au Caire, des immeubles se sont effondrés ; si l'épicentre se situait à Assouan, le barrage en souffrirait-il ?

— Tout dépend de la violence du séisme; en dépit des dénégations officielles, je suis persuadé que la haute digue subirait des dégâts considérables.
— Peut-on prévoir un tremblement de terre ?
— La plupart des spécialistes répondent par la négative, à l'exception de quelques chercheurs de l'institut de physique du globe, à Athènes.
— Il faut les joindre.
— À quoi songez-vous ?
— Supposez que les terroristes aient pris au sérieux les prévisions pessimistes de cet Institut, annonçant un tremblement de terre imminent dans la zone du haut barrage; pourquoi n'en tireraient-ils pas profit, en évoquant la colère d'Allah contre le gouvernement ? Ce phénomène naturel deviendrait leur meilleur allié, le peuple serait bouleversé. Le but de Mohamed Bokar n'est pas de détruire la haute digue, même si des millions de morts lui importent peu; il veut l'endommager, pour prouver qu'il peut s'attaquer à n'importe quel centre vital du pays. Les explosifs utilisés ne suffiront pas à disloquer la masse de béton et de pierre, mais l'effet de panique sera tel que la population accusera l'État impie et s'en remettra aux intégristes pour sauver le pays.
— Si un tremblement de terre a été prévu, le superviseur ne l'ignore pas; il aurait dû nous en parler.
— Il croit le barrage indestructible... À moins qu'il ne soit vendu aux intégristes. S'ils contrôlent la centrale hydro-électrique, la télévision et les aéroports, qui les empêchera de s'emparer du pays ? Le projet d'attaque de la présidence et des ministères n'est que de la poudre aux yeux. Des millions de révoltés s'en chargeront à leur place.
— Nous n'en sommes pas là, Kamel.
— À qui accorder sa confiance, aujourd'hui ? On peut acheter n'importe qui, à condition d'y mettre le prix.
— Vous aussi ?
Le regard de l'Égyptien se durcit.
— Je suis trop civilisé, monsieur Walker; pour avoir

posé cette question, mes ancêtres vous auraient coupé en deux avec leur sabre.

– Acceptez mes excuses; je n'apprécie que les hommes hors de prix.

Kamel conduisit lui-même la Mercedes qui, à cause d'un camion renversé dans un fossé, fut obligée de stopper à la hauteur du stade de football de la ville, proche d'un cimetière à l'abandon. Dans le rond central, un chien jaune dormait en plein soleil. À l'entrée du stade, ouverte à tous vents, une tente poussiéreuse servant d'abri à un soldat endormi. De la route, on voyait la pelouse, réduite à un cadavre d'herbe brûlée.

Quand le calme serait revenu, Mark adopterait un chien comme celui-là, au regard doux et fidèle.

Soudain, l'animal se mit sur ses pattes et détala, afin d'éviter un joueur qui poussait un ballon entre les mottes de terre.

– On joue, par cette chaleur? s'étonna l'Américain.

– Ça arrive, répondit Kamel; ce sport passionne les Égyptiens qui ont brillé pendant la coupe du monde de 1990. L'équipe d'Assouan n'est pas la meilleure, mais les jeunes se battent pour devenir des vedettes.

– L'homme que j'ai aperçu n'est pas un jeune.

– L'entraîneur, sans doute.

La voie dégagée, la Mercedes redémarra; Kamel, quoique pressé d'atteindre un téléphone qui lui permettrait d'obtenir la Grèce, perçut la contrariété de l'Américain.

– Vous n'aimez pas le football?

– Courir plus d'une heure dans la fournaise... Comment les poumons résistent-ils?

– Question d'accoutumance; le match aura lieu en fin de soirée, je suppose.

– De quelle compétition s'agit-il?

– Vous m'en demandez trop; pourquoi ces questions?

– Un détail m'a choqué, de manière inconsciente et je tente de... Voilà! Comment s'habillent les joueurs de football égyptiens?

– Comme ceux des autres pays: maillot et short.

— Short, vous êtes sûr ?
— Bien entendu !
— Pourquoi celui-là, en plein été, porte-t-il un pantalon long, comme s'il souffrait du froid ?
Kamel ralentit.
— La nudité, même partielle, épouvante les intégristes qui la considèrent comme un péché. Les femmes ne sont pas seules concernées ; des cheikhs ont exigé que les footballeurs ne montrent plus leurs cuisses et leurs jambes, renoncent aux shorts impudiques et dissimulent leurs membres inférieurs sous des pantalons.
— Le pantalon avec le chiffre neuf que vous avez trouvé dans la valise de l'ingénieur russe, assassiné à Louxor par Safinaz...
— C'était donc ainsi qu'il devait établir son contact avec le groupe terroriste.
— Remercions un chien jaune, vieux et craintif.

Lorsque Kamel parvint à joindre la section de sismologie de l'Institut de physique du globe, à Athènes, les bureaux étaient fermés. Il devrait attendre le lendemain pour avoir au bout du fil les responsables des prévisions.

L'enquête sur le match de football fut rapide. Il opposerait, en fin de soirée, l'équipe locale à celle d'Abou-Simbel, venue du Sud en autocar ; dans cette dernière figurait un policier dont la présence avait évité tout contrôle approfondi de l'identité des joueurs.

Kamel surmonta un moment de lassitude.

— Voilà pourquoi il est si difficile de lutter contre cette peste, monsieur Walker ; il n'existe pas un seul niveau de la hiérarchie où un élément, secondaire ou important, ne soit corrompu.
— Abou-Simbel... Tout près du Soudan !
— Le commando est passé par le désert ou bien a tranquillement emprunté la route d'Assouan après avoir soudoyé les gardes-frontières ; avec un vrai policier à bord, une amusette. Puis les terroristes se sont installés dans la HLM réservée aux joueurs visiteurs en attendant le moment d'agir.

– Pourquoi un match de football ?
– Il a permis d'introduire en Égypte douze professionnels bien entraînés, les onze joueurs et l'entraîneur, sans compter les remplaçants.
– Il y a peut-être davantage.
– À quoi pensez-vous ?
– Rien de précis ; comment comptez-vous procéder ?
– L'heure n'est plus à la finesse ; ce n'est pas dans mon tempérament, mais une intervention brutale s'impose.
– Peut-être pas.
– Que proposez-vous ?
– Laissez l'équipe de terroristes pénétrer dans son vestiaire ; j'aimerais vérifier une hypothèse qui pourrait éviter un carnage.

Kaboul avait frappé son subordonné à coups de bâton ; il ne connaissait pas d'autre moyen de sermonner un fautif. S'être exhibé sur le terrain en pantalon long, lors de l'entraînement, était une erreur stupide, heureusement sans conséquence grâce à son intervention rapide. Exhiber ses cuisses coûtait beaucoup au commando, mais il devait se plier à la coutume tant que la loi islamique n'aurait pas été proclamée.

Le coupable accepta son châtiment et promit d'être le plus ardent dans l'action, afin d'effacer sa bévue. Comme ses camarades, il était fier de participer à une guerre sainte qui resterait dans toutes les mémoires.

Bientôt débuterait le match que les terroristes disputeraient afin de justifier leur présence ; le policier qui appartenait à l'équipe, en contact avec des collègues intégristes, les avait rassurés sur leur stratégie. Les autorités ne se doutaient de rien. Comme l'équipe d'Assouan était beaucoup plus forte, la défaite des islamistes, même lourde, ne surprendrait pas le public, ravi de voir gagner ses favoris.

Dans cette équipe d'Assouan, un seul joueur importait aux yeux de Kaboul, un ingénieur travaillant au barrage. Il aurait dû entrer en contact avec son collègue russe, porteur d'un pantalon long marqué du chiffre neuf ; la mort de leur complice n'entraverait pas le déroulement du plan de Mohamed Bokar, puisque Kaboul transmettrait lui-même le détonateur destiné à rendre opérationnels les explosifs disposés dans les soubassements de la centrale hydroélectrique. Certes, la découverte de la cache du château d'eau privait le commando d'une partie de sa puissance de feu, mais la police, certaine d'avoir mis la main sur l'essentiel, ne poursuivait pas ses investigations. L'incident jouait en faveur des islamistes.

On frappa à la porte du vestiaire ; Kaboul en sortit.

Devant lui, un homme en noir, l'arbitre de la rencontre, jeune, athlétique et peu souriant.

— Vous êtes l'entraîneur d'Abou-Simbel ?
— Oui.
— J'exige un match loyal et sans violence.

Kaboul approuva.

— J'ai horreur des truqueurs et je sanctionnerai ceux qui feront semblant d'être victimes d'une charge ou d'un tacle corrects ; prévenez bien vos joueurs.
— Soyez tranquille.
— Montrez-moi chaussures et crampons.
— D'ordinaire, ça se fait sur le terrain.
— J'ai l'habitude de procéder ainsi ; de plus, à la fin du match, je réquisitionnerai vos ballons d'entraînement.
— Pour quelle raison ?
— Charité. Les gamins n'ont pas les moyens de s'en acheter ; vous contribuerez à la formation de nos futurs joueurs.

Chaussures et crampons reçurent l'approbation de l'arbitre.

— Dans dix minutes, le début de la rencontre.

L'homme en noir, l'un des lieutenants de Kamel, tourna les talons, soulagé. Il avait reconnu Kaboul, l'âme damnée de Mohamed Bokar, une véritable bête fauve aux réactions imprévisibles.

Kaboul paniqua.

D'ordinaire, son chef lui indiquait le chemin à

suivre et prenait les décisions ; le terroriste ne s'était jamais trouvé dans une pareille situation. S'adapter à l'imprévu le perturbait.

Il rentra en trombe dans le vestiaire.

— Les ballons d'entraînement, exigea-t-il.

— Qu'est-ce qui se passe ? demanda le plus jeune des intégristes.

— Je dois partir.

— Où vas-tu ?

— Rejoindre Mohamed et demander conseil.

— Et nous ?

— Vous jouez le match.

— Et après ?

— Je reviens avec des ordres.

Kaboul agrippa le filet contenant trois ballons, claqua la porte des vestiaires et courut vers la sortie du stade. Habitué au danger, son œil repéra aussitôt plusieurs individus qui s'intéressaient à lui.

La police.

Son instinct ne le trompait pas.

Il revint sur ses pas, traversa le terrain et courut vers le cimetière. Le poids des ballons, contenant les pièces d'un détonateur sophistiqué, le handicapait.

Les hommes de Kamel s'étaient divisés en deux groupes d'intervention. Le premier, sans tirer un coup de feu, arrêta dans son vestiaire l'équipe de terroristes déguisés en footballeurs et honteux d'être interpellés dans cet état ; le seul qui tenta de se défendre fut assommé. Le second groupe se déploya afin d'intercepter Kaboul, dont chacun avait peur ; les policiers, qui avaient comme impératif de s'emparer des ballons intacts, redoutaient le comportement du tueur.

L'ancien d'Afghanistan, vite essoufflé, se parla à lui-même pour s'encourager ; les mots de haine et de vengeance se bousculaient au sortir de sa bouche, sa tête en forme d'œuf dodelinait. Il se faufila entre les pierres tombales, dépourvues de nom, dont une bonne partie s'émiettaient.

Une rafale d'arme automatique zébra le sol à quelques mètres devant lui, le contraignant à s'arrêter.

– Rends-toi, exigea une voix puissante ; ton commando est entre nos mains. Tu n'as aucune chance de t'échapper.

À présent, il les voyait : une dizaine de professionnels en civil, pas des soldats inexpérimentés. À cause du poids des ballons, l'islamiste ne les sèmerait pas.

Pour la première fois, il était le gibier.

Retrouvant les gestes précis et rapides qu'il avait tant de fois exécutés en Afghanistan, Kaboul dégoupilla les six grenades qu'il portait à la ceinture, en jeta trois en direction des policiers les plus proches, deux sur les ballons et se fit sauter avec la dernière.

56.

Lorsque le soleil du vingt-sixième jour du ramadan se leva sur le haut barrage d'Assouan, ne parvenant pas à égayer l'énorme bête grise accrochée à la roche, Kamel mit fin à l'interrogatoire des terroristes venus du Soudan et du policier complice. Ils avaient parlé d'abondance de leur entraînement, de leur engagement religieux, de leur certitude de triompher, mais sans livrer le moindre renseignement sur leur mission. La règle du cloisonnement avait été strictement appliquée ; seul Kaboul connaissait l'objectif et la date. C'est pourquoi l'ancien d'Afghanistan, conscient que personne ne résistait à la torture, s'était suicidé.

Mark Walker avait vu juste ; les ballons de football contenaient bien les éléments d'un détonateur que les terroristes devaient livrer à l'ingénieur faisant partie de l'équipe adverse. À l'issue du match, ce petit cadeau serait passé inaperçu.

Kamel avait fondé de grands espoirs sur l'interrogatoire du technicien ; mais lui non plus ne savait pas où et quand les charges, si elles existaient, devaient exploser. Kaboul l'aurait accompagné sur le site afin de lui donner les ultimes précisions et de vérifier leur mise en œuvre.

L'Égyptien monta sur le toit de l'immeuble où avaient été enfermés les terroristes, alluma une cigarette et contempla le barrage. Des pensées contradictoires lui traversèrent l'esprit ; lui qui ignorait les regrets déplorait de ne pouvoir être l'ami d'un homme comme Mark Walker, un être transparent auquel il aurait confié doutes et espérances. Le destin lui interdisait cette joie suprême.

— Athènes au téléphone, l'avertit l'un de ses hommes.

Kamel discuta longuement avec un sismologue passionné, certain de ses prédictions.

Lorsqu'il raccrocha, l'Égyptien estima que le moment était venu d'interroger de manière sérieuse un homme des plus troubles ; Mark Walker ne serait pas mécontent de participer à l'entretien. Aussi Kamel passa-t-il le chercher chez lui, où il s'acharnait sur sa documentation afin de percer le mystère des dessins de sa fiancée.

L'homme des services secrets s'habituait aux paysages d'Assouan, quoique la magie du Caire lui manquât ; se désintoxiquer de la capitale était malaisé. Malgré les angoisses du moment, il avait parfois l'impression d'être en vacances et de goûter les charmes du Sud à la manière d'un simple touriste. L'Égypte n'était pas un pays, mais un univers dont les clés s'offraient une à une, au fil des saisons et des jours ; l'été d'Assouan, implacable, se joignait à la puissance du désert pour faire entendre la voix du granit et de la cataracte, cette voix immense que la haute digue tentait d'étouffer. Le Nil appartenait à la planète entière ; d'après les vieux mythes, ne naissait-il pas dans le ciel ? Ce qu'avaient accompli Nasser et les Soviétiques était un crime contre l'avenir.

Kamel se surprit à adopter les thèses de Mark Walker, alors qu'il ne s'était guère préoccupé du haut barrage avant de rencontrer l'Américain. Qu'une telle influence pesât sur lui l'indisposait.

Sur la terrasse de la villa, un Nubien dormait d'un œil.

— Préviens M. Walker de ma présence.
— Il est parti.
— Sais-tu où il est allé ?
— Une voiture de la police est venue le chercher.

Kamel se précipita sur le téléphone.

Le commissaire central d'Assouan n'avait envoyé aucune voiture à la demeure de l'Américain.

Le commissaire était prolixe et bon enfant, comme beaucoup d'Égyptiens ; bedonnant, se plaignant un peu de l'ascèse à laquelle le contraignait le ramadan, il félicita Mark Walker de mener un long et difficile combat contre les méfaits du haut barrage, dont beaucoup de fellahs se méfiaient.

Le chauffeur conduisait avec prudence, car les rues de la ville étaient encombrées d'enfants et d'ânes porteurs de lourdes charges ; les vélos zigzaguaient, les automobiles déboîtaient sans prévenir.

— Impossible d'aller plus vite, regretta le commissaire ; imaginez que la police écrase un gamin !

— Quel est le motif de cette convocation ?

— Je n'en ai pas la moindre idée, monsieur Walker ; mes supérieurs m'ont demandé d'aller vous chercher de toute urgence et de vous conduire au commissariat, en raison d'un fait nouveau qui vous touche de près. On ne m'a pas mis dans le secret, et je ne m'en plains pas ! Moins on en sait, mieux on se porte.

La voiture s'arrêta dans une rue populeuse, plutôt propre, où de nombreux piétons se croisaient, souriants et bavards. Le chauffeur demanda l'autorisation de déposer un paquet chez sa mère ; contrarié, le commissaire parlementa et sollicita l'avis de l'Américain, qui donna son accord.

— Vous connaissez l'Égypte, monsieur Walker ; il faut être indulgent. Ce pauvre diable conduit jour et nuit, il n'a pas beaucoup de temps à lui.

Le commissaire s'épongea le front.

— Quelle chaleur... Pardonnez-moi, je vais acheter du parfum.

Mark resta seul à l'arrière du véhicule.

Le chauffeur avait disparu dans une ruelle, le commissaire dans une boutique. Pour des gens aussi pressés, ils prenaient leurs aises.

Soudain, dans cette artère si animée, l'Américain

éprouva une pénible impression de solitude. Non, des policiers aussi pressés ne se seraient pas comportés ainsi...

Mark ouvrit la portière et, d'un coup de reins, se propulsa sur la chaussée. En déséquilibre, il courut quelques mètres, et chuta sur le trottoir d'en face au moment où la voiture explosait.

— L'explosif se trouvait dans le coffre, constata Kamel. Deux morts, trois blessés graves, cinq légers, dont vous-même. Vous avez beaucoup de chance, monsieur Walker.

L'épaule douloureuse, le coude écorché, Mark désinfecta une plaie au front avec de l'eau oxygénée et pria le médecin d'appliquer un sparadrap afin de stopper l'hémorragie. Le praticien, après auscultation, ne jugea pas nécessaire d'administrer d'autres soins.

— Mohamed Bokar n'est pas loin, estima Kamel ; il ne vous pardonnera jamais la mort de sa femme.

— Il lui suffisait d'envoyer ses tueurs et de mettre ma mort sur le compte de la police.

— L'attentat à la voiture piégée est l'une de ses actions favorites ! Par son effet dévastateur, elle frappe les imaginations. Nous débusquerons Bokar, j'en suis sûr ; auparavant, je vous propose un entretien indispensable.

— Avec qui ?

— Avec votre vieil adversaire, Gamal Shafir.

Le superviseur du haut barrage se tortillait sur son fauteuil ; le regard de Kamel le mettait mal à l'aise. Il tendait une main molle à l'Américain.

— Un accident, monsieur Walker ?

— Les terroristes ont tenté de m'éliminer.

— Vous ! Mais pour quelle raison ?

— Le barrage, répondit Kamel.

Gamal Shafir s'épongea le front.

— Le barrage ! Ça n'a aucun sens !

— D'après un sismologue grec, l'Égypte est entrée dans une période de perturbations rapprochées. Après

Le Caire, c'est Assouan qui sera touché ; bien que ses collègues le considèrent comme un farfelu, ce spécialiste a prévu un important tremblement de terre aux alentours de la fin du ramadan.

— Prédiction de sorcier ! Aucune valeur.
— Étiez-vous averti ? demanda Mark.
— J'ai reçu des documents ridicules, en effet.
— Avez-vous averti vos supérieurs ?
— Je n'ai pas l'intention de perdre mon poste.
— Vous avez pourtant prévenu quelqu'un.
— Ces documents ont terminé au panier.
— Pourquoi avez-vous informé Mohamed Bokar ? interrogea Kamel.

Le superviseur se leva, indigné.
— C'est scandaleux, vous...
— Asseyez-vous et dites enfin la vérité.

Tremblant, le superviseur obéit.
— Vous croyez le barrage indestructible, rappela Mark, et vous vous trompez. Il ne résistera pas à un tremblement de terre de très forte intensité.
— Bien sûr que si !
— Savez-vous que la destruction du barrage entraînerait celle de l'Égypte ?
— Balivernes.
— Une vague immense submergerait la vallée, Le Caire, et même le Delta.
— Inexact ; Louxor serait sans doute touché, rien de plus.
— Êtes-vous sincère ?

Les yeux de Gamal Shafir ne mentirent pas.
— Vous n'avez pas conscience du danger, constata l'Américain ; c'est encore plus grave que je le supposais.
— Quand Mohamed Bokar vous a-t-il menacé ? interrogea Kamel.
— Je vous assure que...
— Ça suffit. La vérité, ou je vous interroge d'une autre façon.

Le superviseur s'effondra.
— Voilà trois mois, on m'a contacté... J'ai de la

famille, au Caire, et je n'ai pas le droit de lui faire courir des risques.
— Quels renseignements avez-vous communiqués aux islamistes ?
Gamal Shafir baissa la tête.
— Rien d'important, je vous assure.
— Parlez.
— Ils m'ont interrogé sur les capacités de résistance du barrage aux explosifs les plus puissants.
— Vos réponses ?
— Dégâts infimes.
— Que savez-vous des plans des terroristes ?
— Rien, vraiment rien... Mais ils ont renoncé, c'est évident. Vous n'allez pas m'arrêter ?
Le mépris de Kamel rendit le superviseur muet.

Il les défiait, gigantesque et froid, indifférent au soleil d'été. Peut-être le superviseur avait-il raison, peut-être le barrage était-il indestructible.
— Ce type est un imbécile, jugea Kamel ; il a fini par croire en l'infaillibilité de son idole.
— Il aura au moins découragé les islamistes.
— Justement pas.
— Il m'a semblé sincère.
— Il l'était ; Mohamed Bokar fut convaincu que des explosions n'endommageraient que superficiellement la haute digue. Mais quelques dégâts spectaculaires, peut-être un tremblement de terre, et la colère d'Allah... Utiliser le barrage pour réussir la révolution islamique, quel splendide coup d'éclat !
— Si le superviseur a surestimé la capacité de résistance du barrage, l'Égypte sera anéantie.
Kamel s'assombrit.
— La mort d'un peuple et d'un pays, à cause d'un fonctionnaire incompétent, d'un simple grain de sable dans la machine...
— Ne pourrait-on la nettoyer ?
— Je crains que ce travail de titan ne dépasse nos possibilités ; tout au plus tenterai-je d'arrêter Mohamed Bokar et de décapiter le mouvement terroriste.

— À supposer que Bokar soit encore à Assouan.
— Cette tentative d'assassinat, avec une voiture piégée, dans une rue animée, est sa signature : agir dans l'ombre, comme un lâche, mais frapper de stupeur le maximum de gens en tuant de façon spectaculaire. Kaboul était avide de violence, Mohamed Bokar l'est de pouvoir, d'un pouvoir fondé sur la terreur.
— À la suite de la mort de Kaboul, de l'arrestation du commando et de cet échec cuisant, pourquoi se terrerait-il ici, alors qu'il est en sécurité à Assiout ou au Caire ?
— Vos arguments ne manquent pas de poids, mais je préfère l'instinct du chasseur à la logique.

Quelques minutes plus tard, on prévint Kamel que le Premier ministre venait d'échapper de justesse à un attentat ; une voiture piégée avait explosé quelques secondes après le passage du cortège officiel, place el-Tahrir. Plusieurs témoignages prouvaient la présence de Mohamed Bokar au Caire.

— Vous aviez raison, monsieur Walker ; devant le fiasco d'Assouan, il est reparti pour la capitale afin d'y maintenir le climat de terreur. Désolé de ne pouvoir loger chez vous ce soir ; mon emploi du temps immédiat risque d'être chargé. Deux de mes hommes assureront votre protection.
— Quand quittez-vous Assouan ?
— Demain, je suppose ; songez à l'organisation de votre colloque, monsieur Walker. C'est une belle et noble cause.

57.

À peine les adieux consommés, Kamel lui manquait déjà. Bien qu'il ait refusé de devenir son ami, l'Égyptien le fascinait ; en lui brûlait une flamme que Mark connaissait bien, celle de l'idéal à accomplir au-delà de sa propre personne, même si l'époque n'était plus que corruption et compromission. Des hommes de cette trempe n'étaient plus à la mode et gênaient les pouvoirs en place, sans doute parce qu'ils incarnaient une rectitude sans valeur marchande. Mark eût aimé parler longuement avec Kamel de ses racines, de son islam flamboyant, de l'élégance de la pensée et de la richesse de la main du calligraphe ; mais leurs destins avaient cessé de se croiser. Le policier retournait à ses terroristes, Mark à son barrage.

L'Américain était heureux d'en avoir fini avec cette violence à laquelle il ne s'habituait pas ; il fallait la puissance inébranlable de Kamel pour survivre dans un tel climat et repartir au combat chaque matin, sans crainte et sans lassitude. Pendant ces journées au cours desquelles la mort avait si souvent frappé, l'Égyptien lui avait transmis un peu de son souffle, celui que les anciennes divinités accordaient aux hommes pieux afin qu'ils remplissent leur fonction avec enthousiasme et rigueur.

Lorsque la Mercedes s'arrêta devant la villa blanche, Mark crut avoir une vision.

Sur la terrasse, elle prenait le soleil, allongée sur une

chaise longue en rotin, les pieds nus; un corsage échancré et une jupe courte laissaient deviner son corps adorable, ses cheveux noirs brillaient dans la lumière dorée de la fin du jour.

Mark courut vers elle.

— Mona... C'est toi, c'est bien toi!

Elle se réveilla, le contempla de ses yeux vert clair et l'enlaça, douce comme le vent du soir.

— Je n'en pouvais plus de vivre en recluse... Et Le Caire est plus dangereux qu'Assouan, non?

— Ils t'ont laissée partir?

— Avec l'accord de Kamel, à mes risques et périls. La vingt-sixième nuit du ramadan n'est-elle pas celle du destin?

— Tu es le bonheur, Mona.

Elle s'écarta, mutine.

— Avant la fin du jeûne, nous devons garder nos distances.

Mark congédia les hommes de Kamel; les Nubiens suffiraient à garder la maison.

Dieu, que le soleil tardait à se coucher! Il n'avait jamais eu envie d'une femme comme à cet instant, mais respecta sa méditation et sa prière. Chacun de ses gestes était une offrande à la vie, chacune de ses attitudes une expression du désir; la lumière mourante la rendait encore plus sensuelle.

Enfin, ils purent boire un verre d'eau et s'embrasser.

— J'ai faim, dit-elle, rieuse.

Sans l'écouter, Mark commença à la déshabiller.

— N'attendras-tu pas la fin du repas que je t'ai préparé?

— Les limites de ma patience sont dépassées depuis longtemps.

— Tu m'effraies presque, tu...

Il fit glisser le corsage sur les épaules de Mona; ses seins étaient libres et frémissants. Il les embrassa du bout des lèvres, avec la délicatesse d'un peintre apportant de petites touches à son tableau. Puis il dégrafa la jupe et la dénuda très lentement, alors qu'elle fermait les yeux, rêvant du plaisir fou qu'ils allaient partager.

Avant l'aube du vingt-septième jour du ramadan, ils déjeunèrent sur la terrasse, goûtant la tiédeur de la nuit d'été. Mark avait relaté les péripéties de l'enquête et sa fin heureuse.

— Il faut reprendre espoir, affirma-t-elle ; c'est le premier échec sérieux des islamistes.

— Ils n'ont pas manqué de beaucoup le Premier ministre.

— Ils l'ont manqué ! Le destin se retourne contre eux.

— Impossible de décrypter les dessins d'Hélène... Ce détail n'a plus d'importance, mais il m'irrite. En consolidant mon dossier sur les effets néfastes du barrage, j'aurai peut-être la chance de comprendre.

Elle posa la tête sur son épaule.

— Je connais très mal Assouan... Avant de te plonger dans ton travail, aurais-tu l'obligeance de me servir de guide ?

— Voilà une bien grande exigence.

— Je redoute une contrepartie élevée...

— Tu as raison.

— Le jour va bientôt se lever, nous n'avons plus le temps de...

— Dieu aime l'amour, sinon Il ne serait pas Lui-même ; ne nous pardonnera-t-Il pas un léger dépassement d'horaire ?

Mona ne repoussa pas son amant.

Le mausolée de l'Aga Khan, l'île Kitchener, les tombes de la rive ouest, Éléphantine, Philae... Mark avait dressé un plan de visites approfondies, afin de faire découvrir à Mona les splendeurs d'Assouan. Ils visitèrent le mausolée au début de la matinée et se recueillirent devant le sarcophage de marbre blanc ; un domestique passait l'aspirateur, mais ce n'était pas Soleb. Émue, la jeune femme contempla la rose rouge, symbole d'un amour au-delà de la mort.

En felouque, ils gagnèrent l'île Kitchener, autrefois propriété d'un général anglais qui avait vaincu au Soudan, en 1898, le Mahdi, un redoutable intégriste ; pour être militaire, Kitchener n'en avait pas moins l'âme bucolique. Sur son île, il avait donné refuge à des plantes tropicales rares d'Asie et d'Afrique ; aussi Mark et Mona se promenèrent-ils dans les allées d'un luxuriant jardin botanique peuplé de sycomores, de palmiers, de kapokiers, de manguiers, de bougainvillées, de clématites aux fleurs blanches et bleues, d'hibiscus, de goyaviers et d'autres merveilles jouant une symphonie colorée. Ils s'assirent sous un *Saraca indica* aux feuilles orange et parlèrent de leur passé, tandis que des oiseaux blancs volaient d'arbre en arbre. Qu'un tel bonheur fût possible leur apparut comme un miracle qu'ils devaient savourer à la manière des découvreurs d'un nouveau monde. Libérés d'hier, ils songèrent à l'avenir qu'ils bâtiraient ensemble.

Lorsque la chaleur déclina un peu, ils montèrent à bord de la felouque ; elle n'eut qu'une courte distance à parcourir pour atteindre la rive ouest. Les tombes des anciens maîtres de la province avaient été creusées au sommet de la colline ; les rampes utilisées lors du halage des sarcophages étaient encore visibles, mais les visiteurs empruntaient un escalier de quatre-vingts marches afin d'atteindre la dernière demeure des princes d'Éléphantine, gouverneurs de renom et explorateurs du Grand Sud.

— C'est mon site préféré, avoua Mark ; de là-haut, la vue est splendide, et l'on oublie le barrage. Le Nil ne semble pas avoir changé ; pourtant, il agonise.

— Tu l'empêcheras de mourir.

— Il faudrait lui redonner sa liberté... Es-tu prête à grimper toutes ces marches ?

— Je te suis.

Les deux amants s'engagèrent dans l'escalier. À peine avaient-ils entamé leur ascension qu'un *gafir*, gardien nommé par le Service des antiquités, les dépassa en courant et leur barra le chemin.

— Interdit d'aller plus loin.

— Interdit par qui ? s'étonna Mark.

— L'inspecteur d'Assouan.

— Pourquoi ?
— Les tombes sont fermées.
— Je dispose d'une autorisation permanente de visite établie par le directeur du Service des antiquités, au Caire.
— Vous ne pourrez pas entrer.
— Tu te moques de moi ?
— Des ouvriers procèdent à une restauration et posent des vitres devant les peintures.
— Nous nous contenterons de nous promener devant les tombes.
— Impossible... Les ouvriers ont déposé là leur matériel et vous risqueriez de vous blesser.
— Depuis quand travaillent-ils ?
— Quelques jours.
— Nous contemplerons le paysage du haut des marches.
— Elles sont usées et dangereuses : une barrière de sécurité vous empêchera de passer.

Mark sortit plusieurs billets de sa poche.

— Je voudrais montrer le site à mon amie ; nous serons très prudents.
— Désolé, les ordres sont stricts : personne ne doit monter. Ne me causez pas d'ennuis.
— À quelle date les travaux prendront-ils fin ?
— Je l'ignore.
— Nous prendrons notre mal en patience.

Le couple s'éloigna, sous le regard du guide.

— Monte dans la felouque, murmura Mark à Mona.
— Que se passe-t-il ?
— Le Service des antiquités n'ouvre aucun chantier pendant l'été ; pourquoi ce gardien ment-il ?
— Il n'a pas envie d'être dérangé ; à la fin du ramadan, on ressent de plus en plus la fatigue.
— À mon avis, les complices du gardien sont en train de découper un bas-relief pour le vendre à un amateur fortuné. En grimpant par l'une des rampes, je les prendrai sur le fait.
— C'est dangereux...
— Ils détaleront comme des lapins.

Le gardien n'avait pas beaucoup de touristes à repousser ; ils discutaient, pestaient un peu, et s'en allaient.

Du promontoire, caché derrière un bloc, Mohamed Bokar assista à la scène : un couple avait commencé l'ascension, puis s'était heurté au guetteur qui l'avait dissuadé d'aller plus loin.

Sur le Nil, trois felouques profitaient d'un faible vent chaud pour faire le tour de l'île d'Éléphantine ; à leur bord, des Japonais et un Belge qui osaient encore braver les interdits des Gamaat Islamiyya. Bientôt, les infidèles ne franchiraient plus les frontières de la nouvelle République islamique d'Égypte, débarrassée des monuments païens, souillures insupportables aux yeux d'Allah. Grâce aux indications fournies par le superviseur du haut barrage, les terroristes détruiraient Louxor et sa région à l'aide d'une vague purificatrice. L'eau disloquerait les temples de Karnak, noierait les anciens tombeaux et détruirait la Thèbes des pharaons. Plus tard s'édifierait là une gigantesque mosquée commémorative, afin d'inculquer aux jeunes l'esprit de conquête.

Mohamed Bokar vit le couple descendre vers la berge.

L'alerte passée, il permit à ses hommes de se reposer. En cette fin de journée, ils souffraient de la soif, mais appréciaient la température agréable régnant à l'intérieur des tombes de l'Ancien Empire, à l'abri des brûlures du soleil. Plus que deux jours à tenir, et ils passeraient à l'offensive alors que les forces de l'ordre, déroutées, auraient baissé leur garde. En échange de la vie sauve et du maintien de leurs privilèges matériels, plusieurs officiers supérieurs avaient vendu leur âme au chef terroriste, croyant en ses promesses ; lors de l'assaut final, ils lui faciliteraient la tâche en donnant à leurs troupes des ordres contradictoires qui paralyseraient l'intervention des unités d'élite. Et comme toutes les armées du monde, celle d'Égypte, privée de tête, se rallierait au vainqueur pour devenir son esclave docile.

Soudain, des cris rauques venant de la berge.

Mohamed Bokar se précipita à son poste d'observation : le gafir hurlait et gesticulait, montrant du doigt l'une des rampes de halage menant aux tombes.

L'intégriste se pencha et aperçut un homme qui progressait vers lui.

Mona, scandalisée par l'attitude du gardien, lui demanda des explications ; il ramassa une pierre et la jeta en direction de la jeune femme, la ratant de peu. Craignant que le felouquier ne s'en mêlât et jugeant qu'il avait bien rempli sa mission, il détala.

Mark Walker... Oui, c'était bien lui, cet infidèle à la chance insolente, responsable de la disparition de Safinaz. Cloué sur la pente sablonneuse, il était condamné ; il mourrait comme un rat, sur un site païen dont il vantait la splendeur afin d'insulter l'islam.

Mohamed Bokar donna l'ordre à l'un de ses hommes d'abattre le grimpeur.

Mark avait vu l'intégriste.

Il ne pouvait ni s'enfuir ni se cacher. Cible facile, il tourna la tête pour s'assurer que Mona était en sécurité. Figée, elle venait d'apercevoir un terroriste, à genoux sur un bloc, épaulant son fusil d'assaut et visant Mark Walker.

Deux détonations brisèrent le calme de la fin du jour.

La tête éclatée, les doigts crispés sur son arme, le terroriste bascula dans le vide.

L'un des tireurs d'élite de l'équipe de Kamel, posté sur une felouque, avait fait preuve de sa précision habituelle.

Provenant des embarcations, un tir nourri empêcha les islamistes de prendre position. Mark dévala la pente, courut vers Mona et l'obligea à se coucher sur le sable, à l'abri d'un rocher. Elle le serra à l'étouffer.

Il fallut plus d'une heure à l'unité d'intervention de Kamel pour mettre fin à la résistance des terroristes. De manière à épargner au maximum les monuments anciens, ils avaient utilisé des grenades à gaz, efficaces vingt-huit secondes après le dégoupillage.

D'une parfaite élégance dans son costume blanc immaculé, Kamel se dirigea vers le couple.

— Félicitations, monsieur Walker; grâce à vous, nous avons anéanti le reste du commando.

— Mohamed Bokar?

— Il ne figure pas au nombre des victimes. Des traces de quatre-quatre, derrière la colline, en direction de l'ouest, sont les preuves de sa fuite.

— Je vous croyais parti pour Le Caire.

— J'ai toujours préféré l'instinct du chasseur à la logique. Dans ces tombes, les islamistes avaient entreposé des fusils d'assaut, des munitions, et surtout plusieurs détonateurs et télécommandes destinés à des explosions de forte puissance. Mohamed Bokar a cru le superviseur et s'apprêtait à pratiquer une « frappe chirurgicale » pour détruire une partie du barrage et submerger Louxor, la ville touristique et pharaonique par excellence.

— Vous n'avez donc pas cessé de me suivre.

— Entre vous et Mohamed Bokar s'est engagé un duel à mort; vous vous attirez, que vous le vouliez ou non. C'est pourquoi j'étais persuadé que votre destin vous mènerait vers lui.

— C'est monstrueux, Kamel! Avez-vous songé à Mona? Elle aurait pu être tuée!

— Je n'ai songé qu'à l'intérêt général, monsieur Walker, et je comprends que vous me haïssiez. Ne vous avais-je pas prévenu que ma fonction m'interdisait de devenir votre ami?

58.

Des monuments anciens de l'île d'Éléphantine, il ne restait que des ruines, baignées par l'aube du vingt-huitième jour du ramadan. Le grand temple de Khnoum, le dieu bélier qui déclenchait la crue en soulevant son pied placé sur le flot, se réduisait à un amas de blocs disloqués ; en traversant cet univers détruit, Soleb pensa à sa Nubie perdue dont la vision ne le quittait pas un instant.

Enfin, l'heure de la vengeance et de la justice.

Après avoir passé la nuit au milieu des vestiges et absorbé la puissance de la lune, le couteau céleste au pouvoir foudroyant, le Nubien se dirigea d'un pas tranquille vers le village qu'habitaient ses frères de race. Plus gaies et plus pimpantes que les demeures des fellahs, celles des Nubiens exilés accordaient une large place à la couleur : façades ocre et rose, portes et volets peints en bleu ou en vert, linteaux décorés de motifs géométriques. Accueillants, les habitants offraient volontiers aux visiteurs du thé à la menthe et parlaient de leurs terres noyées sous les eaux, au-delà de la haute digue.

Soleb entra chez le plus vieux sorcier de la petite communauté ; il habitait une maison coquette, surmontée d'une coupole en briques crues. À l'intérieur régnait une agréable fraîcheur. Dans la maçonnerie étaient incrustés des coquillages destinés à écarter les mauvais esprits.

Assis sur le sol de terre battue, une vingtaine d'hommes aux mains bleues ; la peinture rituelle leur permettrait de vaincre le mauvais œil.

Tous étaient des magiciens expérimentés, qui avaient combattu de redoutables démons et donné les preuves de leur efficacité. Tous avaient juré de mettre leur art en commun pour percer le cœur du barrage et le priver de venin.

Le vieux sorcier prononça des prières en nubien archaïque, une langue qui disparaîtrait bientôt ; il implora des divinités oubliées, des disciples psalmodièrent en chœur. Une heure durant, ils firent vibrer en eux-mêmes des forces étranges, héritées des prières de leurs pères. L'esprit de leur clan renaissait ; ils n'étaient plus de misérables marginaux, mais une tribu guerrière prête à l'assaut.

Le vieux sorcier se tut.

Les magiciens se levèrent ensemble ; le vieillard leur indiqua une réserve d'où ils sortirent des fusils rouillés, des gourdins, des haches et des serpes. Ces armes leur serviraient à franchir le barrage policier et à s'approcher du monstre.

Soleb salua l'ancien aux jambes paralysées, désolé de ne pouvoir accompagner son armée.

Après avoir rejoint la rive est en bac, les magiciens montèrent dans deux camionnettes servant d'ordinaire aux ouvriers de la zone du barrage et prirent la direction de la haute digue.

L'un des magiciens connaissait le soldat qui gardait le sentier d'accès le moins fréquenté ; comme il devait être relevé peu après, le Nubien lui proposa de l'emmener à son casernement. Le soldat grimpa à l'arrière, heureux d'économiser quelques pas.

Les camionnettes s'arrêtèrent devant le poste de garde, d'où sortirent deux soldats, désireux d'examiner les papiers des ouvriers. Qu'ils fussent tous nubiens les étonna ; bénéficiant de l'effet de surprise, les magiciens les assommèrent.

La voie était libre.

Face à l'extrémité est du barrage, les magiciens

s'assirent en demi-cercle et prononcèrent les formules d'envoûtement qui feraient éclater le ciment et les pierres, et laisseraient le passage aux eaux du Nil. Réunies vers le même objectif, les pensées des Nubiens produisaient une énergie capable d'éventrer une montagne. Puisqu'ils avaient préparé leur attaque et affaibli les défenses du monstre pendant des mois, ce dernier ne résisterait pas longtemps.

Une heure, rien qu'une heure, et les premières fissures se creuseraient dans la masse, invisibles.

Mais les magiciens ne disposèrent que d'une vingtaine de minutes ; d'autres soldats accoururent. Ils tirèrent en l'air, puis menacèrent les fauteurs de troubles ; trois Nubiens ripostèrent avec leurs pétoires, blessant un militaire. Furieux, ses camarades les abattirent.

Quand ils tentèrent d'évacuer les autres magiciens, ceux-ci se défendirent avec haches, serpes et gourdins ; leur réaction fut si brutale qu'elle surprit les forces de surveillance. Leur élimination offrit quelques minutes supplémentaires aux survivants, dont Soleb. Alertés par les coups de feu, des renforts se précipitèrent sur les lieux et tirèrent sans sommation.

Soleb mourut le dernier, persuadé que le barrage ne résisterait pas à la magie nubienne.

Kamel écrasa sa cigarette mentholée, à peine allumée ; il n'avait même plus envie de s'offrir ce modeste plaisir. La Haute Cour de l'État venait d'acquitter trente-cinq terroristes.

Sous la pression des menaces intégristes et avec l'accord du gouvernement, la justice rompait le combat. Le ministre des Affaires étrangères avait prononcé un important discours, destiné au pays et à l'opinion internationale ; sa conclusion résonnait comme une reddition : « Le fondamentalisme musulman devait être considéré comme un courant de pensée ayant droit à l'existence. »

La mosquée al-Azhar ne refusait-elle pas de condamner les terroristes arrêtés par la police ? Dans la rue, on ne plaignait pas les officiers assassinés et l'on aspirait au changement.

Dès l'annulation des prochaines pendaisons et l'annonce du dialogue avec les islamistes, le Djihad et les Gamaat Islamiyya avaient crié victoire, exigeant le départ immédiat de tous les politiciens et la soumission de l'armée à la nouvelle République islamique. Dès le lendemain s'organiseraient d'énormes manifestations.

Maigre consolation : non seulement Mohamed Bokar avait échoué à Assouan, mais encore était-il dépassé par ses propres alliés. La situation lui échappait, d'autres leaders occuperaient aussitôt la place laissée vacante.

Kamel, lui aussi, était condamné.

Il serait même l'une des premières têtes offertes au nouveau régime, en tant que symbole de la résistance à l'islamisation radicale de la société. À son poste, les intégristes mettraient un religieux qui s'inspirerait des méthodes de la police secrète iranienne.

Les États démocratiques, comme d'habitude, observeraient les faits ; dès que le nouveau régime serait en place, on commercerait avec lui, sans se soucier de l'idéologie et des inévitables purges, à savoir l'exécution de milliers de musulmans modérés et de chrétiens, auxquelles s'ajouterait la destruction des monuments pharaoniques.

Pourtant, chacun savait. Chacun avait été prévenu.

À la télévision et à la radio, des cheikhs enflammaient les esprits. Cette fois, **la page se** tournait.

Nue, un léger sourire flottant sur ses lèvres ravissantes, Mona s'était assoupie. Mark quitta le lit sans bruit, pénétra dans son bureau et explora un secrétaire contenant des archives consacrées à l'ancien barrage d'Assouan. Sur une pile de dossiers, il avait caché un écrin contenant un collier de diamants et d'émeraudes qui avait appartenu à sa mère ; elle lui avait demandé de l'offrir à la femme qu'il épouserait. Il réservait cette surprise à sa maîtresse.

Bien que sa condition d'infidèle l'empêchât de se marier avec Mona, elle serait la femme de sa vie.

De la pièce, dont la fenêtre était ouverte, il entendait le bruit des travaux, sur le chantier de la nouvelle mosquée ; une telle ardeur, même dans le cas d'un lieu saint, avait de quoi surprendre.

D'un dossier s'échappèrent plusieurs feuillets, qui glissèrent les uns sur les autres et se répandirent sur le carrelage. L'œil exercé de l'Américain l'alerta ; l'un des schémas présentait de nombreuses analogies avec l'un des dessins que serrait sur son cœur Hélène Doltin, quelques instants avant de mourir.

Un plan bizarre de l'*ancien* barrage... Voilà ce qu'elle considérait comme si précieux !

Tout en écoutant les explications de l'Américain, Kamel disposa une pochette en soie rouge qui agrémentait son costume bleu sombre.

– Je pars pour Le Caire, monsieur Walker ; la révolution ne tardera plus à éclater. Je ne nie pas l'intérêt de votre hypothèse, mais elle ne me concerne plus.

– À mon avis, les aspects anormaux du plan d'Hélène correspondent à l'emplacement des charges explosives. Même si Mohamed Bokar a réussi à s'enfuir, lui ou l'un de ses fidèles ne provoqueront-ils pas une catastrophe ?

Kamel sembla hésiter.

– Vérifions, je vous en prie.

– Je vous dois bien ce petit effort, monsieur Walker.

L'ancien barrage paraissait abandonné. Construit de 1899 à 1902 sur les plans de Sir Willcocks, puis surélevé de 1929 à 1934, il se présentait comme un mur percé de cent quatre-vingts vannes disposées sur deux rangées, dont cent quarante à la rangée inférieure. Au maximum de sa réserve, la retenue formait un lac s'étendant à deux cent vingt-cinq kilomètres en amont, soit une capacité théorique de cinq milliards six cents millions de mètres cubes, se réduisant à moins de cinq milliards en raison de l'évaporation.

La construction du haut barrage avait presque fait

oublier la présence de ce premier monstre, qui laissait passer l'eau de la crue ; à cause de sa forte teneur en limon, elle aurait vite encrassé les vannes, seulement fermées lors de la décrue, vers la mi-octobre. L'eau de réserve était distribuée au printemps et en été, pendant la période chaude et sèche, avant la nouvelle crue. Larges de deux mètres, ouvertes à trente-trois mètres de profondeur, les vannes crachaient un jet écumant de cent tonnes d'eau à la seconde.

La construction de l'ancien barrage avait permis le développement de la culture intensive du coton, grosse consommatrice de main-d'œuvre non qualifiée, et entraîné une expansion démographique de plus en plus folle. Ainsi l'irrigation permanente, brisant le rythme des saisons et la volonté de la nature, avait-elle précipité l'Égypte dans l'enfer de la surpopulation, lit de la misère et du fanatisme.

Les hommes de Kamel se mirent au travail ; plusieurs plongeurs examineraient les vannes.

– Le haut barrage a été attaqué ce matin, révéla l'Égyptien.

– Un commando terroriste ?

– Non, des Nubiens avec des armes dérisoires.

Le cœur de Mark se serra.

– Les forces de sécurité...

– Elles ont appliqué les consignes. Pas de survivants.

– Soleb est-il au nombre des victimes ?

– Les cadavres se trouvent à la morgue.

– Je vous demande une faveur : autorisez les Nubiens à enterrer Soleb dès aujourd'hui.

– Le culte de l'amitié n'est-il pas plus précieux qu'une perle rare ?

Au début de l'après-midi, le verdict tomba : le vieux barrage était bourré de puissants explosifs. La moitié des vannes seraient pulvérisées. D'après le spécialiste de la police et deux ingénieurs appelés d'urgence, l'éclatement de l'ancien barrage déclencherait une formidable onde de choc qui ébranlerait la haute digue.

— À votre avis, interrogea l'Américain, s'effondrerait-elle ?

— Seulement si une autre onde de choc, encore plus puissante, provenait du sud, et se conjuguait à la première.

Fébrile, Mark étala sur un rocher les dessins d'Hélène Doltin.

— Les barrages-poids sont réputés indestructibles, n'est-ce pas ?

— Réputation usurpée, estima un ingénieur, malgré les protestations de son collègue ; ce sont même les plus vulnérables et ceux qui ont connu le plus d'accidents.

— La haute digue est indestructible, affirma l'autre ingénieur, contredisant ses propres propos.

— Regardez ces dessins, exigea Mark ; ne s'agirait-il pas d'un modèle de destruction d'une énorme masse par succession d'ondes de choc ?

L'examen du premier ingénieur fut de courte durée.

— Ce sont effectivement des tracés paraboliques consécutifs à une explosion dans les fondations d'un barrage-poids. J'ai assisté à une simulation sur maquette : on mine les parties basses en aval, on provoque un affouillement et une rupture verticale dans le massif, des fissures internes apparaissent et se prolongent jusqu'au parement, en amont.

Son collègue se tut, gêné. Mark Walker réfléchit à haute voix.

— Si l'on a renoncé à construire des barrages-voûtes sur le Nil, c'est à cause de l'épaisseur des alluvions qui s'entassent chaque année au sud de la haute digue et menacent, beaucoup plus tôt que prévu, de boucher les turbines... Vite, Kamel. Il n'y a plus une seconde à perdre.

59.

Le superviseur du haut barrage gardait la tête penchée sur les dessins.
— Vous connaissez leur signification, n'est-ce pas ?
— Oui, monsieur Walker, mais ces tracés paraboliques sont le reflet d'une simple théorie.
— Non, d'une expérimentation dont les résultats vous étaient également connus.
— Vues beaucoup trop pessimistes... La haute digue n'est pas un barrage-poids comme les autres.

Kamel observait Gamal Shafir ; sa foi se fissurait. Devant une menace calculée et des dangers chiffrés, il croyait moins en l'indestructibilité du monstre.
— Reconnaissez au moins que l'envasement du lac Nasser est beaucoup plus rapide que prévu.
— Peut-être...
— Vous m'aviez annoncé la venue d'une équipe de spécialistes, chargés d'étudier les dépôts de limon.
— Un projet, monsieur Walker.
— Qui vous l'a présenté ?
— Des techniciens, il y a plus d'un mois.
— Qu'ont-ils fait, sur le terrain ?
— Un examen superficiel, des sondages... Que sais-je encore ? On m'avait demandé d'étudier les moyens les moins coûteux de draguer le fond du lac et de dégager le barrage.

Le regard de Kamel devint glacial.
— Êtes-vous un traître ou un imbécile ?

Gamal Shafir sursauta.
— Que signifie...
— Un traître *et* un imbécile ! Vous mériteriez d'être pendu. Quand les turbines ont-elles été vérifiées pour la dernière fois ?
— En avril dernier, deux d'entre elles présentèrent de légères fissures qui, à long terme, rendront leur remplacement impératif. J'ai demandé un devis à une entreprise américaine et un autre à un groupe français.
— Une jeune femme le représentait-il ?
— Oui, en effet.
Mark décrivit Hélène Doltin.
Le superviseur l'identifia.

Les « spécialistes » de l'envasement avaient déposé dans la masse limoneuse des explosifs de forte puissance ; ceux qui s'étaient occupé des turbines avaient agi de même. Outre la capacité de destruction d'engins sophistiqués, les vagues sonores d'une intensité exceptionnelle, à la fois brutales et précises, auraient creusé des brèches considérables dans les deux barrages.
La nuit tombée, Kamel offrit du champagne à Mark et à Mona sur la terrasse de la villa blanche.
— Il faudra une escouade de démineurs et d'ouvriers qualifiés pour ôter les charges explosives. Les commandos terroristes ont accompli une véritable performance ; il est vrai que les ingénieurs de l'ex-URSS les ont beaucoup aidés. Dans deux jours, lors de la fin du ramadan qui coïncide cette année avec notre fête nationale, Mohamed Bokar aurait donné l'ordre de tout faire sauter.
— Voulait-il noyer l'Égypte ? interrogea Mona.
— Louxor, tout au plus, d'après les indications erronées fournies par le superviseur.
— Des milliers de morts, sans doute des millions...
— Du point de vue terroriste, quelle superbe démonstration de force ! Après un pareil exploit, et l'anéantissement de la cité touristique par excellence, qui aurait osé contester la suprématie des intégristes ?
Mark semblait nerveux.

— Je ne suis pas satisfait, avoua-t-il.
— Qu'est-ce qui vous gêne ?
— Vous avez saisi un matériel de guérilla et les éléments d'un détonateur... s'il en existait un ou plusieurs autres ?

Un long silence succéda à la question de l'Américain. Mona se leva pour aller chercher des entrées froides et des brochettes d'agneau ; au passage, elle jeta un œil sur la mosquée en construction.

— C'est une éventualité, admit Kamel ; encore faudrait-il quelqu'un qui fût capable de les utiliser. Armée et police ont ratissé toute la zone.
— Sans parvenir à arrêter Mohamed Bokar.
— Seul, ou même avec quelques fidèles, il ne parviendra plus à s'approcher de son objectif. Si cette disposition peut vous rassurer, je ne lèverai aucune mesure de sécurité avant la fin du déminage.
— Louable précaution.

Mona servit des plats délicieux.
— Étrange, remarqua-t-elle ; les ouvriers ont démonté l'échafaudage, mais la mosquée neuve n'est pas illuminée.
— Des allées et venues, dans la journée ? demanda Kamel.
— Non, je n'ai rien remarqué.
— Permettez-moi de vous abandonner quelques instants.

L'Égyptien donna quelques ordres brefs par téléphone.

Un quart d'heure plus tard, appréciant le vent du désert, chaud et doux, Mark et Mona assistèrent à l'encerclement de la mosquée par les forces de sécurité.

Elles ne rencontrèrent aucune résistance.

Moins d'une heure plus tard, Kamel disposa des résultats de l'intervention.
— Grâce à vous, dit-il à Mona, nous avons mis la main sur le dernier élément de leur dispositif : dans le sous-sol de la mosquée, un bel ensemble de télécommandes. De cet endroit auraient été déclenchées

les explosions en chaîne. Tout danger est à présent écarté ; nous pouvons savourer cet excellent dîner avec une parfaite quiétude... En attendant les ténèbres.

Le jasmin embaumait l'air.

— Quelle délicieuse soirée... Il suffirait de retenir le bonheur au plus profond de soi-même et d'oublier les laideurs de l'humanité... Mais lequel d'entre nous en est capable ? Autrefois, les chefs de tribu profitaient de la nuit pour se transmettre les secrets de la vie.

Jusqu'à la fin du dîner, ils s'abandonnèrent au fleuve du passé et cheminèrent sur des terres disparues.

— Désolé de briser la magie de cette nuit d'été, déplora Kamel, mais je dois nous ramener à la réalité. Bien que votre odyssée personnelle et le travail de mon équipe aient abouti à un total succès, nous n'avons pas sauvé l'Égypte. Au Caire, la situation évolue très vite, et dans le mauvais sens ; en acceptant les exigences des intégristes, le gouvernement a placé lui-même sa tête sur le billot.

Mona s'insurgea.

— C'est impossible ! Nos dirigeants ne sont pas aussi insensés.

— Les rats quittent le navire qui coule. Il faut partir sans tarder ; dans quelques heures, les islamistes déclencheront le processus de la prise de pouvoir.

— N'êtes-vous pas défaitiste ?

— Hypocrisie, lâcheté, inconscience... Voilà ce que nous avons opposé à une lame de fond nourrie par la misère du peuple. Pourquoi s'étonner de l'effondrement de ce fragile rempart ? J'ai lutté jusqu'au dernier instant, et vous m'avez aidé à éviter un désastre, en sauvant cette haute digue que vous avez tant combattue.

— Que nous conseillez-vous ? demanda la jeune femme.

— Partez avec moi, dès demain matin ; j'espère assurer votre protection jusqu'à l'aéroport et vous permettre de quitter l'Égypte par n'importe quel avion.

Mark était effondré, mais il appréciait trop la lucidité de Kamel pour douter de son jugement.

— Vous me demandez d'abandonner cette maison, l'Égypte, la lutte contre le barrage...
— Une conduite suicidaire serait indigne de vous ; si le destin le veut, vous reviendrez. Nous décollerons demain matin à huit heures pour la capitale.

Ni Mona ni Mark ne dormirent.
Jusqu'à l'aube du vingt-neuvième jour du ramadan, ils se promenèrent dans le désert, s'éloignant du haut barrage tapi dans les ténèbres. De son bâton, une branche d'acacia taillée, l'Américain frappait le sol à coups réguliers, afin d'écarter les serpents.
Le couple gravit une butte en forme de pyramide et s'assit à son sommet. Battant de ses grandes ailes, une chouette les survola.
— Kamel se trompe peut-être, avança Mona ; ne vient-il pas de remporter une victoire décisive sur les terroristes ?
— Il refuse de se dissimuler derrière un rêve.
— Que décides-tu ?
— Rentrons au Caire avec lui.
— Tu m'avais fait aimer Assouan.
— Imagines-tu ce paysage, sans la haute digue ? Il serait la magie même... parfois, j'ai l'impression que les hommes s'acharnent à détruire les paradis que cette planète leur avait offerts.
Avant que les derniers lambeaux de nuit ne se déchirent, Mona prononça les prières rituelles. Mark laissa son regard se perdre dans les franges roses du levant.
L'eau de la gourde était encore fraîche ; main dans la main, ils regagnèrent la villa.

Les tombes du cimetière musulman étaient serrées les unes contre les autres ; sur les tertres surmontés d'une modeste stèle dépourvue d'inscriptions, quelques cailloux blancs. Chacun connaissait l'emplacement de ses morts.
En hommage à sa dignité de magicien, Soleb avait bénéficié d'une tombe à coupole, digne d'un cheikh.

Kamel avait tenu sa parole, permettant aux Nubiens de sortir le cadavre de la morgue et de procéder à leurs rites, hors de toute présence étrangère.

Mark ne pouvait quitter Assouan sans rendre hommage à un homme qu'il admirait sans réserves. À l'intérieur du sépulcre, une corde tendue à laquelle étaient suspendus les feuillets couverts de prières en vieux nubien et des bracelets en argent.

Près de l'entrée veillait le vieux magicien impotent qui n'avait pu participer à l'expédition ; l'Américain le salua.

— Soleb est parti de l'autre côté du monde, là où le Nil prend naissance et où la Nubie existe encore. Il m'avait parlé de vous comme d'un allié fidèle et d'un homme de parole.

— Pourquoi s'est-il sacrifié ?

— Nos magiciens ont fait leur devoir et suivi le meilleur d'entre eux. Désormais, Soleb sera considéré comme un saint par tous les Nubiens ; ils lui demanderont sa protection. Soleb ne s'est pas sacrifié, il s'est comporté en guerrier et a remporté la victoire.

— Il est mort et le barrage continue à vivre.

— Nous avons rongé son cœur ; ce n'est plus qu'une carcasse inerte qui ne résistera pas au feu, au vent, au flot et aux colères de la terre.

60.

L'avion de Kamel se posa au Caire à neuf heures trente. Partout, des soldats en uniforme noir appartenant aux unités spéciales antiémeutes. Un général, visiblement nerveux, informa l'homme de la police secrète que le trafic aérien avec l'étranger se poursuivait sans autres incidents que les retards habituels.

— Partez sur-le-champ, recommanda Kamel à Mona et à Mark ; je vous obtiendrai des places sur n'importe quel avion.

— Je dois passer chez moi, exigea-t-elle.

— Moi aussi, surenchérit l'Américain.

— Des souvenirs à emporter ? Vous prenez un risque.

— Demain, rappela Mona, c'est la fin du ramadan ; les gens songeront à la fête, pas à la violence.

— Puisse Allah vous donner raison ! Deux de mes hommes vous protégeront jusqu'à votre départ.

Mark Walker regarda l'Égyptien droit dans les yeux.

— Nous nous reverrons, Kamel.

— Je crains que non.

Les deux hommes se serrèrent la main, regrettant l'un et l'autre de s'être trop peu connus.

À la sortie de l'aéroport, Kamel monta dans une Mercedes blanche, pendant que le couple s'éloignait dans un break Peugeot qui prit la direction du centre ville.

Plus voûté que d'ordinaire, le front creusé de rides, ses doigts ne cessant d'égrener un chapelet, Mohamed Bokar était assis dans le fauteuil de Mark Walker. Après avoir supprimé le domestique, il attendait, dans la pénombre du bureau.

À cause de l'Américain, il avait tout perdu, son rôle de leader du terrorisme, son honneur et sa femme. Inutile de se présenter devant les commanditaires étrangers et les chefs religieux de la révolution islamique ; son échec d'Assouan et l'anéantissement de son commando le discréditaient à jamais. Il n'avait commis qu'une seule erreur, sous-estimer la capacité de nuire de Mark Walker.

Ce dernier reviendrait ici, Bokar en était sûr ; il avait besoin de ses dossiers, de ces paperasses qu'il jugeait essentielles.

L'Américain ne sortirait pas vivant de sa demeure. D'habitude, la basse besogne revenait à Kaboul ; cette fois, Mohamed Bokar l'accomplirait lui-même, aussi froid qu'un serpent.

Mark et Mona avaient en poche un billet pour Londres ; l'Égyptienne y rejoindrait sa fille, l'Américain y comptait de nombreux amis et y possédait un appartement où le couple s'installerait, avec l'espoir de revenir le plus tôt possible en Égypte.

Le break Peugeot dut contourner de nombreux attroupements de fidèles qui avaient envahi la chaussée et interdisaient le passage des voitures. À l'issue d'un parcours sinueux de plus de deux heures, le véhicule s'immobilisa enfin au pied de l'immeuble de Mona.

– Je rassemble l'essentiel dans une seule valise, annonça-t-elle.

– Pour gagner du temps, je vais à pied chez moi et je reviens te prendre.

L'avion pour Londres, décalé, décollerait à dix-huit heures. Manifestations et embouteillages encombreraient la route de l'aéroport ; aussi le temps leur était-il compté.

– Dépêche-toi, Mark.

— Je me contenterai du minimum : un article important sur le barrage que je ferai paraître dans les journaux anglais, et quelques documents irremplaçables.

— Garde l'œil sur ta montre.

— Promis. Les hommes de Kamel veilleront sur toi.

— Un seul suffira ; prends l'autre avec toi.

— Si tu veux... Mais je choisis.

À l'écart, Mark discuta avec les gardes du corps, deux policiers d'une trentaine d'années issus d'un régiment d'élite. Il demanda au plus placide d'assurer la protection de Mona.

— Si je ne suis pas de retour à treize heures trente, exigea-t-il, partez sans moi ; Mona ne doit pas rater cet avion, et l'enregistrement est clos deux heures avant le départ. N'importe quel incident peut me retarder ; en ce cas, votre collègue réquisitionnera une voiture et nous vous rejoindrons à l'aéroport.

Le policier acquiesça.

— Et si votre retard était trop important ?

— Je me débrouillerai pour prendre un autre avion.

Mark prit Mona dans ses bras.

— Cette nuit, nous serons à Londres.

— Je fêterai la fin du ramadan loin de chez moi...

— Je tâcherai de dissiper ces regrets.

Des passants, indignés par l'attitude du couple, lui jetèrent des regards agressifs.

— Peut-être croient-ils que nous ne sommes pas mariés, dit Mark en souriant ; voici mon cadeau pour la nouvelle épousée.

Incrédule, Mona contempla le collier de diamants et d'émeraudes.

Avec des gestes lents et doux, Mark déposa la parure sur la peau satinée de la jeune femme.

— Selon mes rites familiaux, nous voici mari et femme.

Oubliant sa pudeur, Mona embrassa Mark en pleine rue ; gênés, les deux policiers se détournèrent.

— Fais très vite ; à présent, j'ai hâte d'être assise dans l'avion.

— Avec un talisman comme celui-là, tu vivras vieille et heureuse.

En compagnie de son garde du corps, il s'éloigna à grandes enjambées.

Mark avait eu raison de ne pas prendre la voiture ; à la suite du pillage de magasins de luxe et de bureaux d'import-export par de jeunes intégristes armés de barres de fer, les forces antiémeutes barraient le quartier. Malgré l'intervention du policier, l'examen des papiers prit une demi-heure ; les poumons en feu et la langue sèche, les deux hommes coururent jusqu'à l'ancien palais à deux étages où l'Américain avait laissé tant de souvenirs.

Mark poussa la grille, traversa le jardin, entra dans la demeure et prit brusquement conscience que le banc du gardien était vide ; à cette heure-là, il aurait dû dormir à poings fermés, un turban rabattu sur le visage.

Il l'appela à plusieurs reprises.

En vain.

– Anormal, dit-il à son garde du corps ; en cas d'absence forcée, il aurait demandé à un cousin de garder la maison.

Le policier sortit un automatique de fabrication israélienne et grimpa l'escalier de marbre, attentif au moindre bruit.

À la hauteur de la chambre, un craquement ; Mark voulut entrer le premier, le policier l'en empêcha. Son arme brandie devant lui, bras tendu, il explora l'endroit.

Personne.

Personne, à l'exception de la photographie en pied d'Hélène Doltin.

Mark la déchira.

Sa montre marquait douze heures cinquante ; il fallait se hâter.

– Allons dans mon bureau.

Une nouvelle fois, le policier précéda l'Américain et poussa la porte de la pièce dont les volets étaient fermés. Il fit deux pas, gêné par la pénombre, et sentit, un instant trop tard, une présence sur sa gauche.

Il tira, rata Mohamed Bokar qui lui plongea la lame

de son poignard dans les reins, et tomba sur le côté, lâchant son automatique. Le terroriste le ramassa et acheva sa victime d'une balle dans la tête.

Le drame s'était déroulé si vite que Mark n'avait pas eu le temps d'intervenir ; son regard croisa celui de l'assassin, glacé, ironique.

Volontairement, Mohamed Bokar tira trop haut.

La balle frôla les cheveux de Mark Walker et se ficha dans une boiserie. L'intégriste voulait le traquer dans sa propre demeure, le voir pleurer de peur, l'entendre gémir et graver dans sa chair suppliciée les paroles du Coran contre les infidèles.

Mark courut vers le fond du couloir, hésita avant de pénétrer dans une chambre fermée depuis tant d'années ; l'assassin approchait, armé d'un automatique et d'un poignard. Ses sandales ne faisaient aucun bruit sur le tapis.

Mark tourna la poignée de la porte ; depuis qu'elle avait servi de chapelle ardente pour la dépouille de ses parents, personne n'était entré dans cette pièce.

Mohamed Bokar progressa sans se hâter ; l'Américain s'était coupé toute possibilité de retraite. S'il appelait au secours, personne ne l'entendrait ; la rue, au-delà du jardin, était trop bruyante. Pour l'empêcher de sauter par la fenêtre, il tirerait une balle dans chaque genou ; ensuite, il utiliserait le couteau.

Malgré le danger, Mark s'attarda un instant sur les photographies de ses parents et des paysages d'une enfance heureuse. Ce bonheur-là était préservé ici, en un lieu où son père et sa mère s'étaient aimés.

Le terroriste s'immobilisa ; l'Américain, pris au piège, ne bougeait plus. Dans quelques instants, il le supplierait de lui accorder la vie sauve. Mohamed Bokar avait tué beaucoup d'hommes, en Afghanistan, mais jamais de face ; il utilisait l'explosif ou frappait dans le dos. Il se libérerait de sa propre lâcheté en torturant Walker, promis à l'enfer des incroyants.

Quand la silhouette voûtée de Mohamed Bokar franchit le seuil du sanctuaire familial, Mark se souvint de l'âpre discussion au cours de laquelle il avait reproché à son père son goût pour la chasse. Sa winchester favorite, accrochée au-dessus d'une commode, était-elle encore en état de marche ?

L'Américain s'empara de l'arme, appuya deux fois sur la gâchette et ferma les yeux.

Il n'entendit ni cri de douleur ni chute d'un corps ; s'il avait manqué son agresseur, il était condamné à périr dans d'horribles souffrances.

Touché en plein cœur, Mohamed Bokar était resté debout quelques secondes, la bouche ouverte, les yeux étonnés, avant de s'effondrer sur un sofa.

Sous l'impact des balles, son chapelet s'était brisé ; les grains se répandirent sur le tapis d'Afghanistan taché par son sang.

Mark crut qu'il aurait le temps d'être à l'heure au rendez-vous, mais un cortège de femmes voilées, brandissant le Coran, lui barra la route. Encadrées par un service d'ordre composé d'intégristes armés, elles hurlaient des slogans hostiles au régime en place et favorables à l'instauration immédiate de la loi islamique. Les bousculer et tenter de traverser la foule aurait abouti à un lynchage.

Contournant l'obstacle, Mark emprunta de petites rues encombrées de voitures engluées dans des embouteillages qui rendraient bientôt la circulation impossible.

Il arriva au pied de l'immeuble de Mona à quatorze heures cinq ; le break Peugeot était parti. Restait à trouver un taxi qui le conduirait à l'aéroport.

Mona avait palabré jusqu'à treize heures quarante-cinq, mais le policier avait fini par démarrer, affirmant qu'il devait respecter des ordres impératifs. Grâce au klaxon, à de brusques accélérations, aux montées sur les trottoirs, aux zigzags et même aux menaces, revolver au poing, il réussit à atteindre l'aéroport à seize heures quinze.

Depuis la fin de la matinée, la situation s'était dégradée ; des forces antiémeutes, casquées et vêtues de noir, fouillaient voitures et passagers. Le garde du corps de Mona fit accélérer les procédures, accompagna la jeune femme jusqu'au comptoir d'enregistrement et, malgré l'heure tardive, insista pour qu'elle embarque.

Affolée, Mona ne cessait de regarder derrière elle, cherchant Mark dans une foule d'étrangers qui prenaient d'assaut les comptoirs des compagnies aériennes, prêts à acheter un billet à n'importe quel prix.

— Je ne partirai pas sans lui.
— Il prendra un autre vol.

Un groupe d'Anglais paniqués poussa Mona vers le contrôle des passeports ; en dépit de ses protestations, elle fut entraînée dans un flot qui bouscula les douaniers et s'engouffra dans les escalators menant aux salles d'embarquement.

La jeune femme essaya une dernière fois de revenir en arrière, mais des soldats l'obligèrent à avancer en compagnie des autres voyageurs. Les formalités d'embarquement furent réduites au minimum.

Brisée, mais certaine de retrouver Mark à Londres, Mona pleura en quittant la terre d'Égypte.

Se dégageant enfin d'un monstrueux embouteillage, le taxi de Mark Walker fonça vers Héliopolis. Un kilomètre avant l'aéroport, un barrage de police l'obligea à stopper.

Mark parlementa avec un gradé, qui exigea de voir passeport et billet.

— Puis-je passer ?
— Vos papiers sont en règle, mais vous devrez revenir plus tard.
— Je dois me rendre en Europe.
— L'aéroport international vient d'être fermé jusqu'à nouvel ordre.

61.

Mark demeura près de l'aéroport jusqu'au soir, espérant que les barrages de police seraient levés. Au-dessus de la tour de contrôle, le ciel demeura vide. Ni décollage ni atterrissage ; l'Égypte était coupée du monde.

Kamel avait vu juste ; l'État ne maîtrisait plus la situation.

L'Américain demanda au taxi de le ramener dans le centre. Devant chaque mosquée, à chaque carrefour, de grands panneaux annonçaient la fin de la corruption et la naissance de la République islamique. Les chaînes de radio et de télévision diffusaient sans interruption les discours enflammés des cheikhs les plus extrémistes.

Place el-Tahrir, l'agitation habituelle : embouteillage, autobus bondés, des centaines de piétons affamés et assoiffés. Un détail insolite : l'absence de la police et de l'armée. Avaient-elles reçu l'ordre de demeurer invisibles, afin d'éviter les provocations, ou étaient-elles déjà passées dans l'autre camp ?

Mark abandonna le taxi, entra dans une boutique de vêtements, fit cadeau au commerçant de sa veste, de son pantalon et de ses chaussures, et s'habilla de la manière la plus anonyme possible. Dans sa galabieh bleu pâle, la tête couverte d'un tissu blanc, les pieds chaussés de sandales, personne ne le prendrait pour un

Européen. Dès que la tempête se déclencherait, les étrangers seraient parmi les premiers boucs émissaires.

Lorsque les haut-parleurs des mosquées lancèrent l'appel à la prière du soir, la circulation s'interrompit, des milliers d'hommes sortirent dans la rue et occupèrent la chaussée pour y pratiquer les prosternations rituelles. En quelques instants, Le Caire fut transformé en une mosquée géante ; Mark, emporté dans la vague, ne se singularisa pas. Encadré par de jeunes intégristes, il se comporta en bon musulman.

Ce n'était pas à Dieu qu'il pensait, mais à Mona. À cette heure tendre où la nuit d'été s'étendait sur l'Égypte, elle survolait la Méditerranée en direction de l'Angleterre ; il trouverait le moyen de survivre, puis de la rejoindre. Au fond de lui-même, il gardait espoir ; l'exaltation passée, le bon sens populaire écarterait le fanatisme. Tant que les monuments pharaoniques demeureraient intacts, leur magie protégerait le pays.

L'Américain dîna dans un café populaire, palabra avec quelques anciens qui condamnaient la violence, dormit sur sa chaise et fut réveillé avant l'aube par la voix enregistrée des muezzins. Pour la prière du matin, la capitale surpeuplée se transforma de nouveau en lieu de culte.

Comme chaque année, la fin du ramadan promettait d'être la fête préférée des Égyptiens. Les prédicateurs ne manqueraient pas de rappeler que l'homme, grâce au jeûne rituel, avait appris à maîtriser ses instincts et ses passions, afin de mieux se soumettre à Dieu. En souffrant de la faim et de la soif, les fidèles d'Allah avaient vécu sur un pied d'égalité avec les plus démunis et vécu leurs souffrances ; c'est pourquoi chacun s'apprêtait à verser son obole aux pauvres.

Avec impatience, les enfants guettaient la période de l'Aîd el-Seghir, les trois journées de liesse pendant lesquelles on oublierait les rigueurs du jeûne ; ils recevraient des cadeaux, notamment de nouveaux habits, les miséreux seraient nourris, les employés auraient droit à des dons en nature.

En cette matinée du trentième et dernier jour du ramadan, coïncidant avec la fête nationale qui commémorait le glorieux 23 juillet 1952, date de la prise de pouvoir de Nasser, les haut-parleurs diffusèrent des discours enflammés sur la victoire de l'islam dans le monde entier. Le Soudan, l'Afghanistan, l'Iran, l'Algérie, la Cisjordanie, la Bosnie, l'Inde avaient déjà emprunté la voie de l'unique vérité, que suivraient bientôt le Maghreb et les autres pays arabes, l'Indonésie, l'Asie et même l'Europe. Le rêve du Prophète se réalisait. La déclaration du recteur de l'université d'al-Azhar, selon laquelle tuer un ennemi de l'islam n'était pas un crime, déclencha les manifestations de violence préparées avec soin par les réseaux terroristes.

Dans les beaux quartiers, infestés d'incroyants et d'étrangers, les intégristes déversèrent des bidons d'essence et allumèrent des incendies ; les pompiers qui tentèrent d'intervenir furent piétinés. Les administrations furent pillées, les commissariats investis ; les rares soldats qui osèrent tirer sur la foule massacrés.

Au milieu de la matinée, un cortège de prisonniers libérés dans la liesse monta à l'assaut du grand sphinx de Gizeh ; des grappes humaines s'accrochèrent à son dos et à sa tête, et les martelèrent à coups de barre à mine. Peu avant midi, un commando s'engouffra à l'intérieur du musée du Caire, brisa les vitrines contenant les trésors de Toutankhamon et piétina les précieux objets. Lorsque la statue de Ramsès II, place el-Tahrir, fut abattue, des cris saluèrent la fin du régime pharaonique qu'avait stigmatisé Hassan el-Tourabi, l'idéologue soudanais, dont les portraits, côtoyant ceux de l'ayatollah Khomeyni, étaient en tête des cortèges.

Tassé sur sa chaise, au fond du café, Mark écoutait la radio qui débitait les nouvelles, entrecoupées de lectures de sourates du Coran.

Par bonheur, Mona était en sécurité ; dans cette débâcle, Mark aurait au moins réussi à sauver une vie. Une vie dont la noblesse et la beauté étaient, à elles seules, porteuses d'un lendemain. Jamais Mona ne renoncerait à lutter pour le rayonnement d'un islam tolérant ; ne revenait-il pas à une femme, comme à certaines époques de l'Antiquité égyptienne, de sauver son pays de la barbarie ?

Des groupes armés parcouraient Le Caire en scandant des slogans de victoire ; çà et là, des colonnes de fumée noire montaient vers le ciel bleu. Sans doute les intégristes attaquaient-ils les centres névralgiques où se manifestait encore une certaine résistance ; par peur d'une hécatombe, le pouvoir laissait le peuple manifester sans lui opposer les chars et les troupes anti-émeutes, avec l'espoir de reprendre plus tard la situation en main.

Mark sortit de sa tanière ; tantôt joint à des manifestants, tantôt à des passants apeurés, il se dirigea vers le Vieux Caire. Il tenait à vérifier l'idée folle qui, à l'aube, lui avait traversé l'esprit.

Dans le quartier où habitait Kamel, on célébrait, comme ailleurs, l'avènement du nouveau régime. Ne promettait-il pas richesse, bonheur et justice ? Au moment de s'engager dans l'impasse, l'Américain regarda autour de lui ; nul gamin ne l'aborda. Il avança jusqu'au mur du fond, contre lequel s'entassaient bidons rouillés et bouteilles en plastique.

Aucun gardien ne se manifesta.

Mark ôta des papiers gras, découvrit le trou et s'y engouffra ; courbé, il parcourut le boyau, enjamba le seuil de pierre et poussa la porte blindée.

En galabieh rouge ornée de triangles entrecroisés au fil d'or, Kamel était allongé sur un sofa et écoutait le vingt-troisième concerto de Mozart joué par Clara Haskil. Une délicate odeur de jasmin flottait dans la salle à coupole aux vitraux colorés. Comme lors de ses précédentes visites, Mark eut l'impression de changer de monde et de s'aventurer dans un continent perdu. Le sol de mosaïque bleu et blanc représentant des fleurs, les panneaux de bois aux arabesques ouvragées, les meubles en marqueterie et les statues égyptiennes composaient un univers de paix et d'harmonie, dont le cœur était le jardin intérieur où le chant d'une fontaine en granit rose charmait l'oreille.

— Désolé de vous revoir, monsieur Walker ; ne vous avais-je pas donné un billet d'avion ?

— Un fâcheux contretemps m'a empêché de partir avec Mona : Mohamed Bokar m'attendait dans mon bureau. Il est mort, mais j'ai raté l'avion, et l'aéroport est fermé.

— Le président est en fuite, la plupart des généraux sont aux ordres des islamistes, lesquels se sont emparés des organes vitaux de l'État. L'Égypte a oublié l'avertissement de l'Algérien Saïd Saadi : « L'intégrisme ressemble à la mort, car on ne l'expérimente qu'une seule fois. » Désirez-vous un peu de champagne ?

— Le jeûne n'est pas terminé.

— Vous n'êtes pas musulman, et je m'accorde la possibilité de le rompre, étant donné les circonstances. Elles impliquent de savoir goûter les merveilles de ce monde, comme ce dom Pérignon au bouquet inégalable.

Mark accepta la coupe que lui offrait l'Égyptien.

— Vous avez gardé des informations par-devers vous.

— Exact, monsieur Walker ; c'est pourquoi je déplore votre présence ici.

— Un tremblement de terre imminent ?

— Le spécialiste grec a détecté quantité de signes annonciateurs d'un séisme de très forte intensité pour la période que nous vivons ; l'épicentre se situera dans la région d'Assouan. On peut être certain que la haute digue subira de très graves dommages. Le superviseur aurait dû alerter ses supérieurs mais, en raison de son assignation à résidence, c'est moi qui ai bloqué le rapport scientifique. Qui l'aurait pris au sérieux ?

— Les magiciens nubiens avaient peut-être perçu le séisme... Mais il n'est pas certain qu'il se produise. Vous n'êtes pas homme à laisser tant de place au hasard.

— Ce serait une faute professionnelle ; pourtant, la chance m'a servi. Un appel téléphonique m'a appris que des secousses ont affolé la population d'Assouan, ce matin. Le spécialiste grec ne divaguait pas.

— Une idée folle me hante.
— J'aimerais la connaître.
— Vous n'avez pas déprogrammé les systèmes d'explosifs.
— Rappelez-moi votre antique prédiction, monsieur Walker.
— *Le crime sera partout, la violence envahira le pays, le Nil sera du sang, la faim empêchera la fraternité, les lois seront piétinées, beaucoup de morts seront enterrés dans le fleuve, le flot sera leur sépulcre, car il y aura un feu mauvais dans le cœur des hommes.*
— Elle n'est pas complète ; voici la phrase manquante : *la guerre est apparue, elle détruira les fautes que les humains ont commises.*

Kamel se leva, fit quelques pas sur le sol de mosaïque, jeta un regard admiratif sur les statues égyptiennes et consulta sa montre.

— Les explosions en chaîne ont eu lieu, les deux barrages sont détruits. Dans quelques minutes, une vague haute de douze mètres submergera Le Caire ; je ne dispose d'aucun moyen de vous sauver.
— Non, vous n'avez pas...
— Avais-je le choix ? Si ma mémoire ne me trahit pas, Hegel a écrit une phrase superbe : « C'est en Égypte que, pour la première fois, un royaume de l'invisible s'établit. » Dieu et les dieux furent présents sur cette terre pendant des millénaires, et ils y seraient restés si nous n'avions pas commis tant d'erreurs. Pour remplir la mission qui me fut confiée, empêcher les islamistes de prendre le pouvoir, il ne me restait qu'un seul allié : le haut barrage.
— Je ne vous crois pas. Vous n'avez pas pris la décision de détruire l'Égypte.
— Plutôt que de la remettre aux mains de fanatiques qui créeront un second Iran, je préfère la voir mourir. N'est-ce pas conforme aux prophéties des anciens ? Vous-même avez évoqué un texte, je vous en citerai un autre, extrait du chapitre 175 du *Livre des morts* : *Moi, le Créateur, je détruirai tout ce que j'ai créé ; l'Égypte*

reviendra à l'état de flot primordial, comme aux origines. C'est le flot né du lac Nasser, dont vous-même annonciez qu'il condamnait le pays à disparaître, qui accomplira la prophétie. Mon unique rôle fut d'accélérer le cours inéluctable du destin. En définitive, monsieur Walker, la bête monstrueuse aura été vaincue.

— Le barrage est indestructible, il...

— Ne reprenez pas les arguments fallacieux de vos adversaires ; Hélène Doltin avait eu le génie nécessaire pour lever les obstacles techniques. Je ne fus que la main ultime.

— Si vous avez commis cette folie, des millions d'hommes vont mourir.

— Si les intégristes avaient pris le pouvoir, que serait-il resté de l'Égypte que vous aimez ? En agissant ainsi, je laisse une chance au pays de renaître de l'océan qui le délivrera du fanatisme et de la misère. N'oubliez pas un fait essentiel : quand le flot purificateur aura recouvert le pays, il ne subsistera que les pyramides, conformément au paysage symbolique que les anciens Égyptiens avaient créé. Telles des montagnes, elles émergeront de cette gigantesque inondation ; voilà ce qu'il fallait comprendre : les hommes de notre temps doivent disparaître pour laisser place aux monuments d'éternité. Grâce à eux, une civilisation renaîtra.

— Vous êtes devenu fou, Kamel.

— Non, monsieur Walker ; je ne suis qu'un haut fonctionnaire qui a correctement accompli son travail. Puisque vous êtes ici et que ma tâche est achevée, permettez-moi de vous offrir mon amitié, à la vie, à la mort.

Lorsque Kamel leva son verre, un grondement terrifiant fit vaciller Mark.

Un grondement comme seule pouvait en produire une vague géante, venue du lointain, au point d'occulter la lumière.

AGUEEV M.
Roman avec cocaïne

ALBERONI FRANCESCO
Choc amoureux (le)
Erotisme (l')

AL-NAFZAWI MOUHAMMAD
Prairie parfumée où s'ébattent les plaisirs (la)

AL-TIFACHI AHMAD
Délice des cœurs (le)

ARNAUD GEORGES
Salaire de la peur (le)

BARJAVEL RENÉ
Chemins de Katmandou (les)
Dames à la licorne (les)
Grand secret (le)
Nuit des temps (la)
Une rose au paradis

BARTOL VLADIMIR
Alamut

BERBEROVA NINA
Histoire de la Baronne Boudberg
Tchaïkovski

BERNANOS GEORGES
Journal d'un curé de campagne
Nouvelle histoire de Mouchette
Un crime

BESSON PATRICK
Je sais des histoires
Nostalgie de la princesse

BLANC HENRI-FRÉDÉRIC
Combats de fauves au crépuscule
Jeu de massacre

BODROV SERGUEI
Liberté = Paradis

BOULGAKOV MICHAEL
Maître et Marguerite (le)

BOULLE PIERRE
Baleine des Malouines (la)
Contes de l'absurde
Epreuve des hommes blancs (l')
Planète des singes (la)
Pont de la rivière Kwaï (le)
Sacrilège malais (le)
William Conrad

BOYLET C.
Water Music

BRAGANCE ANNE
Anibal
Voyageur de noces (le)

BRASILLACH ROBERT
Comme le temps passe

BRONTË CHARLOTTE
Jane Eyre

BRONTË EMILIE
Hurlevent

BURGESS ANTHONY
Orange mécanique (l')

BUZZATI DINO
Désert des Tartares (le)
K (le)
Nouvelles (Bilingue)

CARRÉ PATRICK
Palais des nuages (le)

CARRIÈRE JEAN
Epervier de Maheux (l')

CARRIÈRE JEAN-CLAUDE
Controverse de Valladolid (la)
Mahabharata (le)
Paix des braves (la)
Simon le mage

CESBRON GILBERT
Il est minuit, Docteur Schweitzer

CHANDERNAGOR FRANÇOISE
Allée du roi (l')

CHANG JUNG
Cygnes sauvages (les)

CHATEAUREYNAUD G.-OLIVIER
Mathieu Chain
Congrès de fantomologie (le)

CHOLODENKO MARC
Etats du désert (les)
Roi des fées (le)

COURRIÈRE YVES
Joseph Kessel

DAVID-NÉEL ALEXANDRA
Au pays des brigands gentilshommes
Bouddhisme du Bouddha (le)
Immortalité et réincarnation
Inde où j'ai vécu (l')
Journal
  tome 1
  tome 2
Lama aux cinq sagesses (le)
Magie d'amour et magie noire
Mystiques et magiciens du Tibet
Puissance du néant (la)
Sortilège du mystère (le)
Sous une nuée d'orages
Voyage d'une Parisienne à Lhassa

DECOIN DIDIER
Béatrice en enfer

DENIAU JEAN-FRANÇOIS
Désirade (la)
Empire nocturne (l')
Secret du roi des serpents (le)
Un héros très discret

DESPRAT JEAN-PAUL
Camp des enfants de Dieu (le)
Marquis des éperviers (le)
Secret des Bourbons (le)

FAGUNDES TELLES LYGIA
Structure de la bulle de savon (la)

FALKNER J.M.
Moonfleet

FERNANDEZ DOMINIQUE
Le promeneur amoureux

FILIPPINI SERGE
Comoedia
Homme incendié (l')

FITZGERALD SCOTT
Un diamant gros comme le Ritz

FORESTER CECIL SCOTT
Aspirant de marine
Lieutenant de marine
Seul maître à bord
Trésor de guerre
Retour à bon port
Vaisseau de ligne (le)
Pavillon haut
Seigneur de la mer (le)
Lord Hornblower
Mission aux Antilles

FRANCE ANATOLE
Crainquebille
Crime de Sylvestre Bonnard (le)
Dieux ont soif (les)
Histoire contemporaine
  1. L'Orme du Mail
  2. Le Mannequin d'osier
  3. L'Anneau d'améthyste
  4. M. Bergeret à Paris
Ile des pingouins (l')
Livre de mon ami (le)
Lys rouge (le)
Révolte des anges (la)

FRANCK Dan/VAUTRIN JEAN
Dame de Berlin (la)
Temps des cerises (le)

GAZIER MICHELLE
Histoires d'une femme sans histoire

GENEVOIX MAURICE
Beau François
Bestiaire enchanté
Bestiaire sans oubli
Forêt perdue (la)
Jardin dans l'île (le)
Loire, Agnès et les garçons (la)
Roman de Renard (le)
Tendre bestiaire

GIROUD FRANÇOISE
Alma Mahler
Jenny Marx

GRÈCE MICHEL DE
Dernier sultan (le)
Envers du soleil (l') – Louis XIV
Femme sacrée (la)
Palais des larmes (le)
Bouboulina (la)

HEDAYAT SADEQ
Trois gouttes de sang

HERMARY-VIEILLE CATHERINE
Un amour fou

HUGO VICTOR
Bug-Jargal

INOUE YASUSHI
Geste des Sanada (la)

JACQ CHRISTIAN
Affaire Toutankhamon (l')
Champollion l'Egyptien
Maître Hiram et le roi Salomon
Pour l'amour de Philae
Pyramide assassinée (la)
Reine soleil (la)

JEROME K. JEROME
Trois hommes dans un bateau

JOYCE JAMES
Gens de Dublin (les)

KAFKA FRANZ
Château (le)
Procès (le)

KAZANTZAKI NIKOS
Alexis Zorba
Christ recrucifié (le)
Dernière tentation du Christ (la)
Frères ennemis (les)
Lettre au Greco
Liberté ou la mort (la)
Pauvre d'Assise (le)

KESSEL JOSEPH
Amants du Tage (les)
Armée des ombres (l')
Coup de grâce (le)
Fortune carrée
Pour l'honneur

KONWICKI TADEUSZ
Petite apocalypse (la)

LAINÉ PASCAL
Dialogues du désir
Dîner d'adieu
Elena

LAPIERRE DOMINIQUE
Cité de la joie (la)

LAWRENCE D.H.
Amant de Lady Chatterley (l')

LÉAUTAUD PAUL
Petit ouvrage inachevé (le)

LEVI PRIMO
Si c'est un homme

LEWIS ROY
Dernier roi socialiste (le)
Pourquoi j'ai mangé mon père

LOTI PIERRE
Aziyadé
Pêcheur d'Islande
Ramuntcho
Roman d'un spahi (le)

MALAPARTE CURZIO
Sodome et Gomorrhe
Une femme comme moi

MAURIAC FRANÇOIS
Romancier et ses personnages (le)
Sagouin (le)

MESSINA ANNA
Maison dans l'impasse (la)

MICHENER JAMES A.
Alaska
  1. La citadelle de glace
  2. La ceinture de feu
Caraïbes
  tome 1
  tome 2
Hawaii
  tome 1
  tome 2

MIMOUNI RACHID
De la barbarie en général et de l'intégrisme en particulier
Fleuve détourné (le)
Une peine à vivre

MONSARRAT NICHOLAS
Mer cruelle (la)

MONTEILHET HUBERT
Néropolis

MORGIÈVRE RICHARD
Fausto

NAKAGAMI KENJI
Mer aux arbres morts (la)
Mille ans de plaisir

NASR EDDIN HODJA
Sublimes paroles et idioties

NIN ANAÏS
Henry et June

NORRIS FRANCK
Rapaces (les)

PEREC GEORGES
Choses (les)

POUCHKINE ALEXANDRE
Fille du capitaine (la)

QUEFFELEC YANN
Femme sous l'horizon (la)
Maître des chimères (le)
Prends garde au loup

RADIGUET RAYMOND
Diable au corps (le)

RAMUZ C.F.
Pensée remonte les fleuves (la)

REY FRANÇOISE
Femme de papier (la)
Rencontre (la)

ROUANET MARIE
Nous les filles

SAGAN FRANÇOISE
Aimez-vous Brahms..
Avec toute ma sympathie
Bonjour tristesse
Chamade (la)
Chien couchant (le)
Dans un mois, dans un an
Faux-fuyants (les)
Garde du cœur (le)
Laisse (la)
Merveilleux nuages (les)
Musiques de scènes
Républiques
Sarah Bernhardt
Un certain sourire
Un orage immobile
Un piano dans l'herbe
Violons parfois (les)

SALINGER JEROME-DAVID
Attrape-cœur (l')

SCHREINER OLIVE
Nuit africaine (la)

STOCKER BRAM
Dracula

STRINDBERG AUGUST
Mariés !

TARTT DONNA
Maître des illusions (le)

TROYAT HENRI
Araigne (l')
Clé de voûte (la)
Faux jour
Fosse commune (la)
Grandeur nature
Jugement de Dieu (le)
Mort saisit le vif (le)
Semailles et les moissons (les)
  1. Les semailles et les moissons
  2. Amélie
  3. La Grive
  4. Tendre et violente Elisabeth
  5. La Rencontre
Signe du taureau (le)
Tête sur les épaules (la)

VIALATTE ALEXANDRE
Antiquité du grand chosier
Badonce et les créatures
Bananes de Königsberg (les)
Champignons du détroit de Behring (les)
Chronique des grands micmacs

Dernières nouvelles de l'homme
Eléphant est irréfutable (l')
Eloge du homard et autres insectes utiles (l')
Et c'est ainsi qu'Allah est grand
Porte de Bath Rahbim (la)

WALLACE LEWIS
Ben-Hur

WALTARI MIKA
Amants de Byzance (les)
Jean le Pérégrin

Cet ouvrage a été réalisé par la
SOCIÉTÉ NOUVELLE FIRMIN-DIDOT
Mesnil-sur-l'Estrée
pour le compte des Éditions Pocket
en février 1996

POCKET - 12, avenue d'Italie - 75627 PARIS CEDEX 13
Tél. : 44-16-05-00

Imprimé en France
Dépôt légal : mars 1996
N° d'impression : 33095